ŒUVRES COMPLÈTES

DE GEORGE SAND

JACQUES

PARIS

J. HETZEL et Cᵉ | VICTOR LECOU
RUE RICHELIEU, 78 | RUE DU BOULOI, 10

1854

ŒUVRES

DE

GEORGE SAND

— PARIS —

IMPRIMERIE DE J. CLAYE ET Ce

RUE SAINT-BENOÎT, 7

ŒUVRES

DE

GEORGE SAND

—

JACQUES

———

PARIS

J. HETZEL ET Cᶦᵉ
RUE RICHELIEU, 78

VICTOR LECOU
RUE DU BOULOI, 10

1854

NOTICE

Que *Jacques* soit l'expression et le résultat de pensées tristes et de sentiments amers, il n'est pas besoin de le dire. C'est un livre douloureux et un dénoûment désespéré. Les gens heureux, qui sont parfois fort intolérants, m'en ont blâmé. A-t-on le droit d'être désespéré? disaient-ils. A-t-on le droit d'être malade?

Jacques n'est cependant pas l'apologie du suicide; c'est l'histoire d'une passion, de la dernière et intolérable passion, d'une âme passionnée : je ne prétends pas nier cette conséquence du roman, que certains cœurs dévoués se voient réduits à céder la place aux autres et que la société ne leur laisse guère d'autre choix, puisqu'elle raille et s'indigne devant la résignation ou la miséricorde d'un époux trahi. En ceci, la société ne se montre pas fort chrétienne. Aussi Jacques finit-il peu chrétiennement sa vie en s'arrogeant le droit d'en disposer. Mais à qui la faute? Jacques ne proteste pas tant qu'on croit contre cette société irréligieuse. Il lui cède, au contraire, beaucoup trop, puisqu'il tue et se tue. Il est donc l'homme de son temps, et apparemment que son temps n'est pas bon pour les gens mariés, puisque certains d'entre eux sont placés sans transaction possible entre l'état de meurtriers et celui de saints.

Tâchons d'être saints, et si nous en venons à bout, nous saurons d'autant plus combien cela est difficile, et quelle indulgence on doit à ceux qui ne le sont pas encore.

Alors nous reconnaîtrons peut-être qu'il y a quelque chose
à modifier ou dans la loi, ou dans l'opinion, car le but de
la société devrait être de rendre la perfection accessible
à tous, et l'homme est bien faible quand il lutte seul
contre le torrent des mœurs et des idées.

J'ai écrit ce livre à Venise en 1834, ainsi que *Leone
Leoni* et *André.*

GEORGE SAND.

Paris, mars 1852.

JACQUES

PREMIÈRE PARTIE.

I.

Tilly, près Tours, le...

Tu veux, mon amie, que je te dise la vérité ; tu me reproches d'être trop *mademoiselle* avec toi, comme nous disions au couvent. Il faut absolument, dis-tu, que je t'ouvre mon cœur et que je te dise si j'aime M. Jacques. Eh bien, oui, ma chère, je l'aime, et beaucoup. Pourquoi n'en conviendrais-je pas à présent ? Notre contrat de mariage sera signé demain, et avant un mois nous serons unis. Rassure-toi donc, et ne t'effraie plus de voir les choses aller si vite. Je crois, je suis persuadée que le bonheur m'attend dans cette union. Tu es folle avec tes craintes. Non, ma mère ne me sacrifie point à l'ambition d'une riche alliance. Il est vrai qu'elle est un peu trop sensible à cet avantage, et qu'au contraire la disproportion de nos fortunes me rendrait humiliante et pénible l'idée de tout devoir à mon mari, si Jacques n'était pas l'homme le plus noble de la terre. Mais tel que je le connais, j'ai sujet de me réjouir de sa richesse. Sans cela, ma mère ne lui aurait jamais pardonné d'être roturier. Tu dis que tu n'aimes pas ma mère et qu'elle t'a toujours

fait l'effet d'une méchante femme ; tu fais mal, je pense,
de me parler ainsi de celle à qui je dois respect et vénération. Je suis bien coupable, à ce que je vois ; car c'est
moi qui t'ai portée à ce jugement par la faiblesse que
j'ai eue souvent de te raconter les petits chagrins et les
frivoles mortifications de notre intimité. Ne m'expose
plus à ce remords, chère amie, en me disant du mal de
ma mère.

Ce qu'il y a de plaisant dans ta lettre, ce n'est pas cela
certainement ; mais c'est l'espèce de pénétration soupçonneuse avec laquelle tu devines à moitié les choses.
Par exemple, tu prétends que Jacques doit être un homme
vieux, froid, sec et sentant la pipe ; il y a un peu de vrai
dans ce jugement. Jacques n'est pas de la première jeunesse, il a l'extérieur calme et grave, et il fume. Vois
combien il est heureux pour moi que Jacques soit riche !
Encore une fois, ma mère aurait-elle toléré sans cela la
vue et l'odeur d'une pipe !

La première fois que je l'ai vu, il fumait, et à cause de
cela j'aime toujours à le voir dans cette occupation et
dans l'attitude qu'il avait alors. C'était chez les Borel.
Tu sais que M. Borel était colonel de lanciers *du temps
de l'autre*, comme disent nos paysans. Sa femme n'a
jamais voulu le contrarier en rien, et, quoiqu'elle détestât
l'odeur du tabac, elle a dissimulé sa répugnance, et peu
à peu s'est habituée à la supporter. C'est un exemple
dont je n'aurai pas besoin de m'encourager pour être
complaisante envers mon mari. Je n'ai aucun déplaisir à
sentir cette odeur de pipe. Eugénie autorise donc M. Borel
et tous ses amis à fumer au jardin, au salon, partout où
bon leur semble ; elle a bien raison. Les femmes ont le
talent de se rendre incommodes et déplaisantes aux
hommes qui les aiment le plus, faute d'un très-léger
effort sur elles-mêmes pour se ranger à leurs goûts et

à leurs habitudes. Elles leur imposent au contraire mille petits sacrifices qui sont autant de coups d'épingle dans le bonheur domestique, et qui leur rendent insupportable peu à peu la vie de famille... Oh! mais je te vois d'ici rire aux éclats et admirer mes sentences et mes bonnes dispositions. Que veux-tu? je me sens en humeur d'approuver tout ce qui plaira à Jacques, et si l'avenir justifie tes méchantes prédictions, si un jour je dois cesser d'aimer en lui tout ce qui me plaît aujourd'hui, du moins j'aurai goûté la lune de miel.

Cette manière d'être des Borel scandalise horriblement toutes les bégueules du canton. Eugénie s'en moque avec d'autant plus de raison qu'elle est heureuse, aimée de son mari, entourée d'amis dévoués, et riche par-dessus le marché, ce qui lui attire encore de temps en temps la visite des plus fiers légitimistes. Ma mère elle-même a sacrifié à cette considération, comme elle y sacrifie aujourd'hui à l'égard de Jacques, et c'est chez madame Borel qu'elle a été flairer et chercher la piste d'un mari pour sa pauvre fille sans dot.

Allons! voilà que, malgré moi, je me mets encore à tourner ma mère en ridicule. Ah! je suis encore trop pensionnaire. Il faudra que Jacques me corrige de cela, lui qui ne rit pas tous les jours. En attendant, tu devrais me gronder, au lieu de me seconder comme tu fais, vilaine!

Je te disais donc que j'avais vu Jacques là pour la première fois. Il y avait quinze jours qu'on ne parlait pas d'autre chose, chez les Borel, que de la prochaine arrivée du capitaine Jacques, un officier retiré du service, héritier d'un million. Ma mère ouvrait des yeux grands comme des fenêtres et des oreilles grandes comme des portes, pour aspirer le son et la vue de ce beau million. Pour moi, cela m'aurait donné une forte prévention contre

Jacques, sans les choses extraordinaires que disaient Eugénie et son mari. Il n'était question que de sa bravoure, de sa générosité, de sa bonté. Il est vrai qu'on lui attribue aussi quelques singularités. Je n'ai jamais pu obtenir d'explication satisfaisante à cet égard, et je cherche en vain dans son caractère et dans ses manières ce qui peut avoir donné lieu à cette opinion. Un soir de cet été, nous entrons chez Eugénie ; je crois bien que ma mère avait saisi dans l'air quelque nouvelle de l'arrivée du *parti*. Eugénie et son mari étaient venus à notre rencontre du côté de la cour. On nous fait asseoir dans le salon ; j'étais près de la fenêtre au rez-de-chaussée, et il y avait devant moi un rideau entr'ouvert. « Et votre ami, est-il arrivé enfin ? dit ma mère au bout de trois minutes. — Ce matin, dit M. Borel d'un air joyeux. — Ah ! je vous en félicite, et j'en suis charmée pour vous, reprend ma mère. Est-ce que nous ne le verrons pas ? — Il s'est sauvé avec sa pipe en vous entendant venir, répond Eugénie ; mais il reviendra certainement. — Oh ! peut-être que non, lui dit son mari ; il est sauvage comme l'*habitant de l'Orénoque* (tu sauras que c'est une des facéties favorites de M. Borel), et je n'ai pas eu encore le temps de lui dire que je voulais le présenter à deux belles dames. Il faudrait voir s'il ne s'en va pas se promener trop loin, Eugénie, et le faire avertir. » Pendant ce temps-là je ne disais rien, mais je voyais très-bien M. Jacques par la fente du rideau. Il était assis à dix pas de la maison, sur des gradins de pierre où Eugénie fait ranger au printemps les beaux vases de fleurs de sa serre chaude. Il me parut, au premier coup d'œil, avoir vingt-cinq ans tout au plus, quoiqu'il en ait au moins trente. Il n'est pas de figure plus belle, plus régulière et plus noble que celle de Jacques. Il est plutôt petit que grand, et semble très-délicat, quoiqu'il assure être d'une forte santé ; il est

constamment pâle, et ses cheveux d'un noir d'ébène,
qu'il porte très-longs, le font paraître plus pâle et plus
maigre encore. Il me semble qu'il a le sourire triste, le
regard mélancolique, le front serein et l'attitude fière ;
en tout, l'expression d'une âme orgueilleuse et sensible,
d'une destinée rude, mais vaincue. Ne me dis pas que je
fais des phrases de roman ; si tu voyais Jacques, je suis
sûre que tu trouverais tout cela en lui, et bien d'autres
choses sans doute que je ne saisis pas, car j'ai encore
avec lui une timidité extraordinaire, et il me semble que
son caractère renferme mille particularités qu'il me faudra bien du temps pour connaître et peut-être pour comprendre. Je te les raconterai jour par jour, afin que tu
m'aides à en bien juger ; car tu as bien plus de pénétration et d'expérience que moi. En attendant, je veux t'en
dire quelques-unes.

Il a certaines aversions et certaines affections qui lui
viennent subitement et d'une manière tantôt brutale,
tantôt romanesque, à la première vue. Je sais bien que
tout le monde est ainsi, mais personne ne s'abandonne à
ses impressions avec l'aveuglement ou l'obstination de
Jacques. Quand il a reçu de la première vue une impression assez forte pour porter un jugement, il prétend qu'il
ne le rétracte jamais. Je crains que ce ne soit là une
idée fausse et la source de bien des erreurs et peut-être
de quelques injustices. Je te dirai même que je crains
qu'il n'ait porté un jugement de ce genre sur ma mère.
Il est certain qu'il ne l'aime pas et qu'elle lui a déplu dès
le premier jour ; il ne me l'a pas dit, mais je l'ai vu.
Lorsque M. Borel le tira de sa méditation et de son nuage
de tabac pour nous le présenter, il vint comme malgré lui,
et nous salua avec une froideur glaciale. Ma mère, qui a
les manières hautes et froides, comme tu sais, fut extraor-
dinairement aimable avec lui. « Permettez-moi de vous

prendre la main, lui dit-elle ; j'ai beaucoup connu monsieur votre père , et vous quand vous étiez enfant. — Je
le sais, Madame, » répondit Jacques sèchement et sans
avancer sa main vers celle de ma mère. Je crois qu'elle
dut s'en apercevoir, car cela était très-visible ; mais elle
est trop prudente et trop habile pour avoir jamais une attitude gauche. Elle feignit de prendre la répugnance de
M. Jacques pour de la timidité , et elle insista en lui disant : « Donnez-moi donc la main ; je suis pour vous une
ancienne amie. — Je m'en souviens bien , Madame, »
répondit-il d'un ton encore plus étrange ; et il serra la
main de ma mère d'une manière presque convulsive.
Cette manière fut si singulière que les Borel se regar-
dèrent d'un air étonné, et que ma mère, qui n'est pourtant pas facile à déconcerter, retomba sur sa chaise plutôt
qu'elle ne se rassit, et devint pâle comme la mort. Un instant après, Jacques retourna dans le jardin, et ma mère
me fit chanter une romance dont parlait Eugénie. Jacques
m'a dit depuis qu'il m'avait écoutée sous la fenêtre, et
que ma voix lui avait été sur-le-champ tellement sympathique qu'il était rentré pour me regarder ; jusque-là il
ne m'avait pas vue. De ce moment il m'a aimée, du
moins il le dit ; mais je te parle d'autre chose que de ce
que j'ai dessein de te dire.

Nous en étions aux singularités de Jacques ; je veux
t'en raconter une autre. L'autre jour il vint nous voir au
moment où je sortais de la maison avec une soupe dans
une écuelle de terre et un tablier d'indienne bleue autour de moi ; javais pris la petite porte de derrière pour
ne rencontrer personne dans ce bel équipage. Le hasard
voulut que M. Jacques, par un caprice digne de lui, se fût
engagé dans cette ruelle avec son beau cheval. « Où allez-
vous ainsi ? » me dit-il en sautant à terre et en me barrant
le passage. J'aurais bien voulu l'éviter, mais il n'y avait

pas moyen. « Laissez-moi passer, lui dis-je, et allez m'attendre à la maison ; je vais porter à manger à mes poules. — Et où sont-elles donc vos poules ? Parbleu ! je veux les voir manger. » Il mit la bride sur le cou de son cheval en lui disant : « Fingal, allez à l'écurie ; » et son cheval, qui entend sa parole comme s'il connaissait la langue des hommes, obéit sur-le-champ. Alors Jacques m'ôta l'écuelle des mains, enleva sans façon le couvercle, et, voyant une soupe de bonne mine : « Diable ! dit-il, vous nourrissez bien vos poules ! Allons, je vois que nous allons chez quelque pauvre. Il ne faut pas me faire un secret de cela, à moi ; c'est une chose toute simple et que j'aime à vous voir faire par vous-même. J'irai avec vous, Fernande, si vous me le permettez. » Je mis mon bras sous le sien, et nous marchâmes vers la maison de la vieille Marguerite, dont je t'ai parlé souvent. M. Jacques portait toujours la soupe avec ses gants de chamois jaune paille, et d'un air si aisé qu'il semblait n'avoir pas fait autre chose de sa vie. « Un autre que moi, me dit-il chemin faisant, trouverait certainement ici l'occasion de vous faire de magnifiques compliments, louerait en prose et en vers votre charité, votre sensibilité, votre modestie ; moi, je ne vous dis rien de cela, Fernande, parce que je ne suis pas étonné de vous voir pratiquer les vertus que vous avez. Manquer de douceur et de miséricorde serait horrible en vous ; alors votre beauté, votre air de candeur, seraient des mensonges détestables de la nature. En vous voyant, je vous ai jugée sincère, juste et sainte ; je n'avais pas besoin de vous rencontrer sur le chemin d'une chaumière pour savoir que je ne m'étais pas trompé. Je ne vous dirai donc pas que vous êtes un ange à cause de cela, mais je vous dis que vous faites ces choses-là parce que vous êtes un ange. »

Je te demande pardon de te rapporter cette conversa-

tion ; tu penseras peut-être qu'il y a un peu de vanité à
te redire les douceurs que me conte M. Jacques. Et au
fait, ma bonne Clémence, je crois bien qu'il y en a en
effet. Je suis toute glorieuse de son amour ; moque-toi
de moi, cela n'y changera rien.

Mais n'ai-je pas raison de te rapporter tous ces détails,
puisque tu veux connaître toutes les particularités de
mon amour et tout le caractère de mon fiancé ? Tu ne me
gronderas pas cette fois pour avoir été trop laconique. Je
continue.

Nous arrivons donc chez la mère Marguerite. La bonne
femme fut tout étonnée de se voir apporter la soupe par
un beau monsieur en gants jaunes. La voilà qui me fait
ses bavardages accoutumés, qui me demande au nez de
Jacques si c'est là mon mari, qui fait toute sorte de vœux
pour moi, qui me raconte ses maux, qui me parle surtout de son loyer qu'elle est forcée de payer, et qui me
regarde d'un air piteux, comme pour me dire que je devrais bien lui apporter quelque chose de mieux que la
soupe. Moi, je n'ai pas d'argent ; ma mère n'en a guère
et ne m'en donne pas du tout. J'étais triste comme je le
suis souvent de ne pouvoir soulager que la centième partie
des maux que je vois. Jacques avait l'air de ne pas entendre un mot de tout cela. Il avait trouvé sur une plan-
che une vieille bible mangée des rats, et il semblait la
lire avec attention ; tout à coup, pendant que Marguerite
parlait encore, je sens tomber doucement dans la poche de
mon tablier quelque chose de lourd ; j'y porte la main,
j'y trouve une bourse ; je ne fis semblant de rien, et je
donnai à la vieille la petite somme dont elle avait besoin.

Tout allait bien : Jacques avait l'air doux et tranquille ;
mais voilà qu'en sortant j'eus la mauvaise idée de dire
tout bas à Marguerite que le présent venait de Jacques.
Alors elle se mit à lui adresser ses remerciements et ces

bénédictions du pauvre qui sont vraiment un peu pro-
lixes, un peu niaises, mais qu'il faut, ce me semble, accepter, puisque c'est la seule manière dont le pauvre
puisse s'acquitter. Eh bien, sais-tu ce que fit Jacques ?
Il fronça deux ou trois fois le sourcil d'un air d'impatience, et finit par interrompre la litanie de la vieille en
lui disant d'un ton dur et impérieux : « C'est bon ; en
voilà assez ! » La pauvre femme resta interdite et humiliée. Moi, je me sentis un peu d'humeur contre Jacques.
Quand nous fûmes à quelques pas de la maisonnette, je
lui en fis des reproches. Il sourit, et, au lieu de se justifier, il me dit en me prenant par la main : « Fernande,
vous êtes une bonne enfant, et moi je suis un vieux
homme ; vous avez raison d'aimer les épanchements de
la reconnaissance que vous inspirez, c'est un plaisir innocent qui vous engage à persévérer. Pour moi, je ne
puis plus m'amuser de ces choses-là, et elles me causent
au contraire un ennui intolérable. — Je suis disposée, lui
dis-je, à croire que vous avez raison en tout ce que vous
faites, et je croirai volontiers que c'est moi qui ai tort ;
mais expliquez-vous : faites que je vous connaisse bien,
Jacques, et que je n'aie jamais l'idée de vous blâmer,
quelque chose qui arrive. » Il sourit encore, mais d'un
air triste, et, loin de m'accorder l'explication que je lui
demandais, il se borna à me répéter : « Je vous ai dit,
ma chère enfant, que vous aviez raison, et que je vous
aimais ainsi. » Ce fut tout. Il me parla d'autre chose, et,
malgré moi, je restai triste et inquiète tout ce jour-là.

Voilà comme il est souvent ; il y a en lui des choses qui
m'effraient, parce que je ne peux pas m'en rendre compte,
et il a tort, je pense, de ne pas vouloir se donner la peine
de me les faire comprendre. Mais que d'autres choses
en lui qui sont dignes d'admiration et d'enthousiasme !
J'ai tort de m'occuper tant des petits nuages, quand j'ai

un si beau ciel à contempler! C'est égal, dis-moi ton avis sur ces misères; j'ai une grande confiance en ton bon sens, et je suis habituée à voir un peu par tes yeux. Ce n'est pas ce qui plaît le plus à maman. Enfin, j'aurai bientôt la liberté de t'écrire sans me cacher. Adieu, chère Clémence. Je n'attendrai pas ta réponse pour t'écrire une seconde lettre. Je t'embrasse mille fois.

Ton amie FERNANDE DE THEURSAN.

II.

Genève, le...

Vraiment, Jacques, vous allez vous marier? Elle sera bien heureuse, votre femme! Mais vous, mon ami, le serez-vous? Il me paraît que vous agissez bien vite, et j'en suis effrayée. Je ne sais pourquoi cette idée de vous voir marié ne peut entrer dans ma pauvre tête; je n'y comprends rien; je suis triste à la mort; il me semble impossible qu'un changement quelconque améliore votre destinée, et je crois que votre cœur se briserait au choc de douleurs nouvelles. O mon cher Jacques! il faut bien de la prudence quand on est comme nous deux!

As-tu songé à tout, Jacques? as-tu fait un bon choix? Tu es observateur et pénétrant; mais on se trompe quelquefois; quelquefois la vérité ment! Ah! comme tu t'es souvent trompé sur toi-même! combien de fois je t'ai vu découragé! combien de fois je t'ai entendu dire : Ceci est le dernier essai! Pourquoi suis-je assiégée de noirs pressentiments? Que peut-il t'arriver? Tu es un homme, et tu as de la force.

Mais toi, songer au mariage! cela me paraît si extraordinaire! Vous êtes si peu fait pour la société! vous détestez si cordialement ses droits, ses usages et ses préjugés! Les éternelles lois de l'ordre et de la civilisation, vous les révoquez encore en doute, et vous n'y cédez que parce que vous n'êtes pas absolument sûr que vous deviez les mépriser ; et avec ces idées, avec votre caractère insaisissable et votre esprit indompté, vous allez faire acte de soumission à la société, et contracter avec elle un engagement indissoluble ; vous allez jurer d'être fidèle éternellement à une femme, vous ! vous allez lier votre honneur et votre conscience au rôle de protecteur et de père de famille ! Oh ! vous direz ce que vous voudrez, Jacques, mais cela ne vous convient pas ; vous êtes au-dessus ou au-dessous de ce rôle ; quel que vous soyez, vous n'êtes pas fait pour vivre avec les hommes tels qu'ils sont.

Vous renoncerez donc à tout ce que vous avez été jusqu'ici et à tout ce que vous auriez été encore ! car votre vie est un grand abîme où sont tombés pêle-mêle tous les biens et tous les maux qu'il est permis à l'homme de ressentir. Vous avez vécu quinze ou vingt vies ordinaires dans une seule année ; vous deviez encore user et absorber bien des existences avant de savoir seulement si vous aviez commencé la vôtre. Est-ce que vous regarderiez encore ceci comme un état de transition, comme un lien qui doit finir et faire place à un autre ? Je ne suis pas plus que vous un adepte de la foi sociale, je suis née pour la détester, mais quels sont les êtres qui peuvent lutter contre elle, ou même vivre sans elle ? La femme que vous épousez est-elle donc comme vous ? est-elle une des cinq ou six créatures humaines qui naissent, dans tout un siècle, pour aimer la vérité, et pour mourir sans avoir pu la faire aimer des autres ? est-elle de ceux que nous appelions les *sauvages* dans les jours de notre triste gaieté ? Jacques, prends garde ; au nom du ciel, souviens-toi combien de fois nous avons cru l'un et l'autre trouver notre semblable, et combien de fois nous nous sommes

2

retrouvés seuls vis-à-vis l'un de l'autre! Adieu; prends
au moins le temps de réfléchir. Pense à ton passé; pense
à celui de   SYLVIA.

III.

DE FERNANDE A CLÉMENCE.

Tilly, le...

Ma chère, j'ai fait aujourd'hui une découverte qui m'a
laissé une impression singulière. En écoutant lire la ré-
daction de notre contrat de mariage, j'ai appris que
Jacques avait trente-cinq ans. Certainement ce n'est pas
là un âge avancé; et d'ailleurs on n'a jamais que l'âge
qu'on paraît avoir, et à la première vue je lui avais imaginé dix années de moins. Cependant je ne sais pas pourquoi le son de ces syllabes, *trente-cinq ans!* m'a épouvantée; j'ai regardé Jacques d'un air étonné et peut-être
même fâché, comme s'il m'eût fait jusque-là un mensonge. Il est certain pourtant qu'il ne m'a jamais parlé
de son âge, et que je n'ai jamais songé à le lui demander. Je suis sûre qu'il me l'aurait dit sur-le-champ, car
il paraît très-indifférent à ces choses-là, et il ne s'est pas
seulement aperçu de l'effet que faisait sur moi et sur plusieurs des personnes présentes la découverte de ses trente-
cinq ans.

Moi qui le trouvais déjà un peu vieux pour moi en lui
en attribuant trente! J'ai beau faire, Clémence, je t'avoue
que je suis contrariée de cette différence d'âge entre
nous; il me semble à présent que Jacques est beaucoup
moins mon camarade et mon ami que je ne l'imaginais; il
se rapproche plutôt de l'âge d'un père; et, au fait, il pourrait être le mien, il a dix-huit ans de plus que moi! Cela
me fait un peu de peur, et modifie peut-être l'affection

que j'avais pour lui. Autant que je puis exprimer ce qui
se passe en moi, je crois que ma confiance et mon estime
augmentent, tandis que mon enthousiasme et mon orgueil diminuent; enfin, je suis beaucoup moins joyeuse
ce soir que je ne l'étais ce matin, voilà ce que je ne saurais me dissimuler. Ta lettre me revient toujours à l'esprit, et je pense à cet homme *vieux* et *froid* que tu as
cru voir en lui. Cependant, Clémence, si tu voyais comme
Jacques est beau, comme il a une tournure élégante et
jeune, comme il a les manières douces et franches, le
regard affectueux, la voix harmonieuse et fraîche! tu en
serais, je parie, amoureuse aussi. J'ai été frappée et sé-
duite par toutes ces choses-là dès le premier moment, et
chaque jour j'ai été plus touchée de ces manières, de ce
regard et du son de cette voix; mais il est bien vrai que
je n'ai pas encore eu la hardiesse et le sang-froid de l'examiner. Quand il arrive, je le regarde avec joie en lui disant bonjour, et, dans ce moment-là, il a dix-sept ans
comme moi; mais ensuite je n'ose plus guère fixer les
yeux sur lui, car les siens sont toujours sur moi. A tout
ce qui pourrait faire naître sur ses traits une expression
nouvelle, je m'aperçois que c'est moi qui suis observée,
et il ne m'est pas possible d'observer à mon tour. A quoi
bon l'observerais-je, d'ailleurs? que verrais-je en lui
qui ne me plût pas? et qu'aurais-je l'habileté de deviner
s'il se donnait la moindre peine pour se rendre impénétrable? Je suis si jeune! et lui... il doit avoir tant d'expérience!... Quand il m'a observée ainsi, et que je lève
sur lui un regard timide, comme pour recevoir mon arrêt, je trouve sur sa figure tant d'affection, de contente-
ment, une sorte d'approbation muette si délicate et si
douce, que je me rassure et me sens heureuse. Je vois
que tout ce que je fais, tout ce que je dis, tout ce que je
pense, plaît à Jacques, et qu'au lieu d'un censeur sévère

j'ai en lui un être sympathique, un ami indulgent, peut-être un amant aveugle !

Ah ! tiens, j'ai tort de gâter mon bonheur et d'affaiblir mon amour par ces petites recherches. Que m'importent quelques années de plus ou de moins? Jacques est beau, excellent, vertueux, estimé et admiré de tous ceux qui le connaissent, et il m'aime, je suis sûre de cela; que puis-je demander de plus?

IV.

DE CLÉMENCE A FERNANDE.

De l'Abbaye-aux-Bois. Paris, le...

Je reçois tes deux lettres à la fois : deux plaisirs en même temps! Ce serait presque trop, ma chère Fernande, si ces plaisirs n'étaient un peu inquiétés et troublés par toutes les incertitudes que me cause ta situation. Tu me demandes des conseils sur l'affaire la plus importante et la plus délicate de la vie; tu me demandes des éclaircissements sur des choses que je ne sais pas, sur des personnes que je ne connais pas, sur des faits que je n'ai pas vus; comment veux-tu que je réponde? Je ne puis que tirer, des indices que tu me donnes, quelque jugement incertain, expectatif, que tu feras très-bien d'examiner longtemps, et de soumettre à de nouvelles recherches avant de l'adopter.

Je ne connais pas M. Jacques; je ne puis donc savoir à quel point tu peux passer par-dessus les immenses inconvénients de cette différence d'âge; mais je puis et je dois te les signaler d'une manière générale. C'est à toi de les rejeter si tu es sûre qu'il n'y ait pas lieu à en faire l'application.

On prétend que les hommes commencent la vie sociale

plus tard que les femmes, et qu'ils sont plus jeunes de
raisonnement et d'expérience à trente ans que les femmes
à vingt ; je crois que cela est faux. Un homme est obligé
de se faire un état ou de se chercher une position sociale
au sortir du collége ; une jeune personne, au sortir du
couvent, trouve sa position toute faite, soit qu'on la
marie, soit que ses parents la tiennent pour quelques
années encore auprès d'eux. Travailler à l'aiguille, s'occuper des petits soins de l'intérieur, cultiver la superfi-
cie de quelques talents, devenir épouse et mère, s'habituer à allaiter et à laver des enfants, voilà ce qu'on
appelle être une femme faite. Moi, je pense qu'en dépit
de tout cela une femme de vingt-cinq ans, si elle n'a pas
vu le monde depuis son mariage, est encore un enfant.
Je pense que le monde qu'elle a vu étant demoiselle, dan-
sant au bal sous l'œil de ses parents, ne lui a rien appris
du tout, si ce n'est la manière de s'habiller, de marcher,
de s'asseoir et de faire la révérence. Il y a autre chose à
apprendre dans la vie, et les femmes l'apprennent tard et
à leurs dépens. Il ne suffit pas d'avoir de la grâce, de la
décence, une sorte d'esprit ; il ne suffit pas d'avoir allaité
proprement ses enfants et tenu sa maison en ordre pendant quelques années pour être à l'abri de tous les dangers qui peuvent porter de mortelles atteintes au bonheur.
Que de choses apprend un homme, au contraire, dans
l'exercice de cette liberté illimitée qui lui est accordée à
peine au sortir de l'adolescence ! que d'expériences rudes,
que de sévères leçons, que de déceptions mûrissantes il
peut mettre à profit seulement dans le cours de la première année ! que d'hommes et de femmes il a pu étu-
dier à l'âge où la femme n'a encore connu que son père
et sa mère !

Il est donc faux qu'un homme de vingt-cinq ans soit du
même âge qu'une fille de quinze, et que, pour faire une

union raisonnablement assortie, il faille établir dix ans
de différence entre le mari et la femme. Il est bien vrai
que le mari doit être le protecteur et le guide; puisqu'il
doit être le maître, il est à désirer qu'il soit un maître
prudent et éclairé. Mais, à âge presque égal, il a bien assez
de cette espèce de supériorité sur sa femme; s'il en a
beaucoup plus, il en abuse, il devient grondeur, pédant
ou despote.

Supposons que M. Jacques soit incapable d'être jamais
rien d'approchant; accordons-lui toutes les belles qualités.
Je ne te parle pas d'amour, moi : je te fais la part bien
grande en te disant que je ne le crois pas absolument nécessaire dans le mariage, et je doute que tu en aies réellement pour ton fiancé; à ton âge on prend pour de l'amour
la première affection qu'on éprouve. Je te parle d'amitié
seulement, et je te dis que le bonheur d'une femme est
perdu quand elle ne peut pas considérer son mari comme
son meilleur ami. Es-tu bien sûre de pouvoir être maintenant la meilleure amie d'un homme de trente-cinq ans?
Sais-tu ce que c'est que l'amitié? Sais-tu ce qu'il faut de
sympathie pour la faire naître? quels rapports de goûts,
de caractères et d'opinions sont nécessaires pour la maintenir? Quelles sympathies peuvent donc exister entre
deux êtres qui, par la différence de leur âge, reçoivent
des mêmes objets des sensations tout opposées? quand ce
qui attire l'un repousse l'autre, quand ce qui paraît es-
timable au plus âgé est ennuyeux au plus jeune, quand
ce qui semble agréable et touchant à la femme est dangereux ou ridicule aux yeux du mari? As-tu pensé à tout
cela, pauvre Fernande? N'es-tu pas aveuglée par ce besoin d'aimer qui tourmente misérablement les jeunes
filles? N'es-tu pas abusée aussi par une certaine vanité
secrète dont tu ne te rends pas compte? Tu es pauvre,
et un homme riche te recherche et t'épouse. Il a des châ-

teaux, des terres ; il a une belle figure, de beaux chevaux, des habits bien faits ; il te semble charmant, parce que tout le monde le dit. Ta mère, qui est la femme la plus intéressée, la plus fausse et la plus adroite du monde, arrange les choses de manière à ce que vous ne puissiez pas vous éviter. Elle te fait peut-être croire qu'il est amoureux de toi, après lui avoir fait croire que tu étais amoureuse de lui, tandis que vous ne vous aimez peut-être ni l'un ni l'autre. Toi, tu es comme ces petites pensionnaires, qui ont par hasard un cousin, et qui en sont inévitablement amoureuses, parce que c'est le seul homme qu'elles connaissent. Tu es noble de cœur, je le sais, et tu ne t'occupes pas plus des richesses de M. Jacques que si elles n'existaient pas ; mais tu es femme, et tu n'es pas insensible à la gloire d'avoir fait, par ta beauté et ta douceur, un de ces miracles que la société voit avec surprise, parce qu'ils sont rares en effet : un homme riche épousant une fille pauvre.

Mais je te mets en colère, je parie ; je t'en prie, ma chère enfant, ne prends pas tout cela trop au sérieux. Ce sont des choses que je t'engage à te dire courageusement à toi-même, et sur lesquelles il faut que tu t'interroges sévèrement ; il est très-possible que tu n'aies rien de commun avec elles. Alors ce sera quelques feuilles de papier que j'aurai barbouillées d'encre pour te rendre service, et qui ne seront bonnes à rien. Je veux te dire une autre chose qui, chez moi, n'est pas le résultat d'un raisonnement, mais d'une répugnance instinctive ; je t'engage donc à t'en préoccuper assez légèrement. Je n'aime pas que le visage montre un âge différent de celui qu'on a. Cela me fait venir toutes sortes d'idées superstitieuses, et, quelque folles et injustes qu'elles pussent être, il me serait impossible d'accorder ma confiance à une personne sur l'âge de laquelle je me serais trompée

de dix ans au premier coup d'œil. Dans le cas où elle
m'aurait semblé plus jeune qu'elle ne l'est en effet, je
penserais que l'égoïsme, la sécheresse du cœur, ou une
froide nonchalance, l'ont empêchée de sentir l'atteinte
des douleurs humaines, ou l'ont rendue habile à éviter
les fatigues morales qui vieillissent tous les hommes.
Dans le cas contraire, je penserais que les vices, la dé-
bauche, ou au moins une certaine sorte de fausse exaltation, l'ont précipitée dans des désordres et dans des fatigues qui l'ont vieillie plus que de raison; en un mot,
je ne verrais pas sans stupeur et sans effroi une infrac-
tion évidente aux lois de la nature : il y a toujours là
quelque chose de mystérieux qu'il faudrait examiner.
Mais que peut-on examiner à ton âge, et quand l'empressement de changer d'état et de position *avant un mois*
nous ferme les yeux sur tous les dangers?

Tu dis que M. Jacques est aimé et estimé de tous ceux
qui le connaissent ; il me semble que ceux qui le connaissent et qui ont pu t'en parler sont en petit nombre.
Si je repasse les chapitres de tes lettres précédentes où
il en est question, je trouve que ce nombre se réduit à
deux amis, M. Borel et sa femme. Ta mère l'a connu
lorsqu'il était âgé de dix ans, et comme elle était liée avec
son père, elle peut avoir eu des renseignements très-
précis sur son héritage. Je crois qu'elle ne s'est pas sou-
ciée d'autre chose, pas même de te signaler le notable
inconvénient d'avoir dix-huit ans de moins que ton mari.
Elle savait très-bien l'âge de M. Jacques; mais je comprends qu'elle ait évité d'en parler à qui que ce soit. Les
femmes qui ne sont plus jeunes parlent rarement du
passé sans en effacer toutes les dates.

Tu me reproches de ne pas aimer ta mère : je n'y saurais que faire, ma chère Fernande ; mais je suis charmée
que tu ne lui ressembles en rien ; et si quelque chose peut

me consoler de la précipitation avec laquelle se conclut
on mariage, c'est qu'il te séparera bientôt d'elle : tu ne
peux pas tomber en de plus mauvaises mains que celles
dont tu vas sortir; sois sûre de ce que je te dis. Il m'importe peu que cela soit conforme aux saintes lois du préjugé; il me paraît conforme à celles de la raison de
t'éclairer sur le caractère d'une personne qui a tant de
part dans ta vie; et la raison est le seul guide que je con-
sulte, le seul dieu que je serve.

Je croirais volontiers que la pénétration de M. Jacques
n'est pas une chimère. Je suis persuadée de la rectitude
des premiers jugements, quand la personne qui les porte
s'est habituée à rassembler toutes les facultés de l'observation pour les exercer à la fois sur la première impression reçue. Il a bien jugé de toi et de ta mère; cependant, à l'égard de celle-ci, il peut se faire que quelque
souvenir d'enfance aide beaucoup à l'aversion qu'il a sentie en la retrouvant.

L'histoire de la vieille Marguerite ne me semble pas,
comme à toi, un grand sujet de trouble et de consternation. M. Jacques s'est comporté en homme d'esprit en
t'aidant dans tes petites charités; mais je comprends fort
bien qu'il y ait été ennuyé des litanies de la mendiante.
En ceci je trouve l'occasion de te faire observer que vous
êtes destinés, M. Jacques et toi, à différer toujours de
sentiments et de conduite, quand même vous aurez tous
deux raison. Je souhaite qu'il sache toujours tolérer cette
différence, et qu'il te permette d'éprouver les émotions
auxquelles son cœur sera fermé.

Adieu, ma bonne Fernande; tu vois que je n'ai aucune
prévention contre la personne de ton fiancé. D'ailleurs
le jour où tu ne voudras plus entendre la vérité, il faudra cesser de me la demander.

Je vis toujours tranquille et heureuse au fond de mon

abbaye. Les religieuses ont renoncé envers moi à toute espèce de tracasserie. Je reçois les visites que je veux, et je vais quelquefois dans le monde depuis que j'ai quitté le grand deuil de veuve. La famille de mon mari a d'assez bons procédés envers moi, et pourtant ce n'est pas une très-aimable famille. J'ai agi avec prudence envers elle. La raison, ma chère Fernande ! la raison ! avec cela on fait sa vie soi-même, et on la fait libre et calme, sinon brillante.

Ton amie,   CLÉMENCE DE LUXEUIL.

V.

DE FERNANDE A CLÉMENCE.

L'amitié est bien bonne, mais la raison est bien triste, ma chère Clémence; ta lettre m'a donné un véritable accès de spleen. Je l'ai relue plusieurs fois et toujours avec une nouvelle mélancolie. Elle m'a mise en méfiance contre ma mère, contre Jacques, contre moi, contre toi-même. Oui, j'avoue que je t'en ai un peu voulu de me désenchanter si durement de mon bonheur. Tu as raison pourtant, et je sens bien que tu es ma véritable amie; c'est à toi que je demande les conseils et l'appui que je n'ose réclamer de ma mère. Je persiste à croire que tu penses trop mal d'elle, mais je suis forcée de voir que son cœur est très-froid pour moi, et qu'elle ne cherche dans mon mariage que les avantages de la fortune.

Après tout, ce mariage ne l'enrichira pas; elle a le projet de vivre au Tilly, et de me laisser partir pour le Dauphiné avec mon mari; ainsi elle n'a aucun intérêt personnel dans cette affaire. Elle croit que l'argent est le premier des biens, et tous ses efforts tendent, non à l'acquérir, mais à me le procurer. Puis-je lui faire un crime de s'occuper de mon bonheur à sa manière et selon ses idées?

Quant à moi, je me suis examinée sévèrement, et je t'assure que la vanité ne m'influence en rien. J'avais tellement peur de m'aveugler à cet égard, que, ce matin, après avoir relu ta lettre, j'ai eu envie de quereller un peu Jacques, afin d'éprouver mon amour et le sien. J'ai attendu que ma mère nous eût laissés seuls au piano, comme elle fait toujours après le déjeuner. Alors j'ai cessé de chanter pour lui dire brusquement : « Savez-vous, Jacques, que je suis bien jeune pour vous? — J'y ai pensé, m'a-t-il dit avec la figure tranquille qu'il a toujours. Est-ce que vous n'y aviez pas pensé encore? — C'eût été difficile, lui ai-je répondu, je ne savais pas votre âge. — En vérité ! » s'est-il écrié, et il est devenu plus pâle que de coutume. J'ai senti que je lui faisais de la peine, et je me suis repentie tout de suite. Il a ajouté : « J'aurais dû prévoir que votre mère ne vous le dirait pas ; et pourtant je l'avais chargée de vous faire songer à la différence de nos âges. Elle m'a dit l'avoir fait; elle m'a dit que vous étiez bien aise de trouver en moi un père en même temps qu'un amant. — Un père ! ai-je répondu ; non, Jacques, je n'ai pas dit cela. » Jacques a souri, et, me baisant au front, il s'est écrié : « Tu es franche comme une sauvage ; je t'aime à la folie, tu seras ma fille chérie ; mais si tu crains qu'en devenant ton père, je ne devienne ton maître, je ne t'appellerai ma fille que dans le secret de mon cœur. Cependant, a-t-il dit un instant après en se levant, il est possible que je sois trop vieux pour toi. Si tu le trouves, je le suis en effet. — Non, Jacques ! non ! ai-je répondu vivement en me levant aussi. — Ne t'abuse pas, a-t-il repris, j'ai trente-cinq ans, dix-huit belles années de plus que toi. Est-ce que vous ne vous ne vous en étiez jamais aperçue? Est-ce que cela ne

se lit pas sur mon visage? — Non; la première fois que
je vous ai vu, j'ai cru que vous aviez vingt-cinq ans, et
depuis, je vous en ai toujours donné trente. — Vous ne
m'avez donc jamais regardé, Fernande? Regardez-moi
bien, je le veux; je détournerai les yeux pour ne pas
vous intimider . » Il m'a attirée vers lui et a détourné
les yeux en effet. Alors je l'ai examiné avec attention, et
j'ai découvert qu'il y avait au-dessous des paupières et
au coin de la bouche quelques rides imperceptibles, et
sur ses tempes quelques cheveux blancs mêlés à une forêt de cheveux noirs; c'est là tout. « Voilà toute la différence d'un homme de trente-cinq ans à un homme de
trente ! » me suis-je dit; et je me suis mise à rire de cette
idée qu'il avait de se faire regarder. « Je vais vous dire
la vérité, lui ai-je dit : votre figure, telle qu'elle est, me
plaît beaucoup mieux que la mienne; mais je crains que
cette différence d'âge ne se fasse sentir dans votre caractère. » Alors j'ai tâché de lui exposer tous les doutes
que renferme ta lettre, comme s'ils venaient de moi. Il
m'a écoutée avec beaucoup d'attention et avec une sérénité de visage qui m'avait déjà rassurée avant qu'il me
parlât. Quand j'ai eu tout dit , il m'a répondu : « Fernande, deux caractères semblables ne se rencontrent jamais; l'âge n'y fait rien ; à quinze ans j'étais beaucoup
plus vieux que vous sous de certains rapports, et sous
d'autres, je suis encore aujourd'hui plus jeune que vous.
Nous différons sur beaucoup de points, je n'en doute
pas; mais vous aurez moins à souffrir de cela avec moi
qu'avec tout autre. Est-ce que vous ne le croyez pas? »
Que voulais-tu que je répondisse? Du moment qu'il me le
dit, je le crois en effet : il a l'air si sûr de son fait ! Ah !
Clémence, il est possible qu'il me trompe ou qu'il se
trompe lui-même, mais il est impossible que je me trompe
aussi sur l'amour que j'ai pour lui; non , ce n'est pas le

besoin d'aimer d'une petite pensionnaire. J'ai vu d'autres
hommes avant lui, et nul ne m'a inspiré de sympathie.
La maison d'Eugénie est toujours pleine d'hommes plus
jeunes, plus gais, plus brillants et plus beaux peut-être
que Jacques ; je n'ai jamais désiré d'être la femme d'aucun de ceux-là. Je ne me jette pas en aveugle dans
les séductions d'une position nouvelle. Tes lettres me font
beaucoup d'effet ; je les commente, je les apprends par
cœur, j'en applique à chaque instant un passage aux en-
traînements de mon amour, et je vois que la prudence
est inutile, que la raison est impuissante. J'aperçois les
dangers où cet amour peut me précipiter, et la crainte
d'être malheureuse avec Jacques ne m'ôte pas le désir de
passer ma vie près de lui.

Tu dis que deux amis seulement m'ont dit du bien de
Jacques. Je vais te raconter la conversation qui eut lieu à
Cerizy, chez les Borel, il y a quelques jours. Il y avait là
cinq ou six compagnons d'armes de M. Borel ; Jacques
avait l'air un peu plus sérieux que de coutume, mais sa
figure et ses manières exprimaient toujours la même tranquillité d'âme. Il prit une tasse de café, et fit quelques
tours de promenade dans l'appartement, sans rien dire.
« Eh bien, Jacques, comment vous trouvez-vous ? lui demanda Eugénie. — Mieux, répondit-il d'un air doux. — Il a
donc été malade ? » demandai-je étourdiment. Je vis tous
les regards de ces messieurs se tourner vers moi, et un
certain sourire de bienveillance, un peu moqueuse peut-
être, sur tous les visages. Je sentis que je devenais rouge,
mais cela m'était égal ; j'étais inquiète de Jacques, je réi-
térai ma question. « J'ai eu quelques douleurs de tête,
répondit-il en me remerciant par un regard affectueux,
mais ce n'est rien du tout, et ne vaut pas la peine qu'on
s'en occupe. » On parla d'autre chose, et il sortit. « Je
crains que Jacques ne soit réellement malade, dit Eugénie

en le regardant s'éloigner. — Mais il faudrait savoir s'il
n'a pas besoin de soins, dit ma mère en affectant beaucoup
d'intérêt. — Oh ! il faut surtout le laisser tranquille, dit
M. Borel brusquement ; il ne peut pas supporter qu'on
s'occupe de lui quand il souffre. — Parbleu ! il a de
quoi souffrir, dit un de ces messieurs ; il a sur la poitrine deux ou trois belles blessures qui auraient tué tout
autre que lui. — Il en souffre rarement, dit Eugénie ;
mais je crains qu'aujourd'hui il n'ait beaucoup souffert.
— Qui est-ce qui peut jamais savoir si Jacques souffre?
reprit M. Borel. Est-ce que Jacques est fait de chair
humaine? — Je crois bien que oui, dit un vieux capitaine de dragons ; mais je crois que c'est l'âme d'un diable qui est dans ce corps-là. — C'est l'âme d'un ange
plutôt, dit Eugénie. — Ah ! voilà madame Borel qui parle
comme les autres, reprit le vieux capitaine ; je ne sais
pas ce que Jacques chante à l'oreille des femmes, mais
elles ne parlent jamais de lui que comme d'un chérubin ;
et nous, pauvres pécheurs, on oublie nos vertus *civiles
et militaires*. (Ceci est une plaisanterie favorite du capitaine.) — Oh ! pour moi, dit Eugénie, je professe une
espèce de religion pour notre Jacques, et mon mari l'ordonne ainsi à tous ceux qui sont ici. » On m'adressa
indirectement quelques épigrammes affectueuses, qui
avaient la meilleure volonté du monde de me faire plaisir, mais qui m'embarrassèrent un peu. Je pris le bras
de mademoiselle Regnault, et je sortis comme pour faire
un tour de jardin ; mais je lui confessai que je mourais
d'envie d'entendre le reste de la conversation sur Jacques, et elle me conduisit près d'une fenêtre d'où l'on entend tout ce qui se dit dans le salon. J'entendis la voix de
M. Borel, et je compris qu'il parlait à un de ces messieurs qui ne connaît Jacques que très-peu. « Vous voyez
bien la figure pâle et l'air distrait de Jacques, disait-il.

Je ne sais pas si vous avez fait attention à ce petit *chantonnement* qu'il fait dans sa barbe quand il charge sa pipe, ou quand il taille son crayon pour dessiner? Eh bien! quand il souffre beaucoup, tous ses témoignages de douleur et d'impatience se réduisent à cette petite chanson. Je la lui ai entendu faire en plusieurs occasions où je n'avais pas envie de chanter. A Smolensk, quand on m'a amputé deux doigts du pied, et quand on lui a retiré deux balles qui s'étaient proprement logées entre deux de ses côtes, moi je jurais comme un damné, M. Jacques chantonnait. » Ici M. Borel se mit à imiter parfaitement le petit *Lila Burello* de Jacques. Ces messieurs se mirent à rire. Quant à moi, l'image que ce récit m'avait fait passer devant les yeux, Jacques sanglant, chantant sous le fer du chirurgien, m'avait donné une sueur froide, et je vis bien encore, à cette impression-là, que j'aime Jacques; car j'étais bien indifférente aux douleurs de M. Borel, et tandis qu'Eugénie sans doute frémissait en y pensant, il m'était absolument égal qu'il eût deux ou trois doigts de plus ou de moins au pied.

« Vous souvenez-vous, dit une autre voix, de l'arrivée de Jacques au régiment, la veille de ***? — Ah! brave Jacques! il avait seize ans, dit un autre interlocuteur; il avait l'air d'une jolie petite demoiselle. Ils étaient là cinq ou six enfants de famille, débarqués depuis une heure, enveloppés de surtouts fourrés par leurs mamans, gentils, bien peignés, roses, et pas trop contents de coucher à l'auberge en plein champ. Jacques était là aussi avec sa petite mine, pâle déjà, un petit commencement de moustache et sa petite chanson entre les dents. L'un disait: Celui-là est le plus ridicule de tous; il veut faire le luron, et il est déjà blanc comme un linge. Un autre disait: M. Jacques est le César de la société; au premier coup de canon, il chantera sur un autre ton. —

Lorrain... Qui est-ce qui se souvient du lieutenant Lorrain, avec son grand diable de nez, ses mauvaises plaisanteries, et son album de caricatures qui ne le quittait
pas plus que son sabre? Un habile dessinateur, ma foi!
et le meilleur tireur du régiment. Voilà que mon animal,
à la lueur du feu du bivouac, s'amuse avec un bout de
charbon à vous crayonner la charge de Jacques et de ses
petits compagnons, avec des éventails et des ombrelles;
il avait écrit au-dessous : *Gens riches allant à la bataille.* Jacques passe derrière lui, se penche sur son
épaule, et dit avec l'air doux et gentil qu'il a toujours
conservé : « C'est très-joli, cela ! — Vous en êtes content? dit Lorrain. — Très-content, répond Jacques. — Et
moi aussi, » reprend Lorrain. Tout le monde de rire. Jacques s'assied sans se déconcerter le moins du monde, et me
prie de lui prêter ma pipe. J'avais envie de la lui casser sur
la figure. « Est-ce que vous n'en avez pas une? — Non,
répondit-il; je n'ai jamais fumé de ma vie; j'ai envie
d'essayer : comment s'y prend-on? — On allume de ce
côté-là et on la met dans sa bouche, et puis on tire de
toutes ses forces jusqu'à ce que la fumée sorte par le côté
opposé. » Jacques secoue la tête d'un air de simplicité et
prend la pipe. Nous espérions le voir tousser ou s'en-
ivrer; chacun charge la sienne et la lui présente l'une
après l'autre, en lui versant des rasades d'eau-de-vie à
griser un bœuf. Je ne sais pas s'il les escamotait; mais
sa figure ne fit pas un pli, son gosier n'eut pas une convulsion; il but et fuma la moitié de la nuit sans sortir de
son sang-froid et sans se laisser entamer par la moindre
taquinerie; on eût dit que sa nourrice l'avait élevé avec
de l'eau-de-vie et de la fumée de pipe. Le capitaine Jean,
que voilà, et qui se souvient bien de ce que je raconte,
vint me taper sur l'épaule et me dire : « Vous voyez bien
cet oiseau-mouche? Eh bien ! je vous dis, Borel, que ce

sera une de nos meilleures moustaches. Je connais cela ;
c'est une petite race de vieux buis bien sec, et c'est plus
solide qu'une grande massue de fer. Son père est un brigand, mais un sabreur ; celui-ci aura plus de sang-froid,
et si un boulet ne le raie pas demain de mes tablettes, il
fera vingt campagnes sans se plaindre de cors aux pieds.
Le lendemain, chacun sait comme Jacques fit ses preuves et fut décoré sur le champ de bataille. — Vous croyez
qu'il était glorieux après cela, dit le capitaine de dragons ; qu'il sautait comme font les enfants à qui ces for-
tunes-là arrivent, ou bien qu'il s'en allait dans les petits
coins, comme nous faisions, nous autres, pour regarder sa croix et la baiser ? Il avait l'air aussi indifférent
à cela qu'il l'avait été à la caricature de Lorrain, au
premier feu et à sa première blessure. Il reçut toutes
les poignées de main d'un air franc et amical, mais sans
montrer ni étonnement ni joie. Je ne sais pas ce qui peut
faire rire ou pleurer Jacques, et, quant à moi, je me
suis souvent demandé si ce n'était pas un de ces spectres
auxquels croient les Allemands. — Vous n'avez donc pas
vu Jacques amoureux ? dit M. Borel. Alors vous l'auriez
vu fondre comme la neige au soleil ; il n'y a que les femmes qui aient du pouvoir sur cette tête-là ; aussi y ont-
elles fait de fiers ravages ! En Italie... » M. Borel s'interrompit, et je compris que quelqu'un, Eugénie sans doute,
lui avait fait signe de se taire. Cela me donna une impatience, une curiosité et une inquiétude épouvantables.

« Je voudrais savoir, dit Eugénie après un instant de
silence, où il a trouvé le temps d'apprendre tout ce qu'il
sait en littérature, en poésie, en musique, en peinture !
— Qui diable le sait? répondit le capitaine ; moi, je crois
qu'il est venu au monde comme ça ; ce qu'il y a de sûr,
c'est que ce n'est pas moi qui le lui ai appris. — Sous
ce rapport, dit ma mère, je crois pouvoir présumer que

son éducation était faite avant qu'il entrât au service. Je
l'ai connu à l'âge de dix ans, et il était extraordinaire-
ment instruit pour son âge. Il avait l'aplomb et l'assurance d'un homme; il a dû se développer remarquablement vite. — Le capitaine Jean a bien un peu raison,
observa M. Borel, quand il dit que Jacques n'appartient
pas tout à fait à l'espèce humaine; il y a dans son corps
et dans son esprit une trempe d'acier dont le secret est
perdu sans doute. Ainsi, jusqu'à l'âge de vingt-cinq ans,
il a paru plus âgé qu'il ne l'était en effet, et depuis ce
temps-là il paraît plus jeune qu'il ne l'est réellement. —
Je n'oublierai jamais, reprit une autre personne, la manière dont il s'est comporté à son premier duel. — Parbleu! c'était précisément avec Lorrain, dit le capitaine
Jean; c'est moi qui l'ai forcé de se battre; je l'aimais de
tout mon cœur, cet enfant-là! — Comment! vous l'avez
forcé? dit la personne qui ne connaissait pas Jacques,
et à qui s'adressaient presque tous ces récits. — Je vais
vous dire comment, reprit le capitaine. Jacques s'était
certainement bien montré à la bataille de *** ; mais autre
chose est de se faire respecter du canon et de se faire
estimer de ses camarades. Ce n'est pas que dans ce moment-là on fût très-duelliste dans l'armée : on était assez
occupé avec l'ennemi. Néanmoins, le lieutenant Lorrain
ne passait pas un jour sans se faire une affaire petite ou
grande avec quelque nouveau venu. Il n'était pas, à
beaucoup près, aussi solide sur le champ de bataille;
mais dans une affaire particulière, il avait si beau jeu
qu'on ne lui reprochait rien impunément. Je n'aimais pas
ce gaillard-là, et j'aurais donné mon cheval pour qu'on
me débarrassât de sa vue. Je l'avais manqué deux fois,
et j'en avais été pour mes frais, une fois ce poignet-ci, et
l'autre fois cette joue-là. Il ne pouvait pas souffrir notre
petit Jacques, et il était furieux de la manière dont il

avait mis les rieurs de son côté à***. Il n'avait rien mérité, rien gagné, lui, pas même une égratignure! Il se
consolait en faisant des caricatures au moyen desquelles
il tournait Jacques en ridicule; car ses diables de charges
étaient si bien faites, qu'en les regardant il fallait rire
malgré qu'on en eût. Cela m'impatientait. Un soir, il
avait dessiné le dolman de Jacques sur le dos d'un petit
chien. C'était trop fort; je vais trouver Jacques, qui dormait sur l'herbe; je lui dis : « Jacques, il faut que tu te
battes. — Avec qui? dit-il en bâillant et étendant les
bras. — Avec Lorrain. — Pourquoi? — Parce qu'il t'insulte. — Comment? —Est-ce que ses caricatures ne t'offensent pas? — Pas du tout. — Mais il se moque de toi. —
Qu'est-ce que cela me fait? — Ah çà, Jacques, est-ce
que tu n'es brave qu'à la mêlée? — Je n'en sais rien. » Là-
dessus je dis un mot que je ne répéterai pas devant ces
dames. « Parle plus bas, Jacques, et prends garde de ne
jamais répéter devant personne ce que tu viens de me
dire là. — Pourquoi donc, Jean? me dit-il en bâillant
comme un désespéré. — Tu dors, camarade! lui dis-je en
le secouant de toute ma force. — Quand tu m'auras cassé
les os, me dit-il avec son sang-froid ordinaire, crois-tu
que je serai plus persuadé? Comment veux-tu que je te
dise si je suis brave en duel? je ne me suis jamais battu.
Si tu m'avais demandé, la veille de la bataille, comment
je me conduirais, je t'aurais dit la même chose. J'ai fait
le premier essai de mon caractère militaire ce jour-là; à
présent, s'il faut en faire un second, je ne demande pas
mieux; mais je ne sais pas mieux que toi comment je
m'en tirerai. » C'était un drôle de corps que ce petit
Jacques, avec ses petits raisonnements de philosophe.
J'étais sûr de lui comme de moi, malgré tout ce qu'il disait pour m'en faire douter. « Je t'estime, lui dis-je,
parce que tu n'es pas un fanfaron et que tu as du cœur.

L'amitié que j'ai pour toi me force à te dire qu'il faut te battre. — Je le veux bien ; mais trouve-moi une raison pour le faire sans être un sot. Je t'avoue que vouloir tuer un homme parce qu'il s'amuse à dessiner ma pauvre personne d'une manière bouffonne et plaisante, cela ne me paraît pas possible. Moi, je ne suis pas en colère contre ce Lorrain ; il m'amuse beaucoup, au contraire, et je serais au désespoir de tuer un homme qui fait de si drôles de calembours. — Il faut tâcher de le toucher au bras droit, et de l'empêcher de faire jamais la caricature de personne. » Jacques haussa les épaules et se rendormit. Je n'étais pas content de cela ; j'attendis le lendemain matin, et je dis à Lorrain : « Sais-tu que Jacques ne prend plus si bien la plaisanterie ? Il a dit qu'à la première caricature il se battrait avec toi. — Bien, dit Lorrain, je ne demande pas mieux. » Il prend alors un bout de charbon, et, sur un grand mur blanc qui se trouvait là, il vous fait un Jacques gigantesque, avec le nom et la décoration ; rien n'y manquait. Je rassemble les amis, et je leur dis : « Que feriez-vous à la place de Jacques ? — Cela n'est pas douteux, » répondent-ils. Je vais chercher Jacques. « Jacques, les anciens ont décidé qu'il faut te battre. — Je veux bien, dit Jacques en regardant son portrait ; ça n'en vaut, ma foi ! pas la peine. Vous pensez donc, vous autres, que je suis insulté ? — *Insultissimus !* répond un facétieux. — Allons, dit Jacques, qui est-ce qui veut me servir de témoin ? — Moi, dis-je, et Borel. » Lorrain arrive pour déjeuner, Jacques va droit à lui, et, comme s'il lui eût offert une prise de tabac, lui dit : « Lorrain, on dit que vous m'avez insulté ; si ç'a été votre intention en effet, je vous en demande raison. — Ç'a été mon intention, répond Lorrain, et je vous en rendrai raison dans une heure. Je vous laisse le choix des armes. — A quelles armes faut-il que je me batte? dit Jacques en revenant allumer sa pipe à la mienne. — A celle que tu connais le mieux. — Je n'en connais aucune, dit Jacques; je suis une recrue, moi, Dieu ne m'a pas fait naître soldat. — Comment, malheureux, lui dis-je, tu ne connais aucune arme, et tu t'engages avec un malin comme Lorrain? — Vous m'avez dit de le faire, je l'ai fait, dit Jacques. — Eh bien! tu sais sabrer, bats-toi au sabre. — Comment s'y prend-on? — Comme on peut, quand on ne sait pas. — A la bonne heure! dit Jacques; quand Lorrain sera prêt, vous m'appellerez. » Et il se met à dormir sur une table. A l'heure dite, mon Lorrain se présente sur le terrain d'un air persifleur. Il faisait toutes sortes de moqueries, et affectait de laisser à Jacques tous les avantages. Voilà Jacques qui prend un sabre plus long que lui, qui, avec ses petits bras, le fait voltiger par-dessus sa tête, et vient sur son homme, tapant à droite, à gauche, en avant, au hasard, mais tapant dru, battant en grange, ne s'inquiétant pas de parer, mais d'avancer. Quand Lorrain vit cette manière d'agir, il recula, et demanda ce que cela voulait dire. « Cela veut dire, lui répondis-je, que Jacques ne sait pas tirer le sabre, et qu'il fait comme il peut. » Lorrain reprit courage et avança; mais il reçut aussitôt sur l'épaule droite une si bonne entamure, qu'il s'en trouva satisfait et n'en demanda pas davantage. De cette affaire-là, il resta plus de six mois sans se battre et sans dessiner. »

On parla encore longtemps de Jacques, et si je ne craignais de te fatiguer avec mes récits, je te raconterais de quelle manière vraiment héroïque Jacques supporta ses horribles souffrances de la campagne de Russie. Ce sera pour une autre fois, si tu veux; aujourd'hui, ce besoin de te parler de lui m'a conduite assez loin; il est temps que je te délivre de mon griffonnage et que j'aille me coucher. Adieu, mon amie.

VI.

Cerisy, près Tours.

Quand ma souffrance s'endort, pourquoi la réveilles-tu, imprudente Sylvia ! Je sais bien que je n'en guérirai pas : crains-tu que je ne l'oublie ? Mais de quoi donc as-tu peur ? et quelle page de ma vie peut te paraître bizarre quand elle est signée de Jacques ? Est-ce de me voir amoureux que tu t'étonnes ? est-ce mon amour, est-ce mon mariage qui t'effraie ?

Moi, si je pouvais m'épouvanter de quelque chose, ce serait de me sentir si heureux ; mais je l'ai été plus d'une fois, et plus d'une fois j'ai su y renoncer. Quand le temps sera venu de me vaincre, je me vaincrai. J'aime du plus profond de mon cœur une vierge, une enfant belle comme la vérité, vraie comme la beauté, simple, confiante, faible peut-être, mais sincère et droite comme toi. Pourtant Fernande n'est pas ton égale ; nulle ne l'est en ce monde, Sylvia ; c'est pourquoi je ne la cherche pas. Je ne demanderai pas à cette jeune fille la force et l'orgueil qui te font si grande, mais je trouverai en elle les douces affections, les tendres prévenances dont mon cœur sent le besoin. J'ai soif de repos, Sylvia ; il y a longtemps que je marche seul dans un chemin pénible ; il faut que je m'appuie sur un cœur paisible et pur ; le tien ne peut pas m'appartenir exclusivement ; il faut que je m'empare de celui-ci, qui n'a encore connu que moi.

Oui, Fernande est *une sauvage*. Si tu voyais ses longs cheveux blonds se détacher et tomber en désordre sur ses épaules au moindre mouvement de sa jeune pétulance ; si tu voyais ses grands yeux noirs, toujours étonnés, toujours questionneurs, et si ingénus quand l'amour en adoucit la vivacité ; si tu entendais le son un peu brusque de cette

voix nette et accentuée, tu reconnaîtrais, à des indices
indubitables, la franchise et l'honnêteté. Fernande a dix-
sept ans; elle est petite, blanche, un peu grasse, mais
élégante et légère cependant. Ses yeux et ses sourcils noirs,
au-dessous d'une forêt de cheveux blonds, donnent un
caractère particulier à sa beauté. Son front n'est pas
très-élevé, mais il est purement dessiné, et annonce une
intelligence plutôt docile que saisissante, plutôt capable
de mémoire que d'observation. En effet, elle arrange et
emploie convenablement ce qu'elle sait, et ne découvre
rien par elle-même. Je ne te dirai pas, comme font tous
les amants, que son caractère et son esprit sont faits
exprès pour assurer le bonheur de ma vie. Ce serait une
phrase de clerc de notaire, et l'approche du mariage ne
m'a pas encore rendu imbécile à ce point. Le caractère
de Fernande est ce qu'il est; je l'étudie, je le possède, et
je traiterai avec lui en conséquence. Quand j'étais jeune,
je croyais à un être créé pour moi. Je le cherchais dans
les natures les plus opposées, et quand je désespérais de
le trouver dans l'une, je me hâtais de l'espérer dans une
autre. C'est ainsi que j'ai aggravé mes maux et que j'ai
souvent connu le découragement. Amour romanesque!
tourment et chimère des années fécondes de la vie!

Ne vous trompez pas sur moi, cependant, Sylvia; je
ne suis pas un homme blasé qui se retire des passions
pour vivre bourgeoisement avec une femme simple, gentille et rangée : je suis un homme encore bien jeune de
cœur, qui aime fortement une jeune fille, et qui l'épouse
pour deux raisons : la première, parce que c'est l'unique
moyen de la posséder; la seconde, parce que c'est l'unique moyen de l'arracher des mains d'une méchante mère,
et de lui procurer une vie honorable et indépendante.
Vous voyez que c'est un mariage d'amour; je ne m'en
défends pas. Si cette détermination entraînait tous les

maux que vous craignez, ce qu'il y a de vieux en moi,
l'esprit et la volonté, aurait pris le dessus, et j'aurais fui
avant de m'abandonner à mon cœur ; mais ces maux
sont imaginaires, Sylvia, et je vais te le prouver.

Je n'ai pas changé d'avis, je ne me suis pas réconcilié
avec la société, et le mariage est toujours, selon moi,
une des plus barbares institutions qu'elle ait ébauchées.
Je ne doute pas qu'il ne soit aboli, si l'espèce humaine
fait quelque progrès vers la justice et la raison ; un lien
plus humain et non moins sacré remplacera celui-là, et
saura assurer l'existence des enfants qui naîtront d'un
homme et d'une femme, sans enchaîner à jamais la liberté
de l'un et de l'autre. Mais les hommes sont trop grossiers
et les femmes trop lâches pour demander une loi plus
noble que la loi de fer qui les régit : à des êtres sans
conscience et sans vertu, il faut de lourdes chaînes. Les
améliorations que rêvent quelques esprits généreux sont
impossibles à réaliser dans ce siècle-ci ; ces esprits-là
oublient qu'ils sont de cent ans en avant de leurs con-
temporains, et qu'avant de changer la loi il faut changer
l'homme.

Quand on est de ceux-là, quand on se sent moins brute
et moins féroce que la société où l'on est condamné à
vivre et à mourir, il faut ou lutter corps à corps avec
elle, ou s'en retirer tout à fait. J'ai fait l'un, je veux faire
l'autre. J'ai vécu seul, méprisant l'activité d'autrui, et
me lavant les mains devant Dieu des impuretés de la
race humaine ; à présent je veux vivre deux, et donner
à un être semblable à moi le repos et la liberté qui m'ont
été refusés de tous. Ce que j'ai amassé de force et d'indépendance durant toute une vie de solitude et de haine,
je veux en faire profiter l'objet de mon affection, un être
faible, opprimé, pauvre, et qui me devra tout ; je veux
lui donner un bonheur inconnu ici-bas ; je veux, au

nom de la société que je méprise, lui assurer les biens
que la société refuse aux femmes. Je veux que la mienne
soit un être noble, fier et sincère ; telle que la nature l'a
faite, je veux la conserver ; je veux qu'elle n'ait jamais
ni besoin ni envie de mentir. J'ai embrassé cette idée-là
comme un but à ma triste et stérile existence, et je me
persuade que, si je réussis, ma vie ne sera pas absolument perdue.

Ne souris pas, Sylvia ; ce ne sera pas une petite chose ;
cela sera peut-être plus grand devant Dieu que les con-
quêtes d'Alexandre. J'y emploierai tout mon courage,
toute ma force ; j'y sacrifierai tout, s'il le faut : ma fortune, mon amour, et ce que les hommes appellent leur
honneur ; car je ne me dissimule pas les difficultés de
mon entreprise et ce que la société y apportera d'obstacles. Je sais combien ses préjugés, sa jalousie, ses menaces, sa haine, entraveront mes pas et glaceront de
terreur celle que j'ai prise par la main pour la faire marcher avec moi dans ce chemin désert ; mais je surmon-
terai tout, je le sens, je le sais. Si mon courage faiblis-
sait, ne serais-tu pas là pour me dire : « Jacques, souviens-toi de ce que tu as promis à Dieu ? »

VII.

DE FERNANDE A CLÉMENCE.

Tilly, le...

Tu es une moqueuse ; tu dis que j'imite le jargon des
grognards, comme si j'avais composé dix vaudevilles ;
cependant tu dis que j'ai bien fait de te raconter tout
cela ; et moi aussi, je le pense, car te voilà à demi récon-
ciliée avec Jacques ; ce caractère froidement brave te
plaît, et à moi donc !

4

J'ai suivi ton conseil, et je ne sais trop quelle conclu-
sion je dois tirer de la conversation que j'ai eue avec
les Borel. Je te la transmets, au risque d'être encore
traitée de petite perruche : tu me diras ce que tu en
penses.

L'occasion s'est offerte à moi on ne peut meilleure.
Maman avait été faire une visite à notre voisine, madame
de Bailleul, quand Eugénie et son mari sont arrivés.
Jacques avait été appelé à Tours pour une affaire. « Je
suis enchantée de me trouver seule avec vous, leur ai-je
dit; j'ai beaucoup de questions à vous faire à tous deux.
D'abord êtes-vous bien mes amis? suis-je indiscrète de
compter sur vous comme sur moi-même? » Eugénie m'a
embrassée, et son mari m'a tendu la main d'une grosse
façon militaire que ma mère eût trouvée de bien mauvais
ton, mais qui m'a inspiré plus de confiance que tous les
compliments du monde. « Il faut que vous me parliez de
Jacques, leur ai-je dit; vous ne m'en avez jamais dit que
du bien; il est impossible que vous n'ayez pas un peu de
mal à m'en dire. — Qu'est-ce que cela signifie? s'est
écriée Eugénie. — Ma bonne amie, lui ai-je répondu, je
vais m'engager sans retour et bien précipitamment avec
un homme que je connais très-peu; ce serait une grande
folie, si vous n'étiez garants du noble caractère de cet
homme-là. Maintenant je ne songe pas à m'en dédire,
car il sait et vous savez tous que je l'aime; mais, malgré cela, et même à cause de cela, je voudrais le connaître mieux et pouvoir me tenir en garde contre les défauts grands ou petits qu'il peut avoir. Vous m'avez dit,
dans un temps où aucun de nous ne songeait qu'il pouvait devenir mon mari, qu'il avait beaucoup de singularités; maintenant il m'intéresse extrêmement de savoir
quelles sont ces singularités, afin de n'en pas blesser
quelqu'une involontairement et d'éviter tout ce qui peut

les éveiller. Je n'en ai encore aperçu que l'ombre, et je
me demande souvent s'il est possible qu'un homme soit
aussi parfait que Jacques me semble l'être. Je veux me
défendre de l'aveuglement et de l'enthousiasme ; je vous
en prie, mes amis, parlez-moi, éclairez-moi.

— Cela est embarrassant en diable, a répondu M. Borel, et je ne sais que vous dire. Vous êtes si franche et
si bonne enfant, Mademoiselle, que, si vous étiez ma
propre sœur, je ne pourrais pas avoir plus d'estime et
d'amitié pour vous que je n'en ai. D'un autre côté,
Jacques est mon plus ancien, mon meilleur ami ; il m'a
porté sur ses épaules en Russie pendant plus de trois
lieues. Oui, Mademoiselle, le petit Jacques a porté le
gros animal que voilà, qui sans lui serait crevé de froid
à côté de son cheval ; et il a manqué de mourir lui-même
par suite de ce léger fardeau. Je vous ai raconté cela, peut-
être ; je pourrais vous raconter tant d'autres choses ! des
dettes payées, des duels accommodés, des coups parés
tant à la bataille qu'au cabaret, des services à n'en pas
finir ; et moi, qu'est-ce que j'ai fait pour lui ? rien du
tout. Ai-je le droit à présent de parler de lui comme je
le ferais d'un autre ? — A tout autre qu'à moi, non certainement, ai-je répondu ; mais à moi, je crois que vous
le devez. — Je ne sais pas ! je ne sais pas ! Je vous aime
bien, ma chère mademoiselle Fernande ; mais, voyez-
vous, j'aime Jacques encore plus que vous. — Je le crois
bien, mais ce n'est pas dans mon intérêt seulement, mais
dans celui de Jacques, que je vous interroge.—Fernande
a raison, a dit Eugénie ; il faut qu'elle connaisse son mari
pour lui épargner de petits chagrins, et peut-être de
grandes contrariétés. Elle dit qu'elle aime Jacques, et
que ce ne seront pas de petites raisons qui pourront la
dégoûter de lui : il faut croire ce que dit Fernande ; elle

ne ment pas; moi, je tiens sa parole pour sacrée. Comme,
d'un autre côté, je sais qu'il est impossible de trouver un
reproche un peu grave à faire à Jacques, je ne vois pas
le moindre inconvénient à lui dire tout ce que tu sais.
Pour moi, j'ai souvent entendu raconter les originalités
de Jacques; mais je déclare que je n'en ai vu aucune,
et que, depuis trois mois qu'il demeure chez nous, je n'ai
jamais eu sujet de m'étonner de rien, si ce n'est de sa
douceur, de son égalité de caractère et du calme de son
esprit. — Voilà que tu fais ce que je ne voudrais pas
faire, interrompit son mari; tu parles contre la vérité.
Il est vrai que tu mens sans le savoir. Toutes les femmes
voient Jacques avec prévention, jusqu'à la mienne, qui
certainement est une femme sensée. — Eh bien! moi, je
veux l'être encore plus, ai-je dit; je veux le voir tel qu'il
est. Parlez, mon cher colonel; Jacques est-il d'un caractère fantasque? a-t-il des caprices, des emportements?
— Des emportements? non; ou, s'il en a, je ne les ai
jamais aperçus : il est doux comme un agneau. — Mais
des caprices? — Je vous répondrai à une condition :
c'est que vous me permettrez de raconter à Jacques notre
conversation mot pour mot, et dès ce soir. » Cette demande m'a un peu embarrassée. « Comment! me suis-
je dit, Jacques saura que je l'ai soupçonné de n'être pas
toujours dans son bon sens? que j'ai demandé à ses amis
les petits secrets de son caractère, au lieu de l'interroger
franchement et de m'en rapporter à lui? — Vous ne vous
en souciez pas, a dit le colonel : eh bien! laissons là ce
sujet; dispensez-moi de vous répondre : je vous promets
sur l'honneur de ne pas dire à Jacques que vous m'avez
interrogé. — J'ai peut-être eu tort de le faire, ai-je répondu; mais, puisque je l'ai fait, j'en veux subir toutes
les conséquences; il me paraîtrait plus déloyal de m'en

cacher que de persister. Parlez donc, j'accepte les conditions. » Il s'est enfin décidé, et il m'a parlé de Jacques à peu près dans ces termes :

« Je ne sais pas comment Jacques est avec les femmes ; ainsi je ne vois pas trop à quoi vous servira ce que je vais vous dire. Toutes les femmes que j'ai vues raffolent de lui, et je ne sache pas qu'aucune de celles qui l'ont aimé ait eu un seul reproche à lui faire. Mais moi, qui l'aime de tout mon cœur, je lui en veux souvent ; pourquoi ? je n'en sais trop rien. Je le trouve sec, fier, méfiant ; je suis en colère de ce qu'il sait si bien se faire aimer en de certains moments. Il y en a d'autres où il semble qu'il ne vous connaît plus. « Mais qu'as-tu donc, Jacques ? — Rien. — Souffres-tu ? — Non. — As-tu quelque chose qui te contrarie ? — Bah ! — Mais enfin tu n'es pas dans ton humeur ordinaire ? — Si fait. — Tu veux que je te laisse tranquille ? — Oui. — A la bonne heure. » Cela n'est rien, nous avons tous de mauvais moments ; mais quand nous sommes sûrs d'un ami, nous lui demandons tous les services dont nous avons besoin. Il n'y a pas de danger que Jacques en demande jamais un seul, fût-ce un verre d'eau *in articulo mortis*, et cela non pas tant peut-être par orgueil que par méfiance. Il ne dit jamais la raison de son silence, mais on s'en aperçoit tout de suite à la manière dont il vous conseille en pareille occasion. « Ne faites pas cela, dit-il, mettez l'amitié à l'épreuve le moins que vous pourrez. » Vous m'avouerez que pour un homme dont l'amitié est capable de tous les sacrifices, il y a une espèce de folie superbe à nier l'amitié des autres. C'est injuste, et cet orgueil-là m'a souvent mis en colère contre lui. Cette singularité en entraîne d'autres. Quand il a rendu un service, il ne peut pas souffrir qu'on l'en remercie, et il est capable de fuir et d'éviter longtemps, de quitter même tout à fait celui

qu'il a obligé; il semble qu'il prenne en aversion la figure
des gens qui ont reçu de lui quelque chose. Il y a là-
dedans excès de délicatesse, mais il y a quelque chose
de plus encore : il y a là conviction cruelle que tous ceux
à qui il fait du bien doivent devenir ses ennemis. Il a
d'autres manies inexplicables : il n'aime pas qu'on le regarde en de certains moments, et l'on ne sait jamais
pourquoi. Il ne veut pas qu'on le questionne ni qu'on le
soigne dans ses souffrances. Ce qu'il y a de plus déplai-
sant, c'est qu'il ne peut pas souffrir qu'on parle de guerre
et qu'on raconte les campagnes qu'on a faites ; il s'en va
quand on commence à bavarder au dessert. Il ne s'enivre
jamais, eût-il avalé de l'eau-forte. Il ne sort jamais de
son sang-froid ; cela le met dans une sorte de désaccord
avec nous autres, et fait qu'il a toujours été estimé plutôt
qu'aimé au régiment. Sans les services qu'il a rendus
d'une manière toujours magnifique, on l'aurait détesté
comme un mauvais camarade ; car les militaires n'aiment
pas ceux qui se taisent à table et qui ont l'air d'en penser
plus long qu'eux.

— D'après cela, dis-je à M. Borel, je crois voir qu'il a
le fond du cœur chagrin et l'esprit mélancolique. — Le
fond du cœur de Jacques n'est pas facile à voir, reprit-il,
mais son caractère n'est pas plus mélancolique qu'un
autre. Il a, comme nous tous, ses bons et ses mauvais
jours ; il s'égaie volontiers, mais il ne s'abandonne jamais. Il a une petite joie tranquille qui fait mourir de
rire quand on a encore un demi-sens pour aimer la
gaieté douce ; mais quand on casse les pots, Jacques
n'en est plus ; il disparaît comme la fumée des pipes et
s'éclipse tout doucement, sans qu'on sache s'il est sorti
par la porte ou par la fenêtre. — Cela ne me semble pas
un grand défaut, repris-je. — Ni à moi non plus, dit Eugénie. — Ni à moi non plus maintenant, dit Borel ; je

me suis rangé, et le tapage ne me paraît plus nécessaire.
Mais j'ai été un grand mauvais sujet autrefois, et j'avoue
que dans ce temps-là je faisais un crime à Jacques de
l'être moins que moi. Il y en avait parmi nous qui ne lui
pardonnaient pas de conserver toujours sa raison, et qui
disaient qu'il faut se méfier de l'homme à qui le vin ne
desserre jamais les dents. Voilà le reproche le plus grave
qu'on ait eu à lui faire ; c'est à vous de juger si vous devez le corriger de cela. — Non pas ! répondis-je en riant.
Est-ce là tout ? — Tout, ma parole d'honneur ! A présent
que je vois avec quelle philosophie vous prenez ces choses-là, je suis enchanté de vous les avoir dites ; car je
parie que vous vous imaginiez des choses bien plus terribles. — Je ne sais pas, répondis-je en riant, s'il est un
plus terrible défaut que celui de boire avec prudence et
modération. Eugénie est bien heureuse de n'avoir pas
cela à vous reprocher. — Vous êtes une méchante, dit-il
en me piquant la main avec ses grosses moustaches. A
présent vous ne me questionnerez plus ? »

La manière dont il s'était plaint de Jacques m'avait
paru si singulière que je ne songeai qu'à en rire avec
eux ; mais quand ils furent partis, je me mis à penser à
certaines parties de ce discours qui ne m'avaient pas assez
frappée d'abord, à ces paroles surtout : « Il semble qu'il
prenne en aversion la figure des gens qui ont reçu de lui
quelque chose. » Je ne sais pourquoi je me sentis tellement effrayée à cette idée que j'eus presque envie d'écrire
à Jacques pour rompre avec lui ; car enfin je suis pauvre,
et je vais recevoir la fortune de Jacques. Il ne m'épouse
peut-être que pour me la donner ; et quand je serai son
obligée à ce point, le plus léger tort de ma part lui sem-
blera une ingratitude ; il s'imaginera peut-être que je lui
dois plus qu'une autre femme ne doit à son mari, et il
aura peut-être raison. Pour la première fois je me sens

alarmée sérieusement de ma position ; mon orgueil souffre,
et mon amour encore davantage.

VIII.

DE SYLVIA A JACQUES.

Peut-être que tu te trompes, Jacques ; peut-être que
l'amour seul t'aveugle et t'entraîne, et que la volonté de
faire de cet amour une chose belle et grande dans ta vie
est un rêve conçu dans le moment même où tu m'as répondu. Je te connais, enthousiaste ! autant qu'on peut te
connaître, car ton âme est un abîme au fond duquel tu
n'es peut-être jamais descendu toi-même. Peut-être sous
le masque de la force vas-tu commettre la plus insigne
faiblesse. Je sais bien que tu t'en tireras de quelque manière étrangement héroïque ; mais à quoi bon te faire
souffrir ? N'as-tu pas assez vécu ?

Hélas ! voici que je te dis le contraire de ce que je t'ai
dit d'abord. Je craignais que tu ne vinsses à enterrer l'é-
clat de ta vie, et maintenant il me semble que tu vas chercher ce qu'il y a de plus difficile et de plus douloureux,
pour le plaisir d'exercer tes forces et de sortir vainqueur
d'une lutte plus terrible que les autres. Je ne peux pas
me laisser persuader que ce soit là une chose dont je
doive me réjouir ; les plus funestes pressentiments s'attachent à cette nouvelle phase de ta vie. Pourquoi ta
figure pâle vient-elle s'asseoir les nuits à côté de mon
lit et reste-t-elle immobile et silencieuse à me regarder
jusqu'au jour ? Pourquoi ton spectre erre-t-il avec moi
dans les bois au lever de la lune ? Mon âme est habituée à vivre seule, Dieu le veut ainsi ; que vient faire la
tienne dans ma solitude ? Viens-tu m'avertir de quelque
danger, ou m'annoncer quelque malheur plus épouvantable que tous ceux auxquels a suffi mon courage ? L'au-

tre soir, j'étais assise au pied de la montagne ; le ciel
était voilé, et le vent gémissait dans les arbres ; j'ai entendu distinctement, au milieu de ces sons d'une triste
harmonie, le son de ta voix. Elle a jeté trois ou quatre
notes dans l'espace, faibles, mais si pures et si saisissa-
bles que j'ai été voir les buissons d'où elle était partie
pour m'assurer que tu n'y étais pas. Ces choses-là m'ont
rarement trompée ; Jacques, il faut qu'il y ait un orage
sur nos têtes.

Je vois bien que l'amour te précipite dans un piége
nouveau ; la seule parole vraie de ta lettre est celle-ci :
« J'épouse cette jeune fille parce qu'il n'y a pas d'autre
moyen de la posséder. » Et quand tu ne l'aimeras plus,
Jacques, qu'en feras-tu ?

Car il viendra un jour où tu seras aussi fatigué de
l'avoir aimée que tu es avide maintenant de t'abandonner
à ta passion. Pourquoi cet amour-là différerait-il des autres? As-tu tellement changé depuis un an que tu sois
devenu capable de ce qu'il y a de plus antipathique à
ton âme, l'obstination? Car de quel autre nom peut-on
appeler l'amour qui résiste à l'intimité? Tu es capable de
comprendre, d'éprouver et d'exécuter, en beaucoup de
choses, ce que les hommes regardent comme impossible;
mais, en revanche, ce qui est facile à plusieurs, et possible à beaucoup d'entre eux, Dieu, pour compenser sa
magnificence envers toi par quelque grave infirmité,
t'en a rendu absolument incapable. Ne pouvoir tolérer
les faiblesses d'autrui, voilà ta faiblesse, voilà le côté
misérable et sacrifié de ton grand caractère; voilà en
quoi Dieu te châtie de n'être pas soumis aux misères
communes.

Et tu as raison, Jacques; je te l'ai toujours dit, tu as
bien raison de ne rien pardonner à cette boue humaine;
tu as raison de retirer tout ton cœur aussitôt que tu vois

une tache sur l'objet de ton amour! L'être qui pardonne s'avilit! Je sais bien, moi pauvre femme, combien l'âme perd de sa grandeur et de sa sainteté quand elle accepte une idole souillée. Il faut toujours qu'elle en vienne plus tard à briser l'autel où elle s'est prosternée devant un faux dieu ; au lieu de la résignation froide qui devrait accompagner cet acte de justice, la haine et le désespoir font trembler la main qui tient la balance. La vengeance se mêle de juger... Oh! alors il vaudrait mieux être né sans cœur que d'avoir aimé.

Toi, homme fort, tu couvres mystérieusement les fautes d'autrui du manteau de ton silence ; ta main généreuse relève celui qui est tombé, essuie la fange de son vêtement, et efface la trace que sa chute a laissée sur ton chemin ; mais tu n'aimes plus alors! Le jour où tu commences à pardonner, tu cesses d'aimer! Et je t'ai vu dans ces jours-là, oh! combien tu souffres! Vas-tu t'exposer encore à ce que tu appelais *le mal de la miséricorde?*

Elle a beau être aimable, elle aura beau être sincère et bonne; elle est femme, elle a été élevée par une femme, elle sera lâche et menteuse, un peu seulement peut-être; cela suffira pour te dégoûter. Tu auras besoin de la fuir alors, et elle t'aimera encore ; car elle ne comprendra pas qu'elle est indigne de toi et qu'elle n'a dû ton amour qu'au besoin d'aimer qui dévore ton âme, et au voile que ce besoin aura étendu sur tes yeux jusqu'au jour de sa première faute. Infortunée! je la plains et je l'envie. Elle aura de beaux moments; elle en aura un terrible! Tu as prévu cela, je le vois bien ; tu as pensé au temps où, lui retirant ton affection, tu lui laisserais l'indépendance; qu'en fera-t-elle si elle t'aime? Oh! Jacques, j'ai toujours frémi quand je t'ai vu devenir amoureux; j'ai toujours prévu ce qui est arrivé depuis; j'ai toujours su d'avance que tu romprais brusquement ton lien, et que l'objet de ton amour t'accuserait de froideur et d'inconstance le jour où l'ardeur et la force de cet amour te feraient le plus souffrir. Mais à présent, quel effroi ne dois-je pas avoir quand le mariage va sceller ce lien à ta conscience et à celle d'une femme ; quand les lois, la croyance et l'usage vous défendront à tous les deux de vous consoler par un autre amour! les lois, la croyance et l'usage sont des mots pour toi ; ce seront des chaînes de fer pour cette femme, quel que soit son caractère ; pour les secouer, il faudra qu'elle subisse tout ce que la société peut faire de mal à un de ses enfants rebelles. Comment sortira-t-elle de cette lutte? Désolée comme moi, robuste comme toi, ou écrasée comme un roseau ! Pauvre femme ! elle t'aime sans doute avec confiance, avec espoir ; elle ne sait pas où elle va, l'aveugle enfant ! elle ne sait pas quel rocher elle veut porter sur sa faible tête, et à quel colosse de vertu farouche s'attaque sa tranquille et fragile innocence. Oh ! quel serment étrange est celui que vous allez prononcer ! Dieu n'écoutera ni l'un ni l'autre, il n'enregistrera pas cette monstruosité sur le livre du destin ! A quoi me sert de t'avertir? J'empoisonne ta joie, et je ne déracine pas ce terrible espoir de bonheur qui te dévore. Je sais ce que c'est, et je ne m'offense pas de ta résistance : j'ai aimé, j'ai désiré, j'ai espéré comme toi, et j'ai été désabusée comme tu l'as été tant de fois, comme tu le seras encore !

IX.

DE CLÉMENCE A FERNANDE.

Une autre que moi perdrait son temps et sa peine à te dire que tu vis dans un monde où l'on a singulièrement

mauvais ton, et où tout se passe de la façon la plus in-
convenante. Je ne puis que te plaindre, car je suis sûre
que la bonne compagnie est la classe la plus raisonnable
et la plus éclairée de toutes, et que ses usages et ses dé-
licatesses sont les meilleurs guides possibles vers le bon
et l'utile. Ta mère le sait de reste, et, parmi tous ses défauts, je lui reconnais au moins un extrême bon sens et
une excellente manière d'être ; cela n'empêche pas que,
sacrifiant tout au désir de te voir épouser un homme
riche, elle ne t'ait jetée dans la mauvaise compagnie.
Eugénie a toujours été une espèce de bourgeoise très-
commune, et le couvent, où l'on prend en général une
meilleure tenue, ne l'a corrigée de rien. Qu'elle aime à
la folie les lazzi soldatesques des amis de son mari, que
son château soit devenu une tabagie, cela ne me sur-
prend nullement ; mais que ta mère t'ait abandonnée à
ces amitiés-là, cela me révolte un peu.

N'importe ! il faut bien que je m'y fasse, car M. Jacques
est en plein dans la société dite *du Champ d'Asile*, du
moins je le présume. Je n'ai pas de préjugés ; je vois
toutes sortes de gens, je me pique d'être impartiale en
politique, et je m'accoutume à supporter les différences
dont la société abonde, sans m'étonner de rien ; je te
parlerai donc comme je dois parler à une personne qui
est dans ta position ; et je m'écarterai de tout système et
de toute habitude pour me mettre au même point de vue
que toi.

Ainsi, je te dirai que, dans son bon sens grossier,
M. Borel n'a peut-être pas tort, et qu'il faut beaucoup
réfléchir à cette parole : « Il ne s'abandonne jamais, et le
vin ne lui desserre jamais les dents. » Si l'on me disait
cela de M. de Vence ou du marquis de Noisy, je rirais
comme tu as fait à propos de M. Jacques ; mais moi, à
propos de M. Jacques, je n'en rirais pas. M. Jacques a

vécu parmi les gens qui boivent, qui s'enivrent et qui
bavardent ; quelle qu'ait été sa première éducation, dès
l'âge de seize ans il a été soldat de Bonaparte ; cela l'oblige
à être un homme comme M. Borel ou à lui être infiniment supérieur ; prends garde à cela, Fernande. Je suis
très-portée à le croire tel, d'après tout ce que tu m'en
dis ; mais si nous nous trompions l'une et l'autre ? s'il
était inférieur à tous ces braves butors que tu aimes
tant, et qui ont du moins pour eux la franchise et la
loyauté ? si toute cette réserve, que tu prends peut-être
pour de la noblesse dans les manières, était seulement
la prudence d'un homme qui cache quelque vice ? Je te
dirai naturellement ce que je crains ; je m'imagine que
M. Jacques est un de ces hommes d'un certain âge qui
ont beaucoup de dépravation et beaucoup d'orgueil. Ces
gens-là sont tout mystère ; mais on fait bien de ne pas
chercher à lever le voile dont ils se couvrent. Je ne puis
me résoudre à t'en dire davantage, d'autant plus que je
me trompe peut-être absolument.

X.

DE JACQUES A SYLVIA.

Eh bien ! oui, c'est de l'amour, c'est de la folie, c'est
ce que tu voudras, un crime peut-être ! Peut-être que je
m'en repentirai et qu'il sera trop tard ; peut-être aurai-je
fait deux malheureux au lieu d'un ; mais il n'est déjà
plus temps : la pente m'entraîne et me précipite ; j'aime,
je suis aimé. Je suis incapable de penser et de sentir
autre chose.

Tu ne sais pas ce que c'est qu'aimer pour moi ! Non,
je ne te l'ai jamais dit, parce que dans ces moments-là
j'éprouve un besoin égoïste de me replier sur moi-même

5

et de cacher mon bonheur comme un secret. Tu es le
seul être au monde avec lequel il m'ait été possible de
m'épancher, et encore cela ne m'a été possible qu'en de
rares instants. Il en est d'autres où Dieu seul a pu être
le confident de ma douleur ou de ma joie. Aujourd'hui
j'essaierai de te montrer mon âme tout entière et de te
faire descendre au fond de cet abîme que tu dis inconnu
à moi-même. Peut-être verras-tu que je ne suis pas ce
lutteur terrible que tu crois; peut-être m'aimeras-tu
moins, fière Sylvia, en voyant que je suis plus homme
que tu ne penses.

Mais pourquoi serait-ce une faiblesse que de s'abandonner à son propre cœur? Oh! la faiblesse, c'est l'épui-
sement! C'est quand on ne peut plus aimer qu'on doit
pleurer sur moi-même et rougir d'avoir laissé éteindre le
feu sacré; moi, je le sens avec orgueil qui se ravive de
jour en jour. Ce matin je respirais avec volupté les premières brises du printemps, je voyais s'entr'ouvrir les
premières fleurs. Le soleil de midi était déjà chaud, il y
avait de vagues parfums de violettes et de mousses fraîches répandus dans les allées du parc de Cerisy. Les mé-
sanges gazouillaient autour des premiers bourgeons et
semblaient les inviter à s'entr'ouvrir. Tout me parlait
d'amour et d'espérance; j'eus un si vif sentiment de ces
bienfaits du ciel, que j'avais envie de me prosterner sur
les herbes naissantes et de remercier Dieu dans l'effusion
de mon cœur. Je te jure que mon premier amour n'a pas
connu ces joies pures et ces divins ravissements; c'était
un désir plus âpre que la fièvre. Aujourd'hui il me semble
être jeune et ressentir l'amour dans une âme vierge de
passions. Et pendant ce temps tu vois mon spectre épou-
vanté errer autour de toi, rêveuse! Oh! jamais je n'ai
été si heureux! jamais je n'ai tant aimé! Ne me rappelle pas que j'en ai dit autant chaque fois que je me

suis senti amoureux. Qu'importe? on sent réellement ce
qu'on s'imagine sentir. Et d'ailleurs je croirais assez à
une gradation de force dans les affections successives
d'une âme qui se livre ingénument comme la mienne.
Je n'ai jamais travaillé mon imagination pour allumer ou
ranimer en moi le sentiment qui n'y était pas encore ou
celui qui n'y était plus; je ne me suis jamais imposé
l'amour comme un devoir, la constance comme un rôle·
Quand j'ai senti l'amour s'éteindre, je l'ai dit sans honte
et sans remords, et j'ai obéi à la Providénce qui m'atti-
rait ailleurs. L'expérience m'a bien vieilli; j'ai vécu deux
ou trois siècles, mais du moins elle m'a mûri sans me
dessécher. Je sais l'avenir, mais pour rien au monde je
n'aurais la froide lâcheté de lui sacrifier le présent. Qui,
moi! moi qui suis si bien habitué à la souffrance, je re-
culerais devant elle, je ne disputerais pas à cette avare
destinée les biens que je peux lui arracher encore! Ai-je
donc été si heureux? n'ai-je plus rien à connaître, rien
à posséder de nouveau sous le soleil de ce monde-ci? Je
sens bien que je n'ai pas fini, que je ne suis pas rassa-
sié; je sens qu'il y a encore des joies pour mon cœur,
puisque mon cœur a encore des désirs et des besoins. Je
veux conquérir ces joies et les savourer, dussé-je les
payer plus chèrement que toutes celles que Dieu m'a fait
expier déjà. Si la destinée de l'homme, ou si la mienne
du moins, est d'être heureux pour souffrir ensuite, et de
tout posséder pour tout perdre, soit! Si ma vie est un
combat, une révolte continuelle de l'espérance contre
l'impossible, j'accepte! Je me sens encore la force de
combattre et d'être heureux un jour au prix de tout le
reste de mes jours futurs. Je défie le sort de m'épouvanter avant le combat; qu'il me brise s'il est le plus
fort.

Ne me dis pas que j'expose le bonheur d'un autre avec

le mien. D'abord cet être, là où je le prends, ne serait qu'infortuné en d'autres mains que les miennes; et puis ce qu'il est destiné à souffrir avec moi est peu de chose au prix de ce que je suis résigné à souffrir avec lui. Les tourments qui m'attendent, je les connais, et je sais ce que sont les douleurs des autres au prix des miennes. Comment veux-tu que j'aie de la compassion pour quelqu'un? Songerais-tu à établir une comparaison entre moi et le reste des hommes? En fait de souffrance, ne suis-je pas une exception? Tout autre que toi rirait de cette prétention et la prendrait pour un imbécile orgueil; mais tu sais bien que je ne m'en vante pas, et que je m'en plains dans l'amertume de mon cœur. Tu sais que j'ai souvent maudit le ciel pour m'avoir refusé la faculté qu'il accorde si généreusement à tous les hommes, l'oubli! De quoi ne se consolent-ils pas et de quoi me suis-je jamais consolé? La douleur les effleure; je ne sais quel vent souffle sur leurs plaies et les sèche aussitôt. Pourquoi les miennes saignent-elles éternellement? Pourquoi la première douleur de ma vie, au lieu de s'en aller dans la nuit de l'oubli, est-elle toujours devant mes yeux, terrible et vivante comme le sang prolifique de l'hydre? Pour tous les humains, le malheur est une hymne funèbre qui passe, et dont les notes se perdent peu à peu dans l'éloignement; quand la dernière s'envole, l'oreille n'en conserve pas le son. Pourquoi mugissent-elles toutes autour de moi? Pourquoi cet éternel chant de mort qui s'élève à toute heure dans mon âme et qui me force à pleurer continuellement mes pertes? Pourquoi mon front est-il ceint d'épines qui le déchirent à chaque souffle du vent dans les fleurs dont les autres se couronnent?

Oh! je vois bien que les autres ne souffrent pas la centième partie de mon mal. Ils se désolent cent fois plus haut, parce qu'ils ne savent vraiment pas ce que c'est

que la douleur. Insolents sybarites, ils se plaignent du
pli d'une rose; je vois comme ils se guérissent, comme
ils se consolent, comme ils sont aveuglément dupes d'une
illusion nouvelle. Race stupide et lâche! ils n'affronte-
raient pas ces illusions s'ils savaient comme moi ce
qu'elles valent! quand ils sont terrassés par le destin,
ils avouent qu'ils se sont trompés. « Ah! si j'avais su,
disent-ils, que cela devait finir ainsi! » Et moi je sais
comment tout finit, et je commence un amour nouveau!
Tu vois bien que je suis cent fois plus courageux, cent
fois plus infortuné que les autres.

Fernande souffrira donc avec moi, tu veux que je
trace d'avance l'arrêt de mort de mon bonheur. Eh bien!
sois satisfaite, âme stoïque, vigueur impitoyable! l'un
de nous cessera d'aimer, elle ou moi, qu'importe? celui
qui se détachera le dernier ne sera pas le plus malheureux! Fernande se consolera; elle est sincère et bonne;
mais elle est faible, la pauvre enfant; faible sera sa douleur.

Au milieu de mon amour et de ma joie, il y a une
chose qui me déchire et qui m'indigne contre moi, et
contre toi aussi, Sylvia : contre moi, parce que je n'ai
pas songé dans ma dernière lettre à te questionner;
contre toi, parce que tu gardes un dédaigneux silence,
comme si tu me croyais devenu indifférent à ton sort. Si
tu avais cette idée-là, Sylvia, je serais capable de partir
à l'heure même et d'aller te redemander à genoux ta
confiance et ton estime. Oh! dis-moi comment va ton
cœur, infortunée! parle-moi de toi! Comment! depuis
trois semaines il n'est question que de moi, et nous
n'avons pas dit un mot de ta nouvelle situation! La dernière fois que tu m'en as parlé, tu semblais assez satisfaite; mais je ne puis me tranquilliser absolument sur
la solitude où je t'ai laissée. Cela est bien rude à ton âge,

5.

Sylvia, et avec ta force! plus on a d'énergie pour résister à la douleur, plus on en a pour la ressentir. Dis-moi,
dis-moi si tu as pris le dessus. Il ne me semble pas, à
la manière dont tu envisages ma position, que tu aies
trouvé le repos de l'esprit. Parle-moi de ce cœur qui me
juge et me dissèque si sévèrement, et qui a toutes mes
folies, toute mon audace. N'oublie pas du moins, Sylvia,
qu'il y a entre nous un sentiment plus fort que l'amour,
et que tu n'as qu'un mot à dire pour m'envoyer d'un
bout du monde à l'autre.

XI.

DE FERNANDE A CLÉMENCE.

Ma chère, ta lettre me fait horriblement mal. D'abord
je n'y comprends rien; qu'est-ce que tu entends par la
dépravation? Est-ce l'inconstance, est-ce le besoin de
changer d'amour? En ce cas, j'ai une peur affreuse.
Voici la conversation que je viens d'avoir avec le gros
capitaine Jean, dont je t'ai parlé; tu jugeras ce qui se
passe en moi. Nous avons fait ce matin une promenade
dans le bois de Tilly; nous étions cinq hommes et cinq
femmes, tous en tilbury. Comme il fallait que dans chacune de ces petites voitures il se trouvât un homme avec
une femme pour diriger le cheval; comme ma mère n'a
pas jugé convenable que je fisse deux lieues dans le tilbury de Jacques en présence de huit personnes (quoiqu'elle me laisse tous les jours quatre ou cinq heures
seule avec lui dans notre jardin); comme M. Jacques ne
voulait pas, je suis bien sûre, être le cavalier de ma
mère, et que M. Borel s'est dévoué à sa place; comme
enfin je ne pouvais aller convenablement qu'avec un
homme marié, et que le capitaine Jean est père de
quatre grands enfants, on a décidé unanimement que je

devais avoir ce joli page. Du moment que je n'étais pas avec Jacques, j'aimais autant celui-là qu'un autre ; il me semblait obligeant et bon homme. Mais c'est le butor le plus bavard et le plus niais que je connaisse à présent, et il m'a mis l'esprit dans une telle perplexité que je suis au désespoir d'avoir fait route avec lui.

Il est vrai que c'est bien ma faute. Quand je me suis trouvée tête à tête en conversation avec un homme qui connaît Jacques depuis vingt ans et qui ne demandait pas mieux que de causer, je n'ai pu y tenir, et je l'ai mis sur la voie. D'abord d'un ton moitié amical, moitié goguenard, il s'est hasardé à me parler de son caractère, et peu à peu, pressé par mes questions et encouragé par l'air de plaisanterie que j'affectais, il m'a raconté des aventures de sa vie. Je ne sais quelle impression cela m'a faite dans le moment ; à présent je suis en proie à une agitation affreuse ; il me semble que je dois conclure de cette conversation que Jacques est un enthousiaste et un inconstant, du moins le capitaine me l'a dit plus de vingt fois. « Vous devez être fière, me disait-il, d'avoir enchaîné le faucon ; il a joliment chassé de petites perdrix comme vous ! mais le voilà dompté et chaperonné sur le poing de sa châtelaine ; coupez-lui les ailes, si vous voulez qu'il y reste. — Qu'est-ce que cela veut dire ? lui ai-je demandé. Est-ce donc si difficile de garder le cœur de M. Jacques ? — Ah ! il y en a plus d'une qui s'est vantée d'en venir à bout, a-t-il repris. Mais elle comptait sans son hôte, la pauvrette ! Brrr...t ! quand on croyait avoir bien fermé la cage, l'oiseau était parti à travers les barreaux. Mais je vois que cela ne vous inquiète pas, et que vous faites votre affaire de le guérir de cette envie de changer. — Certainement, répondis-je en tâchant de cacher mon effroi sous un rire forcé. Mais vous, capitaine, qui êtes un modèle de fidélité, à ce que

dit M. Borel, comment n'avez-vous pas morigéné un peu
M. Jacques? — Ah! que diable voulez-vous! répondit-il
en prenant un air capable, un enthousiaste, un fou!
L'engouement pour les jupons est une vraie maladie chez
lui. Autant il est froid et réservé avec les hommes, autant il est tendre et empressé auprès des belles; et à qui
est-ce que je le dis? Vous le savez mieux que moi, mademoiselle Fernande! » Et il se mit à rire d'un gros rire
insupportable. « Il a donc fait bien des folies dans sa vie?
demandai-je. — Des folies, répondit-il, des folies dignes
des Petites-Maisons; et pour quelles pécores! les plus
altières *carognes* (je te répète son expression, parce que
cela me paraît nécessaire pour te donner une idée juste
de la manière dont il traite les amours de Jacques), les
plus insolentes *chipies* que j'aie jamais rencontrées; de
ces femmes belles comme des anges et méchantes comme
des démons, avides, ambitieuses, intrigantes, despo-
tiques; de ces femmes comme il y en tant, et auxquelles
vous ressemblez si peu, mademoiselle Fernande! —
Comment M. Jacques a-t-il pu s'attacher à de pareilles
femmes? — Il était leur dupe, il les prenait pour de petits anges, et il voulait couper la gorge à tous ceux qui
n'étaient pas de son avis. Ah! si vous saviez ce que c'est
que Jacques amoureux! Mais qu'est-ce que je dis? Qui
le sait mieux que vous? Il est vrai qu'à cause de vous il
ne rencontre de contradictions nulle part. Quand il
annonce son mariage, tout le monde lui dit qu'il épouse
un petit ange; et la première fois que j'en ai entendu
parler, je me suis écrié : « Ah! parbleu! Jacques, il est
bien temps que tu aimes une femme digne de toi! » Il
m'a serré la main, et en même temps il m'a regardé de
travers; car, s'il est content de vous entendre louer, il
n'en est pas moins furieux quand on parle mal des dia-
blesses qu'il a aimées. Savez-vous que j'ai failli me battre

avec lui plus de dix fois parce que je voulais l'empêcher
de se ruiner, de se retirer du service et de se marier avec
la plus grande dévergondée de la terre? J'aime Jacques
comme mon enfant.; j'ai reçu de lui des services que je
n'oublierai jamais; mais si je me suis un peu acquitté
envers lui, c'est en l'empêchant de faire cette belle équi-
pée. — Comment l'en avez-vous empêché? Contez-moi
cela. — C'était la marquise Orseolo. Parbleu! c'est une
histoire connue dans tout Milan! La plus belle femme de
l'Italie, et de l'esprit comme un démon. Jacques ne se
trompe pas, du moins sur ces choses-là, et il y a bien
un peu de vanité dans tous ses choix. Il y en avait surtout dans ce temps-là. Toute l'armée d'Italie était, ma
foi! aux pieds de madame Orseolo, qui se donnait des
airs de patriotisme, chose bien rare parmi les Italiennes,
et qui affichait pour les pauvres Français le plus profond
mépris. Cela tente mon fou de Jacques, et le voilà, avec
sa mine pâle et ses grands yeux tristes, qui se promène
autour de la belle, et la suit comme son ombre, jusqu'à
ce qu'il ait enfin vaincu ce fier courage et soumis cette
farouche vertu. Tout allait bien; Jacques allait jeter le
froc aux orties et emmener cette charmante conquête en
France, non sans l'épouser, comme elle le désirait, et
compléter la plus grande folie qu'il eût jamais faite, lorsque, par bonheur, j'acquis des preuves flagrantes de l'intimité un peu trop tendre qui existait entre la dame et
son confesseur, et je me hâtai, comme vous pensez bien,
de les fournir à Jacques, qui ne me dit pas seulement
grand merci, mais qui du moins quitta Milan un quart
d'heure après et disparut pendant six mois. Nous le re-
trouvâmes à Naples, aux pieds d'une chanteuse célèbre,
qui ne le subjugua pas moins et qui le trompa de même.
Pour celle-là, il a failli perdre la raison. Je n'en finirais
pas si je vous racontais toutes les aventures de Jacques.

C'est le garçon le plus romanesque, avec cette mine
tranquille que vous lui voyez; mais si bon avec toutes
ses extravagances, si généreux, si brave! Vous serez heureuse avec lui, mademoiselle Fernande. Si vous ne l'êtes
pas, prenez-moi pour le plus méchant hâbleur de la
terre, et venez me tirer les oreilles. »

Tu dois voir ce que c'est que Jacques maintenant; dis-
le-moi, ma chère Clémence; car, pour moi, je le sais
un peu moins qu'auparavant. Mais je suis triste à mourir.
Ce Jacques, qui dit m'aimer tant, et qui a déjà usé son
cœur pour des êtres si méprisables; ces enthousiasmes
aveugles auxquels il est sujet, et qui le poussent à sacrifier tout à l'objet de son fol amour, et à lui faire des serments éternels qu'il doit bientôt après rompre et détester!... Et s'il me traitait ainsi! si la veille de mon mariage
il se dégoûtait de moi; le lendemain, ce serait encore
pis!... Oh! Clémence, Clémence, dans quel abîme suis-
je près de tomber! Dis-moi ce qu'il faut faire. Depuis
quelques jours je vois Jacques à peine. Il est occupé de
préparer tout pour ce mariage, et il va à Tours et à Am-
boise deux ou trois fois par semaine. D'ailleurs, l'effroi
qu'il m'inspire commence à devenir si grand que je crains
d'avoir une explication avec lui et de me laisser rassurer.
Cela lui est si facile, et j'ai tant besoin de croire en lui!
Je me sens si malheureuse quand je doute!

XII.

DE SYLVIA A JACQUES.

Va donc où t'emporte ta destinée! J'aime mieux cette
lettre-ci que l'autre: elle est franche, du moins. Ce que
je crains le plus, c'est de te voir retomber dans les illu-

sions de ta jeunesse. Mais si tu abordes hardiment le péril, si tu vois clair à tes pieds, tu franchiras peut-être l'abîme. Qui sait ce qui peut vaincre le courage d'un homme? Tu es las de disputer lentement la partie, et tu joues tout ton avenir sur un dernier coup de dés. Si tu perds, souviens-toi qu'il te reste un cœur ami pour t'aider à supporter le reste de ta vie, ou pour te tenir compagnie, si tu veux t'en débarrasser.

Tu me dis de te parler de moi, et tu me reproches de garder un dédaigneux silence. Sais-tu pourquoi, Jacques, j'envisage si sévèrement la nouvelle phase d'amour où entre ta destinée? Sais-tu pourquoi j'ai peur, pourquoi je t'ai averti du danger, pourquoi je te vois d'un œil sombre marcher à sa rencontre? Tu ne l'as pas deviné? C'est que moi aussi je suis perdue sur cette mer orageuse; moi aussi je m'abandonne au destin, et je place tout ce qui me reste de force et d'espoir sur le hasard d'un chiffre. Octave est ici; je l'ai vu, je lui ai pardonné.

J'ai fait une grande faute en ne prévoyant pas qu'il viendrait. J'ai arrangé toute ma situation pour oublier son absence, et non pour combattre son retour. Il est venu, j'ai été surprise; la joie a été plus forte que la raison.

Je parle de joie! et toi aussi tu en parles. Quelle joie que la nôtre! Sombre comme la flamme de l'incendie, sinistre comme les derniers rayons du soleil qui perce les nues avant la tempête! Nous joyeux! quelle dérision! Oh! quels êtres sommes-nous, et pourquoi voulons-nous toujours vivre la même vie que les autres?

Je sais que l'amour seul est quelque chose, je sais qu'il n'y a rien autre sur la terre. Je sais que ce serait une lâcheté que de le fuir par crainte des douleurs qui l'expient; mais vraiment, quand on voit si bien sa marche et ses résultats, peut-on goûter des joies bien

pures? Pour moi, cela m'est impossible. Il y a des moments où je m'échappe des bras d'Octave avec haine et
avec terreur, parce que je vois dans le rayonnement de
son front l'arrêt de mon futur désespoir. Je sais que son
caractère n'a aucun rapport avec le mien; je sais qu'il
est trop jeune pour moi, je sais qu'il est bon sans être
vertueux; affectueux, mais incapable de passion; je sais
qu'il ressent l'amour assez fortement pour commettre
toutes les fautes, mais pas assez pour faire quelque chose
de grand. Enfin je ne l'*estime* pas, dans l'acception particulière que toi et moi donnons à ce mot.

Quand j'ai commencé à l'aimer, j'ai chéri en lui cette
faiblesse qui me fait souffrir maintenant. Je n'ai pas prévu
qu'elle me révolterait bientôt. En vérité, j'ai fait ce que
tu fais sans doute à présent. J'ai trop compté sur la générosité de mon amour. Je me suis imaginé que, plus il
avait besoin d'appui et de conseil, plus il me deviendrait
cher en recevant tout de moi; que le plus heureux, le
plus noble amour d'une femme pour un homme devait
ressembler à la tendresse d'une mère pour son enfant.
Hélas! j'avais tant cherché la force, et mes tentatives
avaient été si déplorables! En croyant m'appuyer sur des
êtres plus grands que moi, je m'étais sentie si durement
repoussée par un froid de glace! Je me disais : La force
chez les hommes, c'est l'insensibilité; la grandeur; c'est
l'orgueil; le calme, c'est l'indifférence. J'avais pris le
stoïcisme en aversion après lui avoir voué un culte insensé. Je me disais que l'amour et l'énergie ne peuvent
habiter ensemble que dans des cœurs froissés et désolés
comme le mien, que la tendresse et la douceur étaient
le baume dont j'avais besoin pour me guérir, et que je
les trouverais dans l'affection de cette âme ingénue.
Qu'importe, pensai-je, qu'il sache ou non supporter la
douleur? Avec moi, il n'aura pas à la connaître. Je pren-

drai sur moi tout le poids de la vie. Son unique affaire sera de me bénir et de m'aimer.

C'était là un rêve comme les autres; je n'ai pas tardé à souffrir de cette erreur, et à reconnaître que si, dans l'amour, un caractère devait être plus fort que l'autre, ce ne devait pas être celui de la femme. Il faudrait du moins qu'il y eût quelque compensation ; ici il n'y en a pas. C'est moi qui suis l'homme; ce rôle me fatigue le cœur, au point que je deviens faible moi-même par dégoût de la force.

Et pourtant il y a de bien belles choses dans le cœur de cet enfant! Quels trésors de sensibilité, quelle pureté de mœurs, quelle foi naïve dans le cœur d'autrui et dans le sien propre! Je l'aime parce que je ne connais pas d'homme meilleur. Celui qui est à part de tous les autres ne m'inspire et ne ressent pour moi que de l'amitié. — L'amitié, c'est une sorte d'amour aussi, immense et sublime en de certains moments, mais insuffisante, parce qu'elle ne s'occupe que des malheurs sérieux et n'agit que dans les grandes et rares occasions. La vie de tous les jours, cette chose si odieuse et si pesante dans la solitude, cette succession continuelle de petites douleurs fastidieuses que l'amour seul peut changer en plaisirs, l'amitié dédaigne de s'en occuper. Vous êtes capable, comme vous le dites fort bien, de tout quitter pour venir me tirer d'une situation malheureuse et de courir d'un bout du monde à l'autre pour me rendre un service; mais vous n'êtes pas capable de passer huit jours tranquilles avec moi, sans penser à Fernande, qui vous aime et vous attend. Et cela doit être ainsi, car pour moi c'est la même chose. Je sacrifierais tout mon amour pour vous sauver d'un malheur, je n'en détacherais pas une parcelle pour vous préserver d'une contrariété. Il semble donc que la vie doive être divisée en deux parts : l'intimité avec l'amour, le dévouement avec l'amitié. Mais j'ai beau faire pour me persuader que je suis contente de cet arrangement, j'ai beau me répéter que Dieu m'a servie avec prodigalité en me donnant un amant comme Octave et un ami comme vous; je trouve l'amour bien puéril et l'amitié bien austère. Je voudrais avoir pour Octave la vénération que j'ai pour vous, sans perdre la douce tendresse et la vive sollicitude que j'ai pour lui. Rêve insensé! Il faut accepter la vie comme Dieu l'a faite. C'est difficile, Jacques, bien difficile!

XIII.

DE FERNANDE A CLÉMENCE.

Ne m'écris pas, ne me réponds pas. Ne me parle plus de prudence, et ne cherche plus à me mettre en garde contre le danger. C'est fini; je m'y jette les yeux bandés. J'aime : est-ce que je suis capable de voir clair à quelque chose! Il en sera ce que Dieu voudra. Qu'importe, après tout, que je sois heureuse ou non? Suis-je donc un être si précieux, pour que nous nous en occupions tant? Et à quoi mènent toutes les prévisions? Elles n'empêchent pas qu'on se risque, et elles font qu'on se risque lâchement. Ne me décourage donc plus, ne me parle plus de Jacques, mais laisse-moi t'en parler toujours.

Hier il est venu me surprendre dans le parc. J'étais assise sur un banc; j'avais la tête dans mes deux mains, et je pleurais. Il a voulu savoir la cause de mon chagrin, et il s'est mis en colère parce que je refusais de parler. Mais quelle colère! Il me prenait dans ses bras et me serrait avec tant de force qu'il me faisait mal, et pourtant je n'avais ni peur ni ressentiment de le voir me brutaliser ainsi. Il me secouait la main d'un air d'auto-

rité, en me disant : « Parle donc, je veux que tu parles,
réponds-moi tout de suite ; qu'as-tu ? » Et moi, qui dé-
teste le commandement, j'ai eu du plaisir à entendre le
sien. Le cœur m'a bondi de joie, comme lorsqu'il m'a
tutoyée pour la première fois, en me faisant traverser
un ruisseau et me disant : « Saute donc, peureuse ! »
Oh ! bien plus cette fois ! Ce que j'ai ressenti, Clémence,
est inexplicable. Tout mon cœur a été au-devant du sien,
comme un esclave qui se jetterait aux pieds de son
maître, ou comme un enfant dans le sein de sa mère.
Ces choses-là ne peuvent pas tromper ; je sens que je
l'aime, parce que je dois l'aimer, parce qu'il le mérite, parce que Dieu ne permettrait pas que j'éprouvasse
cette confiance et cet entraînement pour un méchant
homme. Pressée par ses questions, je lui ai parlé de ma
conversation avec le capitaine Jean, et de l'effroi insurmontable qu'il m'avait laissé. « Ah ! en effet, m'a-t-il dit,
je voulais te parler des craintes auxquelles tu t'abandonnes et des questions que tu as faites à Borel et à sa
femme. Cela m'embarrassait un peu ; que puis-je te dire ?
que les reproches de Borel ne sont pas fondés, que les
histoires du capitaine sont fausses ? Il m'est impossible
de mentir. Il est vrai que j'ai des défauts très-graves, et
que j'ai fait beaucoup de folies. Mais qu'est-ce que cela a
donc de commun avec toi et avec l'avenir qui nous attend ? Je ne puis rien te jurer, sinon que je suis un honnête homme, et que je n'aurai jamais avec toi un mauvais procédé. Prends acte de ces paroles-là, s'il te faut
des paroles pour te rassurer, et quitte-moi la première
fois que j'y manquerai. Mais si tu as cru que tu ne souf-
frirais jamais de mon caractère et que tu n'aurais jamais
rien à lui reprocher, tu as compté faire en ce monde le
voyage d'Eldorado, et tu as rêvé une destinée qui n'est
permise à personne sur la terre. » Puis il s'est tu tout à

coup, et il est resté triste et silencieux; moi aussi. Enfin, il a fait un effort sur lui-même, et il m'a dit : « Vous
voyez bien, ma pauvre enfant, que vous souffrez déjà.
Ce n'est pas la première fois, et ce ne sera pas malheureusement la dernière. N'avez-vous donc jamais entendu
dire que la vie est nn tissu de douleurs, une vallée de
larmes? » Le ton triste et amer dont il a dit ces paroles
m'a tellement brisé le cœur, que mes pleurs ont recom-
mencé à couler malgré moi. Il m'a serrée dans ses bras,
et il s'est mis à pleurer aussi. Oui, Clémence, il a pleuré,
cet homme si grave et si accoutumé sans doute à voir
couler les larmes des femmes. Les miennes l'ont gagné.
Oh ! comme son cœur est sensible et généreux ! C'est en
ce moment que je l'ai bien senti : il importe peu que
Jacques ait trente-cinq ans. A-t-il pu être meilleur et
plus digne d'amour à vingt-cinq?

Quand je l'ai vu ainsi, j'ai jeté mes bras autour de son
cou. « Ne pleure pas, Jacques, lui ai-je dit; je ne mérite pas ces nobles larmes. Je suis un être lâche et sans
grandeur; je ne m'en suis pas aveuglément rapportée à
toi, comme je devais le faire. Je t'ai soupçonné, j'ai
voulu fouiller dans les secrets de ta vie passée ! Pardonne-moi; ton chagrin est une punition trop sévère. —
Laisse-moi pleurer, m'a-t-il dit, et sois bénie pour m'a-
voir donné cette heure d'attendrissement et d'effusion;
il y a bien longtemps que cela ne m'était arrivé. Ne sens-
tu pas, Fernande, que ce qu'il y a de plus doux au
monde, c'est la tristesse qu'on partage, et que les larmes
qui se mêlent à d'autres larmes sont un baume pour la
douleur? Puissé-je pleurer souvent avec toi , et puisses-
tu ne jamais pleurer seule ! »

Oh ! c'est fini, qu'on me dise de Jacques tout ce qu'on
voudra, je n'écoute plus que lui. Ne me blâme pas, mon
amie, ne me fais pas souffrir inutilement. Je m'aban-

donne à mon destin; qu'il soit ce qu'il plaira à Dieu ! pourvu que Jacques m'aime, je suis sûre de tout supporter.

XIV.

DE JACQUES A FERNANDE.

Je voulais vous dire bien des choses l'autre soir, et je n'ai pu parler; nos larmes se sont mêlées, nos cœurs se sont entendus. Cela suffit pour deux amants, mais pour deux époux ce n'est peut-être pas assez. Votre esprit a peut-être besoin d'être rassuré et convaincu. Je demande à votre affection une preuve de confiance bien grande, ô mon enfant ! en vous priant d'accepter mon nom et de partager mon sort; et je m'étonne de l'abandon avec lequel, me connaissant aussi peu, vous vous en êtes jusqu'ici rapportée à moi. Il faut que votre âme soit bien noble et bien généreuse, ou que vous ayez deviné que vous n'aviez rien à craindre du vieux Jacques. Je crois à l'un et à l'autre, à votre confiance et à votre pénétration. Mais je sens bien que jusqu'ici votre cœur a fait tous les frais de cette sécurité, et que j'ai été muet et nonchalant; enfin qu'il est temps que je vous aide à m'estimer un peu.

Je ne vous parlerai pas d'amour. Il me serait impossible de vous prouver que le mien doit vous rendre éternellement heureuse; je n'en sais rien, et je puis dire seulement qu'il est sincère et profond. C'est du mariage que je veux vous parler dans cette lettre, et l'amour est une chose à part, un sentiment qui entre nous sera tout à fait indépendant de la loi du serment. Ce que je vous ai demandé, ce que vous m'avez promis, c'est de vivre avec moi, c'est de me prendre pour votre appui, pour votre défenseur, pour votre meilleur ami. L'amitié seule est nécessaire à ceux qui associent leur destinée par une

promesse mutuelle. Quand cette promesse est un serment dont l'un peut abuser pour faire souffrir l'autre, il
faut que l'estime soit bien grande des deux côtés, et surtout du côté de celui que les lois humaines et les croyan-
ces sociales placent dans la dépendance de l'autre. C'est
de cela, Fernande, que je veux m'expliquer formellement avec vous, afin que si vous livrez aveuglément votre
cœur à l'amour, vous sachiez du moins à qui vous con-
fiez le soin de votre indépendance et de votre dignité.

Vous devez avoir pour moi cette estime et cette amitié, Fernande; je les mérite, je le dis sans orgueil et
sans forfanterie; je suis assez vieux pour me connaître,
et pour savoir de quoi je suis capable. Il est impossible
que j'aie jamais envers vous un tort assez grave pour les
perdre, ou même pour les compromettre. Je vous parle
ainsi parce que je vous estime et que je crois en vous.
Je sais que vous êtes juste, que vous avez l'âme pure et
le jugement sain. Avec cela il est également impossible
que vous m'accusiez sans motif, ou que du moins vous
n'acceptiez pas ma justification quand elle sera éclatante
de vérité.

Il faut cependant tout prévoir : l'amour peut s'éteindre, l'amitié peut devenir pesante et chagrine, l'intimité
peut être le tourment de l'un de nous, peut-être de tous
les deux. C'est dans ce cas que votre estime m'est nécessaire ! Pour avoir le courage de m'abandonner votre
liberté, il faut que vous sachiez que je ne m'en empa-
rerai jamais. Êtes-vous bien sûre de cela? Pauvre enfant ! vous n'y avez peut-être pas seulement songé. Eh
bien ! pour répondre aux terreurs qui pourraient naître
en vous, pour vous aider à les chasser, j'ai à vous faire
un serment; je vous prie de l'enregistrer, et de relire
cette lettre toutes les fois que les propos du monde ou
les apparences de ma conduite vous feront craindre quel-

que tyrannie de ma part. La société va vous dicter une
formule de serment. Vous allez jurer de m'être fidèle et
de m'être soumise, c'est-à-dire de n'aimer jamais que
moi et de m'obéir en tout. L'un de ces serments est une
absurdité, l'autre une bassesse. Vous ne pouvez pas répondre de votre cœur, même quand je serais le plus
grand et le plus parfait des hommes ; vous ne devez pas
me promettre de m'obéir, parce que ce serait nous avilir l'un et l'autre. Ainsi, mon enfant, prononcez avec confiance les mots consacrés sans lesquels votre mère et le
monde vous défendraient de m'appartenir ; moi aussi je
dirai les paroles que le prêtre et le magistrat me dicte-
ront, puisqu'à ce prix seulement il m'est permis de vous
consacrer ma vie. Mais à ce serment de vous protéger
que la loi me prescrit, et que je tiendrai religieusement,
j'en veux joindre un autre que les hommes n'ont pas jugé
nécessaire à la sainteté du mariage, et sans lequel tu ne
dois pas m'accepter pour époux. Ce serment, c'est de te
respecter, et c'est à tes pieds que je veux le faire, en
présence de Dieu, le jour où tu m'auras accepté pour
amant.

Mais dès aujourd'hui je le prononce, et tu peux le regarder comme irrévocable. Oui, Fernande, je te respec-
terai parce que tu es faible, parce que tu es pure et
sainte, parce que tu as droit au bonheur, ou du moins
au repos et à la liberté. Si je ne suis pas digne de remplir à jamais ton âme, je suis capable au moins de n'en
être jamais le bourreau ni le geôlier. Si je ne puis t'inspirer un éternel amour, je saurai t'inspirer une affection qui survivra dans ton cœur à tout le reste, et qui
t'empêchera d'avoir jamais un ami plus sûr et plus précieux que moi. Souviens-toi, Fernande, que quand tu
me trouveras le cœur trop vieux pour être ton amant,
tu pourras invoquer mes cheveux blancs, et réclamer de

moi la tendresse d'un père. Si tu crains l'autorité d'un
vieillard, je tâcherai de me rajeunir, de me reporter
à ton âge, pour te comprendre et pour t'inspirer la
confiance et l'abandon que tu aurais pour un frère. Si
je ne réussis à remplir aucun de ces rôles ; si, malgré
mes soins et mon dévouement, je te suis à charge, je m'é-
loignerai, je te laisserai maîtresse de tes actions, et tu
n'entendras jamais une plainte sortir de ma bouche.

Voilà ce que je puis te promettre ; le reste ne dépend
pas de moi. Adieu, mon ange, réponds-moi ; ta mère te
laisse toute la liberté possible. Mon domestique ira chercher ta lettre demain matin. Je serai forcé de passer la
journée à Tours.

Ton ami,   JACQUES.

XV.

DE FERNANDE A JACQUES.

Oui, j'ai confiance en vous, je crois à votre honneur.
Je n'avais pas besoin de vos serments pour savoir que je
ne serai jamais ni avilie ni opprimée par vous. Je suis une
enfant, et l'on ne s'est guère donné la peine de former
mon esprit ; mais j'ai le cœur fier, et ma simple raison
a suffi pour m'éclairer sur certaines choses. J'ai horreur
de la tyrannie, et si, dès les premiers regards que j'ai
jetés sur vous, je ne vous avais pas deviné tel que vous
êtes, je ne vous aurais jamais estimé, jamais aimé. Ma
mère m'a toujours dit qu'un mari était un maître, et
que la vertu des femmes est d'obéir. Aussi j'étais bien
résolue à ne pas me marier, à moins de rencontrer un
prodige. Cela n'était guère probable, et il m'était beaucoup plus facile de croire que j'arriverais tranquillement
à l'espèce d'indépendance assurée aux vieux jours des
filles sans dot. Cependant je me figurais quelquefois que

Dieu ferait un miracle en ma faveur, et qu'il m'enverrait
un de ses anges sous les traits d'un homme, pour me
protéger en cette vie. C'était un rêve romanesque, dont je
ne me vantais pas à ma mère, mais que je n'avais pas la
force de repousser. Quand j'étais assise à mon métier
auprès de la fenêtre, et que je voyais le ciel si bleu, les
arbres si verts, toute la nature si belle et moi si jeune !
oh ! alors, il m'était impossible de croire que j'étais destinée à la captivité ou à la solitude. Que voulez-vous ?
J'ai dix-sept ans ; à mon âge on n'a pas toute la raison
possible, et voilà que la Providence se met en tête de
me traiter en enfant gâté. Vous arrivez un beau matin,
Jacques, avant que j'aie encore souffert de l'ennui, avant
que les larmes du découragement aient gâté ma fraîcheur
de pensionnaire, tout au beau milieu de mes rêves et de
mes folles espérances. Voilà que vous venez tout réaliser
sans que j'aie eu le temps de douter et de craindre !
Vraiment, il n'y a pas longtemps que je lisais encore
des contes de fées ; c'était toujours la même chose, mais
c'était bien beau ! C'était toujours une pauvre fille maltraitée, abandonnée, ou captive, qui, par les fentes de
sa prison, ou du haut d'un des arbres du désert, voyait
passer, comme dans un rêve, le plus beau prince du
monde, escorté de toutes les richesses et de toutes les
joies de la terre. Alors la fée entassait prodiges sur prodiges pour délivrer sa protégée ; et, un beau jour, Cen-
drillon voyait l'amour et le monde à ses pieds. Il me semble que c'est là mon histoire. J'ai dormi dans ma cage,
et j'ai fait des songes dorés que vous êtes venu changer
en certitudes, si vite, que je ne sais pas encore bien si
je dors ou si je veille.

Aussi j'ai eu un peu peur. Le bonheur m'est venu si
promptement et si magnifiquement, que je n'ose y croire.
Je crois pourtant que vous m'aimez et que vous êtes le

meilleur des hommes; je sais que votre conduite sera
telle que vous me l'annoncez; je sais, de mon côté, que
je n'en serai pas indigne, et ces serments que vous me
faites de ne point m'asservir, je vous les fais aussi : je
m'engage à ne point exercer sur vous la tyrannie des
prières, des reproches et des convulsions, dont les femmes savent si bien tirer parti. Quoique je n'aie pas votre
expérience, je crois pouvoir répondre de ma fierté.

Ce n'est donc pas l'austérité du mariage qui m'effraie.
Vous m'aimez et vous m'offrez tout ce que vous possé-
dez; j'accepte, parce que je vous aime. Si un jour nous
cessions de nous estimer, je ne suis pas inquiète de mon
sort : je sais assez travailler pour gagner ma vie, et je
ne vois en ce genre aucun malheur capable de m'épouvanter assez pour m'empêcher d'accepter le bonheur que
vous m'offrez aujourd'hui; ce n'est pas la misère, ce ne
sont pas les malheurs vulgaires de la société qui m'in-
quiètent, c'est l'amour que vous avez pour moi, c'est
surtout celui que je ressens pour vous. Vous ne voulez
pas m'en parler, Jacques, et c'est la seule chose qui
m'occupe et qui m'intéresse.

Peut-être que j'agis contre la pudeur en vous parlant
de cela, maintenant que vous affectez de m'entretenir de
tout autre sentiment; mais vous m'avez habituée à vous
dire sans détour tout ce qui me vient à l'esprit. Vous
m'avez dit souvent qu'il n'y avait rien au monde de plus
hypocrite et de moins pur que certaines habitudes de réserve que les femmes s'imposent dans leur conduite et
dans leurs discours. Je me livre donc sans crainte et sans
honte, avec vous, à toutes les impulsions de mon cœur.

Si je vous épousais pour les raisons qui décident au
mariage les trois quarts des jeunes personnes avec lesquelles j'ai été élevée, je me contenterais de ce que vous
me promettez; et, pourvu que je fusse assurée d'être

riche et indépendante, je ferais bon marché de votre
amour et du mien. Mais il n'en est pas ainsi, Jacques.
Comment avez-vous pu croire que j'eusse peur d'autre
chose que de perdre cet amour que vous avez pour moi
maintenant? Je sais bien que vous resterez mon ami,
mais pensez-vous que cela me suffise et me console? Ah!
tenez, ne parlons pas de notre mariage, parlons comme
si nous étions seulement destinés à être amants. Il y
a quelque chose de bien plus solennel que la loi et le
serment, comme vous dites, il y a ce qui se passe en
moi, l'attachement que j'ai pour vous, la force que cet
attachement prend de jour en jour, le besoin de m'iso-
ler de tout le reste, de n'aimer et de ne plus voir que
vous sur la terre. C'est là ce qui me fait frémir, car je
sens que mon amour sera éternel, et vous, vous ne savez rien du vôtre. Cette incertitude est affreuse, après ce
qui m'a été dit de votre caractère enthousiaste, et de la
facilité avec laquelle vous savez passer d'une passion à
une autre. Oh! Jacques, il vous en coûtait si peu de me
dire deux mots qui m'auraient rassurée plus que toute
votre lettre, et que j'aurais crus aveuglément : *Je t'aimerai toujours!* Pourquoi, au moment de les dire, vous
arrêtez-vous comme frappé de la crainte de commettre
un sacrilège? Vous pouvez répondre d'une éternelle amitié, vous pouvez promettre un dévouement sublime, un
désintéressement héroïque, une générosité au-dessus de
tous les préjugés, capable de tous les sacrifices, de toutes
les douleurs, mais quant *au reste, il ne dépend pas de
vous!* Ces paroles sont affreuses, Jacques, effacez-les;
je vous renvoie votre lettre. Je ne veux pas de ces autres
serments, je n'en ai pas besoin; ils ont l'air d'un traité,
d'une capitulation entre nous. Quand vous me pressez
sur votre cœur en me disant : « O mon enfant, que je
t'aime! » je suis bien plus sûre de mon bonheur.

XVI.

DE JACQUES A FERNANDE.

De Tours, le...

Ange de ma vie, dernier rayon du soleil qui luira sur
mon front chauve! ne me rends pas fou, épargne ton
vieux Jacques, il a besoin de sa raison et de sa force....
Tu ne sais pas, tu ne sais pas, pauvre enfant, ce que tu
promets et ce que tu demandes. Tu ne songes pas que
tu as dix-sept ans et moi le double; que tu seras encore
une enfant quand je serai vieux; que l'avenir est plein
d'effroi pour moi, si je m'abandonne à de trop riants
désirs, à de trop folles ambitions. Et tu crois que c'est
la crainte de changer d'amour qui m'empêche de te promettre le même amour que tu me jures? Sais-tu que je
n'ai jamais changé le premier, et que, dès les jours les
plus ardents de ma jeunesse, après ma première décep-
tion, je suis resté cinq ans entiers sans aimer et sans regarder une seule femme? Est-ce là passer aisément d'une
passion à une autre? Va, ceux qui prétendent m'avoir
étudié et qui essaient de te raconter ma vie, ne connaissent guère ni l'un ni l'autre. T'ont-ils dit qu'avant de
renoncer à une affection j'y avais été contraint par le
mépris? Savent-ils ce qu'eût été pour moi une passion
fondée sur une estime réelle? Savent-ils seulement ce
qu'il m'en a coûté pour ne pas pardonner, et combien j'ai
été près de m'avilir à ce point? Mais qui est-ce qui me
connaît? qui est-ce qui m'a jamais compris? Je n'ai
jamais rien raconté de mes souffrances ni de mes joies à
ces hommes qui se mêlent de me juger, et qui n'ont de
commun avec moi que le sang-froid au champ de bataille
et le stoïcisme du soldat en campagne. Il faut t'en rap-

porter à moi, Fernande, à moi seul, qui me connais bien et qui n'ai jamais rien promis en vain. Oui, je t'aimerai toujours, si tu le veux, si tu peux le désirer toujours. Peut-être sera-ce possible entre nous, qui sait? Tu es sûre de toi, cher ange? Oh! qu'il est triste, le sourire qui me vient sur les lèvres quand je lis tes serments! qu'il est difficile de résister à l'espérance que tu me donnes et de ne pas m'y abandonner follement! Vieillesse de l'esprit, que tu es difficile à concilier avec la jeunesse du cœur!

Tu le vois, pour vouloir nous tourmenter de l'avenir, nous arrivons à douter l'un de l'autre et à nous le dire, ce qu'il y a de plus cruel et de plus triste au monde. Pourquoi chercher à soulever les voiles sacrés du destin? Les cœurs les plus fermes ne résistent pas toujours à son choc inévitable. Quelles promesses, quels serments peuvent lier l'amour? Sa plus sûre garantie, c'est la foi et l'espoir; ah! gardons-nous d'interroger trop souvent le livre mystérieux où la durée de notre bonheur est écrite de la main de Dieu; acceptons le présent avec reconnaissance, et sachons en jouir sans le laisser empoisonner par la crainte du lendemain. Quand il ne devrait durer qu'un an, qu'une semaine; quand je devrais payer un seul jour de ta tendresse par toute une vie de solitude et de regrets, je ne me plaindrais pas, et mon cœur conserverait envers Dieu et envers toi une éternelle reconnaissance. Lance-toi donc avec courage sur cette mer incertaine de la vie, où les prévisions ne servent de rien, où la force elle-même n'est bonne qu'à périr vaillamment. Il n'y a pas de conquête pour ceux qui ne veulent pas combattre; il n'y a pas de jouissance pour ceux que la peur inquiète. Viens dans mes bras sans crainte et sans fausse honte; sois toujours naïve comme l'enfance, ô ma vierge! ô ma sainte! ne rougis pas de me dire ton

amour. La chasteté est nue comme Ève avant sa faute.
L'homme qui a vécu vingt ans soldat au milieu des nations avilies, des mœurs méprisées, des coutumes fou-
lées aux pieds ; qui a traversé l'Europe bouleversée au
milieu d'une société de vainqueurs grossiers et vains,
sans contracter un vice, sans recevoir une souillure, celui-là peut-être est digne de toi, au moins pour quelques
années. Si plus tard la vieillesse dessèche son cœur, si
l'égoïsme et la triste jalousie remplacent en lui l'amour
et le dévouement, cesse de l'aimer, tu en auras le droit;
car ce ne sera plus le Jacques que tu auras connu et à
qui tu auras promis de l'aimer toujours.

Si tout cela ne te rassure pas, si tu exiges de moi
d'autres serments, il m'est impossible de te rien dire de
plus. Je suis honnête, mais je ne suis pas parfait ; je suis
un homme et non pas un ange. Je ne puis pas te jurer
que mon amour suffira toujours aux besoins de ton âme;
il me semble que oui, parce que je le sens ardent et vrai;
mais ni toi ni moi ne connaissons ce qu'a de force et de
durée en toi la faculté de l'enthousiasme, qui seule fait
différer l'amour moral de l'amitié. Je ne puis te dire que
chez moi cet enthousiasme survivrait à de grandes déceptions ; mais la tendresse paternelle ne mourrait pas
dans mon cœur avec lui. La pitié, la sollicitude, le dévouement, je puis jurer ces choses-là, c'est le fait de
l'homme ; l'amour est une flamme plus subtile et plus
sainte, c'est Dieu qui le donne et qui le reprend. Adieu,
ne dédaigne pas l'amitié de ton vieux Jacques.

XVII.

DE SYLVIA A JACQUES.

Maintenant que vous êtes à la veille de vous marier,
maintenant que nous entrons dans une phase nouvelle de

ce sentiment sans nom que nous avons l'un pour l'autre,
il faut que vous me disiez la vérité sur un des points les
plus importants de ma destinée. Jusqu'ici j'ai dû et j'ai pu
respecter votre silence; à présent je ne le puis plus. Vous
étiez mon seul appui sur la terre, je vais peut-être vous
perdre; dois-je accepter encore votre protection et vos
dons? Quand vous étiez indépendant, il m'importait peu
de savoir si vous étiez mon tuteur ou mon bienfaiteur;
à présent, vous allez avoir une famille étrangère à moi,
vos biens lui appartiendront légitimement; je n'en veux
pas prendre la plus légère partie si je n'ai des droits sacrés à votre sollicitude. D'ailleurs, cette incertitude
m'est pénible, et l'obscurité répandue à mes propres
yeux sur nos relations jette dans ma vie des doutes effrayants et bizarres. Octave lui-même n'est pas tranquille; il n'a pas assez de grandeur d'âme pour se fier
aveuglément à ma parole, et pas assez d'énergie dans la
volonté pour m'accuser franchement. Les commentaires
insolents des curieux de cette ville se réduisent à ceci,
que vous avez été mon amant, et que vous me faites *un
sort* par délicatesse. Je méprise ces inconvénients inévitables de mon isolement et de ma naissance. Habituée
de bonne heure à n'avoir pas de famille et à faire péni-
blement ma route au milieu d'un monde froid et méprisant,
sant, qui me disait à chaque pas : « Qui êtes-vous? d'où
venez-vous? à qui appartenez-vous? » je n'ai jamais
compté sur ce qu'on appelle la *considération*. J'aurais
pu l'acquérir peut-être en me faisant connaître, en me
cherchant des amis; mais je n'en sentais pas le besoin :
votre affection me suffisait et remplissait ma vie quand
l'amour ne l'occupait pas.

A présent, vous allez peut-être me manquer; vos nouvelles affections vont nous séparer; il faut que j'essaie de
me rattacher plus intimement à Octave; il faut que je lui

pardonne d'avoir douté de moi, ce que je n'aurais pardonné en aucune autre circonstance de ma vie, et que je descende à le rassurer en lui donnant une preuve de mon innocence. Cette preuve, je suis presque sûre qu'un mot de vous peut la fournir; en vain vous me l'avez refusé, j'ai deviné depuis longtemps ce que nous sommes l'un à l'autre. Tracez-la donc, cette parole, afin qu'elle mette entre nous une ligne sacrée que le soupçon n'ose pas franchir, afin qu'elle m'autorise à dormir tranquille sous le toit d'une maison qui vous appartient. Avouez que je ne suis pas la fille d'un de vos amis; avouez que vous êtes mon frère. Vous avez fait un serment au lit de mort de celui qui m'a donné le jour; vous devez le rompre, il y va de tout le repos de ma vie. Qu'importe que je sache le nom de mon père? je ne l'ai pas connu, je ne peux pas l'aimer; mais je lui pardonne de m'avoir abandonnée. Quel qu'il soit, je ne le maudirai jamais; je le bénirai peut-être, s'il est ton père.

XVIII.

DE JACQUES A SYLVIA.

J'ai beaucoup réfléchi à ta demande. Lorsque j'ai fait un serment au lit de mort de ton père, je me suis réservé le droit de le rompre un jour, si certaines circonstances le rendaient nécessaire à ton repos et à ton honneur. Je crois, en effet, que ce moment est venu; mais vraiment ce que j'ai à te dire est si peu satisfaisant, si incertain, que je ferais peut-être mieux de me taire et de rester ton frère adoptif. Pourtant, si tu refuses mon appui, il faut parler, il faut rassurer ta fierté, et te dire que tu ne dois pas mon dévouement à la compassion, mais à un sentiment de devoir, à un lien du sang que mon cœur a accepté et légitimé du jour où il t'a connue. J'ai la conviction intime que tu es ma sœur : je n'en ai pas la certitude, je n'en pourrai jamais fournir la preuve ; mais tu peux dire à l'univers entier que je n'ai jamais eu pour toi que les sentiments d'un frère.

Cette petite image de saint Jean Népomucène, dont tu as une moitié et moi l'autre, c'est là toute la preuve sociale de notre fraternité. Mais elle est auguste et sainte à mes yeux, et mon âme s'y rattache avec transport. Quand mon père mourut, j'avais vingt ans ; j'étais son ami plutôt que son fils. C'était un homme bon et faible ; j'avais un autre caractère. Il craignait mon jugement ; mais il avait confiance dans ma tendresse. Depuis plusieurs heures il était en proie aux lentes convulsions de l'agonie ; de temps en temps il se ranimait, faisait un effort pour parler, regardait avec inquiétude autour de lui, m'adressait un serrement de main convulsif, et retombait sans force. Au dernier moment, il réussit à prendre un papier sous son chevet et à me le mettre dans la main, en disant : « Tu feras ce que tu voudras, ce que tu jugeras devoir faire ; je m'en rapporte à toi. Jure-moi le secret. — Je vous le jure, répondis-je après avoir jeté les yeux sur le papier, jusqu'au jour où mon silence compromettrait la destinée de l'être que ce secret concerne. Croyez que j'aurai soin de l'honneur de mon père. » Il fit un signe affirmatif et répéta : « Je m'en rapporte à toi. » Ce furent ses dernières paroles.

Voici ce que contenait le papier : trois parcelles détachées ; sur l'une était écrit : *Le 15 mai 17.. fut déposé à l'hospice des Orphelins, à Gênes, un enfant du sexe féminin, avec le signe de saint Jean Népomucène.* Sur la seconde : « J'ai commis ce crime, et voici « mon excuse. Madame de *** avait un autre amant en « même temps que moi. L'incertitude, la compassion, « me décidèrent à l'assister dans ses souffrances. Elle

« était seule. L'autre l'avait abandonnée ; mais je ne pus
« pas me résoudre à emporter son enfant. D'un commun
« accord, nous l'avons mis à l'hospice. Cela acheva de me
« faire haïr et mépriser cette femme. J'ai gardé le signe,
« afin que si, quelque jour, il m'était prouvé que l'enfant
« m'appartînt... Mais c'est impossible ; je ne le saurai
« jamais. » Le nom de cette femme est écrit en toutes
lettres de la main de mon père, et je la connais. Elle vit,
elle passe pour vertueuse ; elle en a la prétention du
moins ! Je ne te la nommerai jamais, Sylvia, cela ne servirait à rien, et l'honneur me le défend. Le troisième
papier était le coupon de l'image du saint, dont l'autre
moitié avait été attachée à ton cou.

J'étais presque aussi incertain que mon père avait pu
l'être. Il m'avait souvent parlé de cette madame de ***.
Elle avait désolé sa vie ; je l'avais vue dans mon enfance ;
je la détestais. Aller au secours de sa fille, du fruit d'un
double amour, infâme et menteur, c'était une audace de
générosité pour laquelle je me sentis d'abord une invincible répugnance. Mon père m'avait dit de faire ce que
je jugerais convenable. J'essayai d'ensevelir ce secret
dans l'oubli et de t'abandonner au destin, pauvre infortunée ! Mais il y a une voix du ciel qui parle sur la terre
aux *hommes de bonne volonté,* comme dit naïvement
le saint cantique. Du moment où j'eus résolu de te dé-
laisser, il me sembla que Dieu me criait à toute heure
d'aller à ton secours. Je fis plusieurs songes où j'entendais distinctement la voix de mon père mourant qui me
disait : « C'est ta sœur ! c'est ta sœur ! » Une fois, je me
souviens que je vis passer un groupe d'anges dans mon
sommeil. Au milieu d'eux, il y avait un bel enfant sans
ailes, qui était pâle et qui pleurait. Sa beauté, sa douleur, me firent une impression si vive que je m'éveillai
au moment où je m'élançais pour l'embrasser. Je me

persuadai que ton âme m'était apparue en s'envolant
vers les cieux. « Elle est morte, me disais-je : mais avant
de retourner à Dieu, elle a voulu venir me dire : J'étais
ta sœur, et je pleure , parce que tu m'as abandonnée. »
Je pris un jour l'image du saint ; cette mauvaise petite
gravure, prise au hasard et à la hâte sans doute dans
quelque livre de prières, au moment où l'on t'abandonna,
me fit une impression étrange. C'était là tout ton héritage, tous les titres que tu possédais à la tendresse et
aux soins d'une famille ; toute une destinée humaine,
tout l'avenir d'un pauvre enfant était là ! Voilà le don que
tes parents t'avaient fait en te mettant au monde ; voilà
à quoi s'étaient bornées la protection et la générosité
d'une mère ! Elle t'avait mis sur la poitrine ce présent
magnifique, et elle t'avait dit : « Vis et prospère. »

Je me sentis pénétré d'une compassion si vive, que les
larmes me vinrent aux yeux et que je me mis à sanglo-
ter, comme si tu avais été mon enfant, et qu'on t'eût
enlevée à moi pour te jeter parmi les orphelins. L'émotion que me causa cette gravure est telle que je ne pu
la voir encore sans être prêt à pleurer. Nous l'avons sou
vent regardée ensemble, et quand tu étais encore enfant
tu la baisais avec transport chaque fois que je te la con-
fiais pour la rapprocher de la moitié suspendue à ton
cou. Que ces baisers, pauvre fille, me semblaient un élo-
quent et angélique reproche à ton odieuse mère ! On
t'avait dit dans tes premières années que ce saint était
ton protecteur, ton meilleur ami ; qu'il t'aiderait à retrouver tes parents, et quand je suis venu à toi, tu l'as
remercié, tu as redoublé de confiance et d'amour pour
lui ; et je me suis mis à l'aimer moi-même. Si ce n'est le
saint, c'est au moins l'image qui m'est chère. A force de
la regarder avec les yeux du cœur, j'ai découvert sur
cette figure une expression qu'elle n'a peut-être pas. J'en

ai les trois quarts sur mon coupon ; c'est une tête de
jeune homme avec des cheveux courts et des traits communs ; mais elle est penchée dans une attitude douce et
mélancolique sur une Bible que la main soutient. Dans
ce livre, me disais-je avant de t'avoir vue, et lorsque je
m'imaginais que tu étais morte, le triste patron semble
lire la courte et misérable destinée de l'enfant confiée à
sa protection. Il la contemple avec tendresse et compassion ; car nul autre que lui n'a eu pitié de l'orphelin sur
la terre. »

Entraîné vers toi par un sentiment indéfinissable, je
dirais presque par une attraction surnaturelle, je quittai
Paris six mois après la mort de mon père et je me ren-
dis à Gênes. Je pris des informations à l'hospice. Cette
recherche était loin d'être certaine ; j'avais la date du
jour où l'on t'avait déposée, mais non pas l'heure. Plusieurs enfants avaient été déposés le même jour. D'après
le témoignage des registres, on me donna trois indica-
tions différentes. Le signe de saint Jean Népomucène
était le seul renseignement que je pusse donner, et tu
pouvais l'avoir perdu depuis longtemps. Mes premières
tentatives furent vaines ; l'enfant qu'on me désigna avait
un autre signe ; il était contrefait, hideux ; j'avais tremblé
que ce ne fût là ma sœur. Je partis ensuite pour un petit
village situé dans les montagnes de la côte, où l'on m'in-
diqua une famille de paysans qui avait encore un des
enfants abandonnés dans la journée du 15 mai 17...
Quelles amères réflexions je fis sur ton sort durant le
chemin ! Combien tu pouvais être avilie, maltraitée, misérable, entre les mains de ces hommes rudes et grossiers,
qui font une spéculation de leur charité à l'égard des orphelins, et qui ne se chargent de les élever qu'afin d'avoir
en eux plus tard des serviteurs non salariés ! J'arrivai à
Saint...., ce romantique hameau où tu as vécu tes dix

premières années, et dont tu as gardé un si cher souvenir, et je te trouvai au sein de cette honnête famille qui
te chérissait à l'égal de ses propres membres, et dont tu
gardais les chèvres sur le versant des Alpes maritimes.
Cette journée ne sortira jamais de notre mémoire, n'est-
ce pas, chère Sylvia? Combien de fois nous nous sommes
raconté l'impression que nous causa la première vue l'un
de l'autre! Mais je ne t'ai pas dit avec quelle émotion je
fis mes premières recherches. J'étais bien incertain encore. Tes parents adoptifs m'avaient assuré que tu avais
une image de saint, mais ils ne savaient pas lire; et
comme le coupon ne portait que les dernières lettres du
nom de Népomucène, ils ne se rappelaient pas quel saint
le curé du village avait nommé plusieurs fois en examinant le signe. La femme qui t'avait nourrie, faisait son
possible pour me persuader que tu n'étais pas l'enfant
que je cherchais. L'espoir d'une récompense n'adoucis-
sait pas pour elle l'idée de te perdre. Tu étais si aimée!
tu avais déjà su exercer une telle puissance d'affection
sur tous ceux qui t'entouraient! La manière presque superstitieuse dont cette famille parlait de toi me semblait
un témoignage de la protection mystérieuse et sublime
que Dieu accorde à l'orphelin, en le douant presque toujours de quelque attrait ou de quelque vertu qui remplace la protection naturelle de ses parents, et qui lui
attire forcément le dévouement de ceux que le hasard
lui donne pour appui. D'après les commentaires de ces
honnêtes montagnards, tu devais appartenir à la plus
illustre famille, car tu avais autant de fierté dans le caractère que si un sang royal eût coulé dans tes veines.
Ton intelligence et ta sensibilité faisaient l'admiration
du curé et du maître d'école du village. Tu avais appris
à lire et à écrire en moins de temps que les autres n'en
mettaient pour épeler. Je me souviendrai toujours des

paroles de ta nourrice. « Orgueilleuse comme la mer, disait-elle en parlant de toi, et méchante comme la bourrasque, il faut que tout le monde lui cède. Ses frères de lait lui obéissent comme des imbéciles ; ils sont si simples, mes pauvres enfants, et celle-là si fière ! Avec cela, caressante et bonne comme un ange quand elle s'aperçoit qu'elle a fait de la peine. Elle a été trois jours au lit avec la fièvre, pour le chagrin qu'elle a eu d'avoir fait mal au petit Nani une fois qu'elle était en colère. Elle l'a poussé, l'enfant est tombé et a saigné un peu. Quand j'ai vu cela, la colère m'est venue à moi-même ; j'ai couru d'abord relever le petit, et puis j'ai cherché le démon de petite fille pour l'assommer ; mais je n'ai pas eu le courage de la toucher quand je l'ai vue venir à moi toute pâle et se jeter au cou du petit Nani, en criant : « Je l'ai tué! je l'ai tué! » L'enfant n'avait pas grand'chose, et la Sylvia a été plus malade que lui. » Le curé, à son tour, arriva, et m'assura que ton saint était bien Jean Népomucène. Le cœur me bondit de joie, car je t'aimais passionnément depuis une heure. Ce qu'on me racontait de ton caractère ressemblait tellement aux souvenirs de mon enfance que je me sentais ton frère de plus en plus à chaque instant. Pendant ce temps, on te cherchait ; tu avais conduit les chèvres aux pâturages ; mais la montagne était haute, et je t'attendais impatiemment à la porte de la maison. Le curé me proposa de me conduire à ta rencontre, et j'acceptai avec joie. Que de questions je lui adressai en chemin ! que de traits de ton caractère je lui fis raconter ! Je n'osais pas lui demander si tu étais belle ; cela me semblait une question puérile, et cependant je mourais d'envie de le savoir. J'étais encore un peu enfant moi-même, et l'intérêt que je sentais pour toi était, comme mon âge, romanesque. Ton nom, étrangement recherché pour une gardeuse de chèvres, résonnait agréablement à mon oreille. Le curé m'apprit que tu t'appelais Giovanna ; mais qu'une vieille marquise française, retirée dans les environs depuis l'émigration, t'avait prise en amitié dès tes premiers ans, et t'avait donné ce nom de fantaisie, qui avait, malgré l'avis et les remontrances du bonhomme, remplacé celui de ton saint patron. Il n'aimait pas beaucoup la marquise, le brave curé ; il prétendait qu'elle te gâtait le jugement et t'exaltait l'imagination en te faisant lire les contes de Perrault et de madame d'Aulnoy, qu'il qualifiait de livres dangereux. « Il est heureux, disait-il, que la petite fortune de cette dame ne lui ait pas permis de donner aux parents adoptifs de l'enfant une somme assez forte pour les engager à la lui confier entièrement. Ils ont mieux aimé en faire une bergère, et, dans l'incertitude de l'avenir de cette pauvre petite, ils avaient raison, autant pour elle que pour eux. Maintenant la Providence lui envoie une autre destinée ; ce doit être pour le mieux, car elle est mère de l'orphelin, et se charge de celui que les hommes abandonnent. Mais je vous en supplie, Monsieur, me disait-il, surveillez cette éducation-là. Vous êtes bien jeune pour vous en occuper vous-même ; mais faites que cette bonne terre reçoive le bon grain d'une main bien entendue. Il y a là le germe d'une vertu peu commune, si on sait le développer. Qui sait si la négligence ou des leçons imprudentes n'y feraient pas éclore le vice ? Elle sera belle, quoiqu'un peu brûlée par notre soleil, et la beauté est un don funeste aux femmes que la religion ne protége pas... — Elle est belle, dites-vous ? lui demandai-je. — Parbleu ! la voilà, me dit le curé en me montrant une enfant endormie sur l'herbe. Nous l'aurions attendue longtemps au train dont elle vient à nous. »

Oh ! que tu étais belle en effet dans ton sommeil, ma Sylvia, ma sœur chérie ! quelle enfant robuste, coura-

geuse et fière tu me semblas, étendue ainsi sur la bruyère
entre le ciel et la cime des Alpes, exposée aux rayons
ardents du jour et au vent de la mer qui par instants
passait par bouffées et séchait la sueur sur ton large
front ombragé de cheveux humides! Que tes grands cils
jetaient une ombre pure sur tes joues hâlées, plus douces
que le velours de la pêche! Il y avait de l'insouciance et
de la mélancolie en même temps dans le demi-sourire de
ta bouche entr'ouverte; de la sensibilité et de l'orgueil,
pensais-je, le caractère que cette montagnarde m'a naïve-
vement dépeint!... J'arrêtai le bras du curé, qui voulait
te réveiller. Je voulus te contempler longtemps, chercher
scrupuleusement, dans la forme de ta tête et dans les
lignes de ton visage, une ressemblance vague avec mon
père ou avec moi. Je ne sais si elle existe réellement ou
si je l'imaginai, je crus reconnaître notre fraternité dans
ce grand front, dans ce teint brun, dans la profusion de
ces cheveux noirs qui tombaient en deux longues tresses
jusqu'à ton jarret, peut-être encore dans certaines cour-
bes des traits; mais rien de tout cela n'est assez pro-
noncé pour faire foi devant les hommes. Cette fraternité
existe dans notre âme et dans les ressemblances de
notre caractère d'une manière bien plus frappante.

Le curé t'appela; tu entr'ouvris les yeux sans le voir;
puis tu fis un mouvement dédaigneux de l'épaule et du
coude, et tu te rendormis. Il détacha alors le scapulaire
suspendu à ton cou, l'ouvrit, et rapprocha le coupon
d'image qu'il contenait de celui que je lui avais présenté.
Nous les reconnûmes aussitôt. Tu t'éveillas en cet instant; ton premier regard fut sauvage comme celui d'un
chamois. Tu cherchas le scapulaire à ton cou, et, ne l'y
trouvant pas, tu le vis entre nos mains et tu fis un brusque élan pour nous l'arracher. Mais le curé te mit devant les yeux les deux moitiés réunies de l'image, et tu

compris aussitôt ce qui se passait. Tu bondis sur moi comme un chevreau, et, m'étreignant le cou avec la vigueur d'une montagnarde, tu t'écrias : « Voilà mon père, mon père est retrouvé ! »

On eut beaucoup de peine à te persuader que je n'étais pas ton père ; tu prétendais que je ne voulais pas en convenir. Le curé tâcha de te faire comprendre que c'était impossible, que j'avais dix ans seulement de plus que toi. Alors tu me demandas impétueusement où étaient ton père et ta mère, et tu me commandas presque de te mener vers eux. Je te répondis qu'ils étaient morts l'un et l'autre, et tu frappas la terre de ton pied nu, en disant : « J'en étais sûre ; à présent, il faut que je reste ici. — Non, te dis-je, c'est moi qui remplace ton père. Il était mon meilleur ami, il m'a cédé ses droits sur toi ; veux-tu me suivre ? — Oui, oui, répondis-tu avec avidité en m'embrassant. — Voilà les enfants ! dit le curé avec tristesse ; on les aime, on les élève, on ne vit que pour eux, et quand on croit jouir de leur reconnaissance et de leur affection, ils vous abandonnent avec joie pour suivre le premier inconnu qui passe, et sans demander seulement où il les mène. »

Tu compris fort bien ce reproche, car tu répondis au curé : « Est-ce que vous croyez que je vous abandonne ? Est-ce que je ne reviendrai pas vous voir et garder les chèvres de ma mère Élisabeth ? Mais, voyez-vous, il faut que je voyage et que je voie tous les pays du monde ; un jour je reviendrai sur un vaisseau, avec beaucoup d'argent que je donnerai à mes frères de lait, et nous achèterons un grand troupeau de chèvres, et nous bâtirons une bergerie sur la montagne des Coquilles. » Tu parlais toujours ainsi une sorte de langage à la fois féerique et biblique, que tu avais appris dans tes lectures. Je passai plusieurs jours dans ton village. J'eus presque envie de

t'y laisser, tant cette vie me semblait heureuse, tant les
avantages de la société où j'allais te jeter me parurent
misérables et dérisoires, auprès de cette existence labo-
rieuse, saine et tranquille. Mais en t'observant, en faisant de longues promenades avec toi dans la montagne,
et criblant de questions ton esprit ardent et naïf, en
commentant scrupuleusement tes réponses bizarres, parfois éclatantes de bon sens et de raison, souvent folles
comme les idées fantastiques de l'enfance, je m'assurai
que tu n'étais pas faite pour cette vie pastorale, et que
rien ne pourrait t'y attacher. Depuis, dans les douleurs
de la vie, tu m'as doucement reproché de t'avoir tirée de
cet engourdissement où tu aurais vécu tranquille, pour
te lancer dans un monde de souffrances et de déceptions.
Hélas! ma pauvre enfant, le mal était fait avant que je
vinsse, et je ne crois pas qu'il faille même en accuser les
contes de fées que te prêtait la marquise. Ton intelligence avide et pénétrante était seule coupable, et le
germe du désespoir était caché en toi, dans le bouton à
peine entr'ouvert de l'espérance. Tu n'avais pas la tête
courte et pesante de tes sœurs de lait, et tu n'aurais jamais su, aussi bien qu'elles, faire le fromage et filer la
laine. Je me fis raconter, par toi et par ta nourrice, les
premières sensations de ta vie. Je sais comme tu te tour-
mentais pour deviner de qui tu pouvais être fille, quand
tu appris qu'Élisabeth n'était pas ta mère. Tu te tenais
alors tout le jour sur le bord du sentier qui mène à la mer,
et lorsque tu voyais paraître une voile, tu disais: « Voilà
maman qui vient me voir avec une robe blanche. » La
lecture des féeries joignit à cette continuelle rêverie de
ta famille des idées de voyages, de richesse et de générosité. Tu ne songeais qu'à devenir reine, afin de com-
bler de largesses tes parents adoptifs. Ces songes dorés
n'auraient jamais pu habiter impunément ton cerveau.

Ils ne se seraient pas évanouis tranquillement au jour de
la raison, pour faire place aux occupations d'une vie
toute matérielle. Le sentiment d'une destinée différente
de celles qui t'entouraient les avait fait naître ; ton cœur
les aurait regrettés avec amertume, ou tu te serais perdue en cherchant à les réaliser. Tu étais une adorable
enfant avec ton caractère franc, hardi et entreprenant ;
avec ta candeur affectueuse et tes bizarres volontés.
Mais il était temps que des occupations plus élevées et des
idées plus justes vinssent régler l'élan impétueux de cette
jeune tête ; l'éducation te devenait indispensable, non
pour être heureuse, ton organisation supérieure ne le
permettait guère, mais du moins pour ne pas descendre
de l'échelon élevé où Dieu avait placé ton intelligence.

Tu quittas Élisabeth, tes frères de lait, le curé, ta
vieille marquise, tous tes amis et jusqu'à tes chèvres,
avec une sorte de désespoir passionné. Tu les embrassais
alternativement en versant des torrents de larmes. Cependant, quand on te proposait de rester, tu t'écriais :
« C'est impossible ! c'est impossible ! il faut que je
voyage. » Tu le sentais, Sylvia, cette vie n'était pas faite
pour toi. Du fond des abîmes de l'inconnu, une voix
mystérieuse s'élevait incessamment vers toi et te récla-
mait dans cette région des orages que tu devais traverser. Tu es devenue ce que tu es sans rien perdre de ta
grâce sauvage et de ta rude franchise. Tu as vu notre
civilisation, et tu es restée l'enfant de la montagne.
Faut-il s'étonner que tu aies si peu de sympathie avec
ce monde imbécile et faux, quand tu rapportes du désert
l'âpre droiture et le sévère amour de la justice que Dieu
révèle aux cœurs purs et aux esprits robustes, quand
tout ton être, et jusqu'à ta vigueur physique, diffère des
êtres qui sont autour de toi ? Ils ne te viennent pas à la
cheville, pauvre Sylvia, et tu te fatigues à regarder à terre

sans trouver un cœur qui soit digne d'être ramassé. Je
le crois bien, Octave n'est pas fait pour toi! et pourtant,
s'il est au monde un jeune homme sincère, doux et affectueux, c'est bien lui; mais le meilleur possible entre tous
n'est pas ton égal, et tu dois souffrir. Que veux-tu que
je te dise? aime-le aussi longtemps que tu le pourras.

Quant au secret de ta naissance, je te conjure de ne lui
donner aucun détail; réponds à ses soupçons que je suis
ton frère. Les personnes qui ont l'esprit bien fait de-
vraient l'imaginer sans demander d'explication. Les inquiétudes d'Octave m'offensent pour toi. J'ai tort sans
doute; il ne te connaît pas comme moi, il souffre comme
souffriraient à sa place les dix-neuf vingtièmes des hommes; il est jaloux parce qu'il est épris. Je me dis tout
cela; mais je ne puis chasser l'espèce d'indignation qui
soulève mon sang à l'idée d'un doute injurieux sur Sylvia.
Nous sommes ainsi l'un pour l'autre. Ah! ma sœur, nous
sommes trop orgueilleux! notre vie sera un combat éternel. Mais que faire? Je vivrais cent ans que je ne pourrais consentir à m'avouer coupable des lâchetés dont le
monde accuse ses enfants. Je sens mon cœur qui se révolte à la seule idée des turpitudes qu'il trouve présu-
mables et naturelles; et quand je vois le sourire sur les
lèvres de celui qui refuse de me croire pur; quand, après
m'avoir accusé d'une scélératesse, il s'en va en me secouant la main et en me disant : « N'importe! qu'il en
soit ce qu'il voudra, tout à vous; » il me prend des envies de l'insulter, pour mettre entre nous une franche
haine au lieu de cette indigne et salissante amitié.

Et toi, juste et sainte créature, qui seule au monde
comprends le vieux Jacques et compatis aux souffrances
de son orgueil, sois ce que tu voudras pour lui, mais
laisse-le se croire, se sentir éternellement ton frère.

DEUXIÈME PARTIE.

XIX.

DE FERNANDE A CLÉMENCE.

Saint-Léon en Dauphiné , le...

Pardonne-moi, mon amie, d'avoir passé un mois sans
t'écrire. C'est bien mal de ma part, et tu as raison de
me gronder. Oui, il est bien vrai que je t'ai accablée de
mes lettres quand j'étais tourmentée, quand j'avais besoin de tes conseils et de tes consolations ! Et maintenant que je suis heureuse, je te délaisse. L'amour est
égoïste, dis-tu ; il n'appelle l'amitié à son secours que
lorsqu'il souffre ; j'ai agi du moins comme si cela était
inévitable, j'en suis toute honteuse, et je t'en demande
pardon.

Pour réparer ma faute, ce que je puis faire de mieux,
c'est de répondre à toutes tes questions, et de te prouver ainsi que je ne t'ai rien retiré de ma confiance ; mais
si je reviens à toi, n'en conclus pas, malicieuse, que ma
lune de miel est finie ; tu vas voir que non.

Si j'aime toujours mon mari autant que le premier
jour ? Oh ! certainement, Clémence, et même je puis
dire que je l'aime bien plus. Comment pourrait-il en être
autrement ? Chaque jour me révèle une nouvelle qualité,
une nouvelle perfection de Jacques. Sa bonté pour moi
est inépuisable, sa tendresse, délicate comme celle d'une
bonne mère pour son enfant. Aussi chaque jour me force
à l'aimer plus que la veille. A cette félicité du cœur, à
ces joies de l'amour heureux et satisfait, se joignent pour
moi mille petites jouissances qu'il y a peut-être de la

8.

puérilité à mentionner, mais qui sont très-vives, parce qu'elles m'étaient absolument inconnues. Je veux parler du bien-être de la richesse, qui succède pour moi à une vie d'économie et de privations. Je ne souffrais pas de cette médiocrité, j'y étais habituée; je ne désirais pas devenir riche, je ne songeais pas plus à la fortune de Jacques, en l'épousant, que si elle n'eût pas existé; pourtant je ne crois pas qu'il y ait de la bassesse à m'apercevoir des avantages qu'elle procure et à savoir en jouir. Ces plaisirs journaliers, ce luxe, ces mille petites profusions dont je suis entourée, me seraient aussi amers qu'ils me sont précieux, si je les devais à un contrat avilissant, ou si je les recevais d'une main orgueilleuse et détestée; mais recevoir tout cela de Jacques, c'est en jouir deux fois! Il y a tant de grâce, je pourrais même dire de gentillesse dans ses dons et dans ses prévenances! Il semble que cet homme soit né pour s'occuper du bonheur d'autrui, et qu'il n'ait pas d'autre affaire dans la vie que de m'aimer.

Tu me demandes si cette vie de château me plaît, si je ne m'en dégoûterai pas, si la solitude ne m'effraie point. La solitude! quand Jacques est avec moi! Ah! Clémence, je le vois bien, tu n'as jamais aimé. Pauvre amie, que je te plains! tu n'as pas connu ce qu'il y a de plus beau dans la vie d'une femme. Si tu avais aimé, tu ne me demanderais pas si je me trouve isolée, si j'ai besoin des plaisirs et des distractions de mon âge; mon âge est fait pour aimer, Clémence, et il me serait impossible de me plaire à quelque chose qui fût étranger à mon amour. Quant aux amusements que je partage avec Jacques, je les aime et je les ai à discrétion; j'en ai même plus que je ne voudrais, et souvent j'aimerais mieux rester seule avec lui à parcourir tranquillement les allées de notre beau jardin, que de monter à cheval

et de courir les bois à la tête d'une armée de piqueurs
et de chiens. Mais Jacques a tellement peur de ne pas
me divertir assez! Brave Jacques, quel amant! quel ami!

Tu veux des détails sur mon habitation, sur le pays,
sur l'emploi de mes journées; je ne demande pas mieux
que de te raconter tout cela, ce sera te parler de tous
les bonheurs que je dois à mon mari.

Quand je suis arrivée ici, il était onze heures du soir;
j'étais très-fatiguée du voyage, le plus long que j'aie fait
de ma vie. Jacques fut presque forcé de me porter de la
voiture sur le perron. Il faisait un temps sombre et beaucoup de vent; je ne vis rien que quatre ou cinq grands
chiens qui avaient fait un vacarme épouvantable autour
des roues de la voiture pendant que nous entrions dans
la cour, et qui vinrent se jeter sur Jacques en poussant
des hurlements de joie, dès qu'il eut mis pied à terre.
J'étais tout épouvantée de voir ces grandes bêtes danser
ainsi autour de moi. « N'en aie pas peur, me dit Jacques, et sois bonne pour mes pauvres chiens. Quel est
l'homme qui donnerait de semblables témoignages de
joie à son meilleur ami, en le retrouvant après une absence de quelques mois? » Je vis ensuite arriver une
procession de domestiques de tout âge qui entourèrent
Jacques d'un air à la fois affectueux et inquiet. Je compris que mon arrivée causait beaucoup d'anxiété à ces
braves gens, et que la crainte des changements que je
pourrais apporter au régime de la maison balançait un
peu le plaisir qu'ils pouvaient éprouver à voir leur bon
maître. Jacques me conduisit à ma chambre, qui est
meublée à l'ancienne mode avec un grand luxe. Avant
de me coucher, je voulus jeter un regard sur les jardins,
et j'ouvris ma fenêtre; mais l'obscurité m'empêcha de
distinguer autre chose que d'épaisses masses d'arbres
autour de la maison et une vallée immense au delà. Un

parfum de fleurs monta vers moi. Tu sais comme j'aime
les fleurs, et tout ce qui me passe par la tête quand je
respire une rose ; ce vent tout chargé de senteurs déli-
cieuses me fit éprouver je ne sais quel tressaillement de
joie ; il me sembla qu'une voix me disait : « Tu seras
heureuse ici. » J'entendis Jacques qui parlait derrière
moi ; je me retournai, et je vis une grande jeune fille de
seize à dix-huit ans, belle comme un ange et vêtue à la
manière des paysannes du Dauphiné, mais avec beaucoup
d'élégance. « Tiens, me dit Jacques, voilà ta soubrette ;
c'est une bonne enfant qui fera son possible pour te bien
servir. C'est ma filleule, elle s'appelle Rosette. » Cette
Rosette, qui a une figure si intelligente et si bonne, et
qui me baisait la main d'un petit air caressant et respec-
tueux, fut pour moi une autre circonstance de bon augure. Jacques nous laissa ensemble et alla s'occuper de
payer les postillons. Quand il revint, j'étais couchée. Il
me demanda la permission de se faire apporter le café
dans ma chambre ; pendant que Rosette le lui versait, je
m'endormis doucement. Je vivrais cent ans que je ne
pourrais oublier cette soirée, où pourtant il ne s'est rien
passé que de très-ordinaire et de très-naturel. Mais quelles
idées riantes, quel sentiment de bien-être ont bercé ce
premier sommeil sous le toit de Jacques ! Je puis bien
dire que je me suis endormie dans la confiance de mon
destin. La fatigue même du voyage avait quelque chose de
délicieux ; je me sentais accablée, et je n'avais la force
de penser à rien ; mes yeux étaient encore ouverts et ne
cherchaient plus à se rendre compte de ce qu'ils voyaient,
mais n'étaient frappés que d'images agréables. Ils erraient
des rideaux de soie à franges d'argent de mon lit à la
figure toujours si belle et si sereine de mon Jacques, et
de la tasse de porcelaine du Japon, où il prenait un café
embaumé ; à la grande taille élégante de Rosette, dont

l'ombre se dessinait sur une boiserie d'un travail merveilleux. La clarté rose de la lampe, le bruit du vent au
dehors, la douce chaleur de l'appartement, la mollesse
de mon lit, tout cela ressemblait à un conte de fée, à un
rêve d'enfant. Je m'assoupissais et me réveillais de temps
en temps pour me sentir bercée par le bonheur; Jacques
me disait avec sa voix douce et affectueuse : « Dors, mon
enfant, dors bien. » Je m'endormis en effet, et ne me
réveillai que le lendemain à huit heures. Jacques était
déjà levé depuis longtemps; assis auprès de mon lit,
comme la veille, il me regardait dormir, et vraiment je
ne sus pas d'abord s'il s'était passé une nuit ou un quart
d'heure depuis le dernier baiser qu'il m'avait donné.
« Ah ! mon Dieu ! quel bon lit ! m'écriai-je; je veux me
lever bien vite, et voir ce beau château où l'on dort si
bien. Quel temps fait-il, Jacques ? Tes fleurs sentent-
elles aussi bon ce matin qu'hier soir ? » Il m'enveloppa
dans mon couvre-pied de satin blanc et rose et me porta
auprès de la fenêtre. Je jetai un cri de joie et d'admiration à la vue du sublime aspect déployé sous mes yeux.
« Aimes-tu ce pays? me dit Jacques. Si tu le trouves
trop sauvage, j'y ferai bâtir des maisons; mais, quant
à moi, j'aime tant les lieux déserts, que j'ai acheté cinq
ou six petites propriétés éparses çà et là, afin d'enlever
de ce point de vue les habitations qui, pour moi, le dé-
paraient. Si tu n'es pas du même goût, rien ne sera plus
facile que de semer cette vallée de maisonnettes et de
jardins; je ne manquerai pas, pour la peupler, de familles pauvres, qui y feront prospérer leurs affaires et
les nôtres. — Non, non, lui dis-je, tu es assez riche pour
secourir toutes les familles que tu voudras sans contrarier tes goûts et les miens. Cet aspect sauvage et romantique me plaît à la folie; ces grands bois sombres semblent n'avoir jamais plié leur libre végétation à la cul-

ture ; ces prairies immenses doivent ressembler à des
savanes ; cette petite rivière, avec son cours désordonné,
vaut mieux qu'un beau fleuve. Ah ! ne changeons rien
aux lieux que tu aimes. Comment aurais-je d'autres goûts
que les tiens? Crois-tu donc que j'aie des yeux à moi? »
Il me pressa sur son cœur en s'écriant : « Oh ! premier
temps de l'amour ! oh ! délices du ciel ! puissiez-vous ne
finir jamais ! »

Il m'a fallu plus de huit jours pour voir toutes les
beautés de cette maison et des alentours. Cette terre a
appartenu à la mère de Jacques ; c'est là qu'il a passé
ses premières années, et c'est son séjour de prédilection.
Il a un pieux respect pour les souvenirs que ce lieu lui
retrace , et il me remercie tendrement de partager ce
respect, et de ne désirer aucun changement ni dans les
choses ni dans les gens dont il est entouré. Bon Jacques!
quel monstre stupide il faudrait être pour lui demander
de pareils sacrifices !

Dès le lendemain de notre arrivée, il m'a présenté les
vieux serviteurs de sa mère et ceux plus jeunes qui lui
sont attachés depuis plusieurs années. Il m'a dit les in-
firmités des uns et les défauts des autres, en me priant
d'avoir quelque patience avec eux , et d'être aussi indul-
gente qu'il me serait possible de l'être , sans m'imposer
de réelles contrariétés. « Sois sûre , m'a-t-il dit, que je
ne mettrai jamais en balance le bien-être de ta vie domestique et le plaisir de conserver autour de moi ces
visages auxquels le temps et l'habitude m'ont attaché.
Il me sera toujours facile de les éloigner de ta vue s'ils
t'importunent, sans les abandonner à la misère et sans
qu'ils aient le droit de te maudire; mais si ton repos
peut ne pas souffrir de leur présence, si je puis accorder
ta satisfaction et la leur, je serai plus heureux. Désires-
tu mon bonheur, Fernande? » a-t-il ajouté avec un doux

sourire. Je me suis jetée dans ses bras, je lui ai juré
d'aimer tout ce qu'il aime, de protéger tout ce qu'il protége ; je l'ai supplié de me dire tout ce que j'avais à faire
pour ne lui causer jamais l'ombre d'un chagrin.

Si tu veux savoir comment se passent nos journées,
je te dirai que je le sais à peine quant à ce qui me concerne, mais que Jacques a continuellement quelque
chose d'utile à faire. La conduite de ses biens l'occupe
sans l'absorber. Il a su s'entourer d'honnêtes gens, et
il les surveille sans les tourmenter. Il a pour système
une stricte équité ; l'incurie d'une générosité romanesque
ne l'éblouit pas ; il dit que celui qui se laisse dépouiller
ne peut plus avoir ni mérite ni plaisir à donner, et que
celui qui a trouvé l'occasion de voler, et qui en a profité,
est plus à plaindre que s'il s'était ruiné. Jacques est
grand et libéral, son cœur est plein de justice, et il regarde comme un devoir de soulager la misère d'autrui ;
mais sa fierté se refuse à être dupe des impostures dont
les pauvres se servent comme de gagne-pain, et il est
dur et implacable envers ceux qui veulent spéculer sur
sa sensibilité. Je suis bien loin d'avoir le même discernement que lui, et souvent je me laisse tromper. Jacques
ne s'occupe pas de cela, ou, s'il s'en aperçoit, il entre
apparemment dans ses idées de ne pas me réprimander
et même de ne pas m'avertir. Quelquefois j'en suis un
peu mortifiée, et j'ai presque des remords d'avoir mal
employé l'or précieux qui peut soulager tant de réelles
infortunes.

Je m'occupe de ces choses-là aux heures où Jacques
est occupé ailleurs. Quand nous nous retrouvons, nous
faisons de la musique ou nous sortons ensemble ; Jacques fume ou dessine chaque fois que nous nous asseyons ;
pour moi, je le regarde, et je puis dire que cette espèce
d'extase est la principale occupation de ma journée. Je

m'abandonne avec délices à cette heureuse indolence, et je crains presque les plaisirs qui peuvent m'en arracher. Il est si bon d'aimer et de se sentir aimé! La durée des jours est trop bornée pour épuiser ce qu'il y a dans le cœur d'enthousiasme et de joie. Que m'importe de cultiver le peu de talents que j'ai ou d'en acquérir de nouveaux? Jacques en a pour nous deux, et j'en jouis comme s'ils m'appartenaient. Quand un beau site me frappe, il m'est bien plus doux de le trouver dans mon album, retracé par la main de Jacques, que par la mienne. Je ne désire pas non plus former et orner mon esprit : Jacques se plaît à ma simplicité; et lui, qui sait tout, m'en apprendra certainement plus en causant avec moi que tous les livres du monde. Enfin je suis contente de l'arrangement de ma vie; tant de bonheurs m'environnent, qu'il m'est impossible de souhaiter quelque chose de mieux ordonné. Jacques est un ange; et ne t'avise plus de dire, Clémence, que je me trompe ou qu'il changera, car à présent je le connais et je le défendrai.

Adieu, ma bonne amie; tu dois être heureuse de mon bonheur, tu as eu tant d'inquiétude pour moi! A présent, sois tranquille et félicite-moi. Donne-moi souvent de tes nouvelles, et sois sûre que je ne te négligerai plus. Il faut pardonner quelque chose à l'enivrement des premiers jours.

P. S. J'ai reçu une lettre de ma mère; elle est encore au Tilly, et ne retournera à Paris qu'à l'entrée de l'hiver. Elle me demande si je suis contente de Jacques, et s'effraie aussi de la solitude où il m'a emmenée. Je ne lui ai pas répondu, comme à toi, que l'amour remplissait cette solitude et me la faisait chérir; elle aurait trouvé cela fort inconvenant. Je lui ai parlé des avantages qu'elle estime, des beaux chevaux que Jacques me donne et des grandes chasses qu'il organise pour moi, des vastes jardins où je

me promène, des fleurs rares et précieuses dont regorge
la serre chaude, et des présents dont mon mari me comble tous les jours. Avec tout cela, elle ne pourra plus
supposer que je ne sois pas heureuse.

XX.

DE JACQUES A SYLVIA.

Je m'abandonne comme un enfant aux délices de ces
premiers transports de la possession, et ne veux pas prévoir le temps où j'en sentirai les inconvénients et les
souffrances ; quand il viendra, n'aurai-je pas la force de
l'accepter? Est-il nécessaire de passer les heures de repos que le ciel nous envoie à se préparer pour la fatigue
à venir? Quiconque a aimé une fois sait tout ce qu'il y
a dans la vie de douleur et de joie, n'est-ce pas, Sylvia?

Ce que tu demandes est bien antipathique à mon caractère et à l'habitude de toute ma vie. Raconter une à
une toutes les émotions de ma vie présente, jeter tous
les jours un regard d'examen sur l'état de mon cœur, me
plaindre du mal que j'endure et me vanter du bien qui
m'arrive, me surveiller, me chérir, me révéler ainsi,
c'est ce que je n'ai jamais songé à faire. Jusqu'ici, mes
amours ont été cachées, mes joies silencieuses ; je ne
t'ai raconté mes plaisirs que quand je les avais perdus,
et mes chagrins que lorsque j'en étais guéri ; encore j'ai
cru faire en cela un grand acte de confiance et d'épanchement ; car, avec toute autre créature humaine, je
m'en sentais absolument incapable, et nul n'a obtenu
de ma bouche l'aveu des événements les plus évidents
de ma vie morale. Cette vie était si agitée, si terrible,
que j'aurais craint de perdre mes rares bonheurs en les
racontant, ou d'attirer sur moi l'œil du destin, auquel
j'espérais dérober furtivement quelques beaux jours.

9

Cependant je ne sens plus la même répugnance, aujourd'hui, à briser le sceau de ce nouveau livre où mon dernier amour doit être inscrit. Il me semble même, comme à toi, que cette connaissance exacte et détaillée de tout ce qui se passera en moi me sera salutaire et me préservera de ces inexplicables dégoûts dont l'amour est rempli. Peut-être qu'étudiant le mal dans sa cause, j'en préviendrai le développement ; peut-être qu'en observant avec attention les secrètes altérations de nos âmes, je saurai forcer les petites choses à ne point acquérir une valeur exagérée, comme il arrive toujours dans l'intimité. J'essaierai de conjurer la destinée ; si cela est impossible, j'accepterai du moins mes défaites avec le stoïcisme d'un homme qui a passé sa vie à chercher la vérité et à cultiver l'amour de la justice au fond de son cœur.

Mais, avant de commencer ce journal, il convient que je te dise d'où je pars, quel est l'état de mon âme et comment j'ai arrangé ma vie présente. Tu sais que j'ai entraîné Fernande au fond du Dauphiné pour l'éloigner bien vite de sa mère, femme méchante et dangereuse qui me hait particulièrement, qui m'a lâchement adulé tant qu'elle a désiré me voir assurer la fortune de sa fille, et qui a commencé à me braver aussitôt qu'elle n'a plus rien redouté à cet égard. Pauvre femme ! si elle savait comme d'un mot je pourrais la faire pâlir ! Mais je ne descendrai jamais jusqu'à combattre avec les méchants. Je savais qu'elle ne manquerait pas d'une certaine habileté pour gâter le jugement de sa fille sur mon compte et pour empoisonner notre bonheur par mille petites tracasseries d'une terrible importance. J'ai donc enlevé ma compagne le jour même de mon mariage ; par là je me suis soustrait à tout ce que la publicité imbécile d'une noce a d'insolent et d'odieux. Je suis venu ici jouir mystérieusement de mon bonheur, loin du regard

curieux des importuns; j'ai trouvé inutile, du moins, de
mettre la pudeur de ma femme aux prises avec l'effronterie des autres femmes et le sourire insultant des hommes. Nous n'avons eu que Dieu pour témoin et pour juge
de ce que l'amour a de plus saint, de ce que la société a
su rendre hideux ou ridicule.

Depuis un mois rien encore n'a altéré notre bonheur;
il n'est pas tombé le plus petit grain de sable dans le sein
de ce lac uni et limpide; penché sur son onde transpa-
rente, je contemple avec extase le ciel qui s'y réfléchit;
attentif à la plus légère perturbation qui pourrait le me-
nacer, je suis sur mes gardes pour que le grain de sable
n'entraîne pas une avalanche. Et pourtant je ne saurais
beaucoup me tourmenter; que peut la prudence humaine
contre la main toute-puissante du destin? Tout ce que je
puis tenter et espérer, c'est de ne pas perdre par ma faute
le trésor que Dieu me confie; s'il doit m'être retiré, cette
certitude du moins me consolera, que je n'ai pas mérité
de le perdre.

Et puis à présent, toutes les prévisions, toutes les
craintes de ce monde me font un peu sourire. Qu'est-ce
qui peut arriver de pis à un honnête homme? d'être
forcé de mourir? Qu'est-ce que cela, je te le demande?
Je ne vois pas que la certitude de mourir un jour empêche personne de jouir de la vie. Pourquoi la crainte du
malheur futur nuirait-elle à mon bonheur présent?

Ce n'est pas que l'occasion de souffrir ne se soit déjà
présentée à moi, et certainement j'en aurais profité dans
ma jeunesse, alors qu'avide d'une félicité impossible,
j'avais l'ambitieuse folie de demander des cieux sans
nuages et des amours sans déplaisirs; ce besoin incon-
cevable qui entraîne l'homme à exercer sa sensibilité
quand elle est toute neuve et surabondante, n'existe plus
chez moi. J'ai appris à me contenter de ce que je dé-

daignais, à me soumettre aux contrariétés contre lesquelles je me serais révolté autrefois. Il m'est impossible
de ne pas sentir la piqûre des chagrins journaliers; mon
cœur n'est pas encore pétrifié, et je crois au contraire
qu'il n'a jamais été plus véritablement ému. Heureusement la raison m'a appris à étouffer la légère convulsion
que produit la blessure, à ne pas mettre au jour par un
mot, par une plainte, par un geste, cet embryon de
souffrance qui éclôt et meurt si aisément, mais qui se
développe si vite et qui grossit d'une manière si effrayante
quand on le laisse essayer ses forces et briser sa prison.
Puisse mon âme servir de cercueil à tous ces songes pénibles qui la tourmentent encore ! Puissé-je ne pas me
trahir par un signe extérieur de souffrance ! Entre amants
la douleur est sympathique, et le premier qui l'éprouve
et ne sait pas la recéler la communique à l'autre, même
sans la lui expliquer.

Adieu pour aujourd'hui, ma sœur chérie. A présent,
nous sommes presque voisins ; j'irai te voir certainement; et, quoi que tu en dises, je n'abandonne pas le
projet de te faire connaître Fernande et de t'attirer auprès de nous.

XXI.

DE FERNANDE A CLÉMENCE.

Je ne sais pas ce que Jacques a depuis deux jours, il
me semble qu'il est triste, et cela me rend si triste moi-
même, que je viens causer avec toi pour me distraire et
me consoler. Qu'est-ce que peut avoir Jacques? quels
chagrins peuvent l'atteindre auprès de moi? Il me serait
impossible, pour ma part, de me réjouir ou de m'attrister d'une chose qui n'aurait pas rapport à lui; il est vrai
que, hors de lui, ma vie se réduit à si peu ! Je n'existe

réellement que depuis trois mois, et Jacques a dû horriblement souffrir avant d'arriver à l'âge qu'il a. Peut-être aussi a-t-il été plus heureux qu'il ne l'est avec moi; peut-être quelquefois, dans mes bras, regrette-t-il le temps passé. Oh! cette idée est affreuse; je veux l'éloigner bien vite!

Mais qui peut l'attrister ainsi? et pourquoi ne me le dit-il pas? je n'ai pas de secrets, moi! et lui, il en a certainement. Il a dû se passer tant de choses extraordinaires dans sa vie! Sais-tu, Clémence, que cette idée me fait souvent frissonner? Une femme ne connaît pas son mari en l'épousant, et c'est une folie de penser qu'elle le connaîtra en vivant avec lui. Il y a derrière eux un grand abîme où elle ne peut descendre, le passé, qui ne s'efface jamais et qui peut empoisonner tout l'avenir! Quand je songe qu'il y a trois mois, je ne savais pas encore ce que c'était qu'aimer, et que, depuis vingt ans peut-être, Jacques n'a pas fait autre chose! Tout ce qu'il me dit de tendre et d'affectueux, il l'a peut-être dit à d'autres femmes; ces caresses passionnées... Ah! quelles horribles images me passent devant les yeux! je me sens un peu folle aujourd'hui, en vérité...

Je viens de me mettre à la fenêtre pour me distraire de ces agitations, j'ai vu Jacques traverser une allée et s'enfoncer dans le parc: il avait les bras croisés sur la poitrine et la tête penchée en avant, comme s'il eût été absorbé par une méditation profonde. Mon Dieu! je ne l'ai jamais vu ainsi. Il est bien vrai que son humeur est grave, que la douceur de son caractère tourne un peu à la mélancolie, que son maintien est plutôt rêveur que sémillant; mais il a aujourd'hui sur le visage quelque chose d'inaccoutumé, je ne saurais dire quoi; peut-être un peu plus de pâleur. Il aura eu quelque mauvais rêve, et comme il me sait superstitieuse, il n'aura pas voulu

m'en parler; si ce n'est que cela, il aurait mieux fait de
me le raconter que de m'exposer aux inquiétudes que
j'éprouve. Peut-être est-il malade ! Oh ! je parie que oui !
On m'a dit qu'il n'aimait pas à être observé dans ces moments-là; cependant je l'ai déjà vu malade une fois, je
m'en suis aperçue à cette petite chanson dont je t'ai parlé;
je l'ai interrogé et il m'a répondu qu'il était un peu souffrant, et qu'il me priait de ne pas m'en occuper. S'il a
souffert peu ou beaucoup ce jour-là, c'est ce que je ne
puis savoir; je craignais tant de le contrarier que je n'ai
pas osé le regarder. Le fait est qu'il n'y a guère paru à
son humeur, et que maintenant le malaise, soit physique, soit moral, qu'il éprouve, est tout à fait visible.
Hier soir il m'a semblé qu'il m'embrassait un peu froidement; j'ai mal dormi, et, m'étant éveillée au milieu
de la nuit, j'ai vu de la lumière dans sa chambre. J'ai
tremblé qu'il ne fût indisposé; mais, craignant encore
plus de lui être importune, je me suis levée sans bruit
et j'ai été sur la pointe du pied regarder par la fente de
sa porte; il lisait en fumant. Je suis venue me recou-
cher, un peu rassurée, mais triste de voir qu'il ne dormait pas. Je suis si nonchalante et si enfant que, malgré
ma tristesse, je me suis rendormie tout de suite. Pauvre
Jacques ! il a des insomnies, il souffre peut-être beaucoup, il s'ennuie sans doute durant ces longues nuits si
tristes ! Pourquoi ne m'appelle-t-il pas? Je surmonterais
certainement mon sommeil avec joie, je causerais avec
lui, ou je lui ferais la lecture pour le distraire. Je devrais peut-être le prier de me laisser veiller avec lui; je
n'ose pas. C'est extraordinaire; j'ai découvert ce matin
que je crains Jacques presque autant que je l'aime; je
n'ai jamais eu le courage de lui demander ce qu'il avait.
Ce que les Borel m'ont dit de ses singulières fiertés n'est
pas sorti de mon esprit, malgré tout ce qui aurait dû me

le faire oublier, ou me persuader, du moins, que Jacques ne les aurait pas avec moi. Je devrais peut-être vaincre cette timidité, et le conjurer de me confier sa souffrance; car je ne suis pas de ceux qu'elle peut ennuyer, et je ne vois pas qu'il ait besoin de se fatiguer à faire du stoïcisme avec moi. Mon silence lui fait peut-être croire que je ne m'aperçois de rien. Ah! alors quelle idée doit-il avoir de ma grossière insouciance! Je ne puis la lui laisser. Il faut que j'aille le trouver tout de suite, n'est-ce pas, Clémence? Oh! mon Dieu, que n'es-tu ici! toi qui as tant de prudence et un jugement si délié, tu me conseillerais. A défaut de la voix de la raison et de l'amitié, j'écoute celle de mon cœur et je m'y abandonne; je vais rejoindre Jacques dans le parc, et le conjurer à genoux, s'il le faut, de m'ouvrir son cœur, Je reviendrai te dire ce qu'il a et fermer ma lettre.......

Eh bien, mon amie, j'étais folle et j'avais fait moi-même un mauvais rêve; pardonne-moi de t'avoir importunée de cette terreur puérile. J'ai été trouver Jacques; il était couché sur l'herbe et il sommeillait. Je me suis approchée de lui si doucement qu'il ne s'en est pas aperçu, et je suis restée quelques instants, penchée sur lui, à le contempler. J'avais sans doute une expression d'anxiété sur la figure, car à peine éveillé, il a tressailli et s'est écrié en jetant ses bras autour de moi : « Qu'as-tu donc? » Alors je lui ai avoué naïvement toutes mes inquiétudes et tout mon chagrin. Il m'a embrassée en riant et m'a assuré que je m'étais absolument trompée. « Il est bien vrai, m'a-t-il dit, que je n'ai pas dormi beaucoup cette nuit; j'étais un peu souffrant et je me suis mis à lire. — Et pourquoi ne m'as-tu pas éveillée? lui ai-je dit. — Est-ce qu'on s'éveille à ton âge? a-t-il répondu. — Savez-vous, Jacques, que vous me traitez en petite fille? — Oh! grâce à Dieu, je te traite comme tu

le mérites, s'est-il écrié en me pressant contre son cœur,
et c'est parce que tu es une enfant que je t'adore. » Là-
dessus il m'a dit tant de choses délicieusement bonnes,
que je me suis mise à pleurer de joie. Tu vois si j'avais
sujet de me tourmenter ! mais je ne regrette pas d'avoir
un peu souffert ; je n'en sens que plus vivement le bonheur que j'avais laissé s'altérer et que je ressaisis dans
toute sa fraîcheur. Oh ! Jacques avait bien raison : il
n'est rien de plus précieux et de plus sublime que les larmes de l'amour.

Adieu, ma chère Clémence ; réjouis-toi encore avec
moi ; je suis plus heureuse aujourd'hui que je ne l'ai jamais été.

XXII.

DE JACQUES A SYLVIA.

Depuis quelques jours nous sommes tristes sans savoir
pourquoi ; tantôt c'est elle, tantôt c'est moi, tantôt tous
deux ensemble. Je ne me fatigue pas à en chercher la
raison ; ce serait pire. Nous nous aimons et nous n'avons
pas le plus léger tort l'un envers l'autre. Nous ne nous
sommes blessés par aucune action, par aucune parole.
Avoir l'humeur mélancolique un jour plus qu'un autre
est une chose si simple ! Un ciel pluvieux, un degré
de froid de plus dans l'atmosphère, suffisent pour rem-
brunir les idées. Mon vieux corps criblé de blessures
est plus disposé qu'un autre à la souffrance ; la jeune tête
active et inquiète de Fernande est prompte à se tourmenter de la moindre altération dans mes manières. Quelquefois cette vive sollicitude me chagrine un peu ; elle
me poursuit, elle m'oppresse, elle me tient en arrêt et
me force à m'observer et à me contraindre. Comment
pourrais-je m'en offenser? Cette espèce de fatigue qu'elle

m'impose est douce en comparaison de l'horrible isolement où je vivais quand j'ai connu Fernande, et où j'ai souvent consumé les plus belles années de ma vie dans un stoïcisme insensé. Si elle devait souffrir réellement de mes souffrances, je regretterais le temps où elles ne retombaient que sur moi; mais j'espère que je saurai l'accoutumer à me voir un peu triste et préoccupé sans se tourmenter.

Fernande a toute l'adorable puérilité de son âge. Qu'elle est belle et touchante quand elle vient avec ses cheveux blonds en désordre, et ses grands yeux noirs tout pleins de grosses larmes, se jeter dans mes bras. et me dire qu'elle est bien malheureuse, parce que je lui ai donné un baiser de moins que la veille ! Elle ne sait pas ce que c'est que la douleur, elle s'en effraie à l'excès; et vraiment Fernande m'effraie quelquefois moi-même. Je crains qu'elle n'ait pas la force de supporter la vie. Je suis un peu incertain de ce que je dois lui dire pour l'habituer au courage. Il me semble que c'est un crime ou du moins un acte de raison cruelle, que de répandre les premières gouttes de fiel dans ce cœur si plein d'illusions; et pourtant il viendra un moment où il faudra lui révéler ce que c'est que la destinée de l'homme. Comment résistera-t-elle au premier éclair? Puissé-je lui cacher longtemps cette funeste lumière !

Je viens de recevoir une nouvelle qui me fait beaucoup de mal; cet ami dont je t'ai parlé est de nouveau en fuite. Les sacrifices que j'ai faits pour lui, loin de le sauver, l'ont replongé dans le désordre. A présent, son déshonneur ne peut plus être masqué, son nom est souillé, sa vie perdue; là, comme partout où j'ai passé, j'ai travaillé en vain. Voilà donc à quoi sert l'amitié, et ce que peut le dévouement ! Non, les hommes ne peuvent rien les uns pour les autres; un seul guide, un seul appui

leur est accordé, et il est en eux-mêmes. Les uns l'appellent conscience, les autres vertu ; je l'appelle orgueil.
Cet infortuné en a manqué ; il ne lui reste que le suicide.
La calomnie n'atteint et ne déshonore personne, le temps
ou le hasard en fait justice ; mais une bassesse ne s'efface pas. Avoir donné sur soi à un autre homme le droit
du mépris, c'est un arrêt de mort en cette vie ; il faut
avoir le courage de passer dans une autre en se recom-
mandant à Dieu.

Mais il n'aura pas même cet orgueil-là, je le connais,
c'est un esprit corrompu et avili par l'amour du plaisir.
Sa vanité seule le fera souffrir ; mais la vanité ne donne
de courage à personne ; c'est un fard que le moindre
souffle fait tomber, et qui ne résiste pas à l'air de la solitude.

Cette destinée, qu'un instant je m'étais flatté d'avoir
réhabilitée par mes reproches et par mes services, est
donc tombée plus bas qu'auparavant ! Encore un homme
dont la vie est manquée, et que personne, excepté moi
peut-être, ne plaindra. Quand je me rappelle les temps
heureux que j'ai passés avec lui, lorsqu'il était jeune, et
que ni lui ni personne ne pensait que ce beau visage
riant et ce caractère vif et joyeux pussent servir d'enve-
loppe à l'âme d'un lâche ! Il avait une mère qui le chérissait, des amis qui se fiaient à lui ; et à présent !... Si
je n'étais pas marié, je courrais après lui, j'essaierais
encore de le relever ; mais cela ne servirait à rien, et
Fernande souffrirait trop de mon absence. Pauvre homme!
je suis triste à la mort ; je veux pourtant cacher cette
tristesse, qui se communiquerait bien vite à ma pauvre
enfant. Non, je ne veux pas voir ce beau front se rem-
brunir encore ; je ne veux pas couvrir de larmes ces
joues si fraîches et si veloutées. Qu'elle aime, qu'elle
rie, qu'elle dorme, qu'elle soit toujours tranquille, tou-

jours heureuse ! Moi je suis fait pour souffrir ; c'est mon
métier, et j'ai l'écorce dure.

XXIII.

DE FERNANDE A CLÉMENCE.

Je suis encore triste, mon amie, et je commence à
croire que tout n'est pas joie dans l'amour ; il y a aussi
bien des larmes, et je ne les répands pas toutes dans le
sein de Jacques, car je vois que j'augmente sa tristesse
en lui montrant la mienne. Depuis un mois nous avons
eu plusieurs accès de mélancolie sympathique sans cause
réelle, mais qui n'en ont pas moins des effets douloureux. Il est vrai que, quand ils sont passés, nous sommes
plus heureux qu'auparavant, et nous nous chérissons
avec plus d'enthousiasme ; mais je me dis toujours que
c'est la dernière fois que je tourmente Jacques de mes
enfantillages, et je ne sais comment il arrive que je re-
commence toujours. Je ne peux pas le voir triste sans le
devenir aussitôt ; il me semble que c'est une preuve d'a-
mour et qu'il ne doit pas s'en fâcher ; aussi ne s'en fâche-
t-il pas. Il me traite toujours avec tant de douceur et de
bonté ! comment ferait-il pour me dire une parole dure,
ou même froide ? Mais il prend du chagrin et me fait de
doux reproches ; alors je pleure de remords, d'attendrissement et de reconnaissance, et je me couche fatiguée,
brisée, me promettant bien de ne plus recommencer ;
car, au bout du compte, cela fait du mal, et ce sont autant de jours que je retranche de mon bonheur. J'ai certainement des idées folles, mais je ne sais pas s'il est
possible d'aimer sans les avoir. Par exemple, je me tourmente continuellement de la crainte de n'être pas assez
aimée, et je n'ose pas dire à Jacques que c'est là la cause
de toutes mes agitations. Je crois bien qu'il a des jours

de souffrance physique; mais il est certain que son esprit n'est pas toujours paisible. Certaines lectures l'a-
gitent; certaines circonstances, indifférentes en apparence, semblent lui retracer des souvenirs pénibles. Je
m'en inquiéterais moins s'il me les confiait; mais il est
silencieux comme la tombe et me traite comme une personne tout à fait à part de lui. L'autre jour je me mis à
chanter une vieille romance qui me tomba, je ne sais
comment, sous la main; Jacques était étendu sur le
grand canapé du salon, et il fumait dans une grande pipe
turque à laquelle il tient beaucoup. Dès que j'eus chanté
les premières mesures, il frappa le parquet avec cette
pipe, comme saisi d'une émotion convulsive, et la brisa.
« Ah! mon Dieu, qu'as-tu fait? m'écriai-je; tu as cassé
ta chère pipe d'Alexandrie. — C'est possible, dit-il, je ne
m'en suis pas aperçu. Remets-toi à chanter. — Mais je
n'ose pas trop, repris-je; il faut que j'aie fait quelque
fausse note épouvantable tout à l'heure; car tu as bondi
comme un désespéré. — Non pas que je sache, répondit-il; continue, je t'en prie. » Je ne sais comment il se
fait que je suis toujours à l'affût des impressions que Jacques cherche à me dissimuler; il y a un secret instinct
qui m'abuse ou qui m'éclaire, je ne sais lequel des deux,
mais qui me force à reporter tout ce qu'il fait et tout ce
qu'il dit vers une cause funeste à mon bonheur. Je m'i-
maginai qu'il avait entendu chanter cette romance par
quelque maîtresse dont le souvenir lui était encore cher,
et je ressentis tout à coup une jalousie absurde; je la jetai
de côté, et me mis à en chanter une autre. Jacques l'é-
couta sans l'interrompre, puis il me redemanda la première, en disant qu'il la connaissait et qu'elle lui plaisait
beaucoup. Ces paroles, qui semblèrent confirmer mes
doutes, m'enfoncèrent un poignard dans le cœur; je trouvai Jacques insensé et barbare de chercher à ressaisir

dans notre amour le souvenir des autres amours de sa
vie, et je chantai la romance, tandis que de grosses
larmes me tombaient sur les doigts. Jacques me tournait
le dos, et s'imaginait, parce que son corps avait une attitude immobile, que je ne m'apercevais pas de son émotion; mais je faisais, malgré ma douleur, une sévère attention à lui, et je surpris deux ou trois soupirs qui
semblaient partir d'une âme oppressée et briser tout
son corps. Quand j'eus fini, il y eut entre nous un long
silence : je pleurais, et je laissai échapper malgré moi un
sanglot. Jacques était tellement absorbé qu'il ne s'en
aperçut pas, et sortit en fredonnant, d'un ton mélancolique, le refrain de la romance.

J'allai dans le bois pour me désoler en liberté; mais,
au détour d'une allée, je me trouvai face à face avec
lui. Il m'interrogea sur ma tristesse avec sa douceur accoutumée, mais beaucoup plus froidement que les autres
fois. Cet air sévère m'imposa tellement que je ne voulus
jamais lui avouer pourquoi j'avais les yeux rouges; je lui
dis que c'était le vent, la migraine; je lui fis mille contes
dont il feignit de se contenter, car il insista fort peu, et
chercha à me distraire. Il n'eut pas grand'peine : je suis
si folle que je m'amuse de tout. Il me mena voir des chèvres de Cachemire qui venaient de lui arriver, avec un
berger dont la bêtise me fit mourir de rire. Mais vois
comme je suis ! dès que je me retrouvai seule, mon chagrin me revint, et je me remis à pleurer en pensant à
cette histoire de la matinée. Ce qui me faisait surtout de
la peine, c'était d'avoir été importune à Jacques. L'indifférence qu'il avait montrée me prouvait de reste qu'il
n'était plus disposé à écouter mes puériles confessions et
à s'affliger avec moi de mes souffrances. Peut-être avait-
il cette idée; peut-être éprouvait-il un peu de remords de
m'avoir fait chanter cette romance; peut-être nous som-

mes-nous parfaitement compris tous les deux sans nous
expliquer. Le fait est que le soir il prit un air tout à fait
insouciant en me demandant si je savais par cœur la romance que j'avais chantée le matin. « Tu aimes bien cette
romance? lui dis-je avec un peu d'amertume. — Beaucoup, répondit-il, surtout dans ta bouche; tu l'as chantée ce matin avec une expression qui m'a ému jusqu'au
fond du cœur. » Poussée par je ne sais quel besoin de
me faire souffrir pour me dévouer à sa fantaisie, je lui
offris de la chanter de nouveau; et j'allais allumer une
bougie pour la lire, lorsqu'il m'arrêta en me disant que
ce serait pour une autre fois, et qu'il aimait mieux se
promener avec moi au clair de la lune. Le lendemain matin, je cherchai la romance et ne la trouvai plus sur mon
piano. Je la cherchai tous les jours suivants sans succès.
Pressée par la curiosité, je me hasardai à demander à
Jacques s'il ne l'avait pas vue. « Je l'ai déchirée par distraction, me répondit-il; il n'y faut plus penser. » Il me
sembla qu'il disait cette parole, *il n'y faut plus penser*,
d'une manière particulière, et que cela exprimait beaucoup de choses. Je me trompe peut-être, mais jamais je
ne croirai qu'il ait déchiré cette romance par distraction.
Il a voulu savoir d'abord si je pourrais la chanter par
cœur, et quand il a été sûr que non, il l'a anéantie. Elle
lui causait donc une émotion bien véritable; elle lui rappelait donc un amour bien violent !

Si Jacques devine tout cela, si en lui-même il traite
d'enfantillages méprisables ce qui se passe en moi, il a
tort. S'il était à ma place, il souffrirait peut-être plus que
moi; car il n'a pas de rivaux dans le passé; rien de ce
que je fais, rien de ce que je pense ne peut l'affliger : il
peut sans frayeur regarder dans ma vie, l'embrasser
tout entière d'un coup d'œil, et se dire qu'il est mon
seul amour. Mais sa vie est pour moi un abîme impéné-

trable; ce que j'en sais ressemble à ces météores sinis-
tres qui éblouissent et qui égarent. La première fois que
j'ai recueilli ces lambeaux de renseignements incertains,
j'ai craint que Jacques ne fût inconstant ou menteur;
j'ai craint que son amour n'eût pas tout le prix que j'y
attachais; ma vénération fut comme ébranlée. Aujour-
d'hui je sais ce que c'est que Jacques et ce que vaut son
amour; le prix en est si grand que je sacrifierais toute
une vie de repos où je ne l'aurais pas connu, aux deux
mois que je viens de passer avec lui. Je le sais incapable
de m'abuser et de promettre son cœur en vain. Je ne
songe presque plus à l'avenir, mais je me tourmente horriblement du passé; j'en suis jalouse. Oh! que serait le
présent si je n'étais pas sûre de lui comme de Dieu!
Mais je ne pourrais pas douter de la parole de Jacques,
et je ne serais pas jalouse sans raison. L'espèce de jalousie que j'ai maintenant n'est pas vile et soupçonneuse;
elle est triste et résignée; oh! mais elle me fait bien
mal!

XXIV.

DE JACQUES A SYLVIA.

Je ne sais auquel des deux le pied a manqué, mais le
grain de sable est tombé. J'ai fait bonne garde, je me suis
dévoué de tout mon pouvoir à prévenir cet accident; mais
la surface du lac est troublée. D'où est venu le mal? On
ne le sait jamais; on s'en aperçoit quand il existe. Je le
contemple avec tristesse et sans découragement. Il n'y a
pas de remède à ce qui est arrivé; mais on peut mettre
une digue à l'avalanche et l'arrêter en chemin.

Cette digue, ce sera ma patience. Il faut qu'elle s'op-
pose avec douceur aux excès de sensibilité d'une âme
trop jeune. J'ai su mettre ce rempart entre moi et les

caractères les plus fougueux ; ce ne sera pas une tâche
bien difficile que d'apaiser une enfant si simple et si
bonne. Elle a une vertu qui nous sauvera l'un et l'autre,
la loyauté. Son âme est jalouse ; mais son caractère est
noble, et le soupçon ne saurait le flétrir. Elle est ingénieuse à se tourmenter de ce qu'elle ne sait pas, mais
elle croit aveuglément à ce que je lui dis. Me préserve
Dieu d'abuser de cette sainte confiance et de démériter
par le plus léger mensonge! Quand je ne puis pas lui
donner l'explication satisfaisante, j'aime mieux ne lui
en donner aucune ; c'est la faire souffrir un peu plus
longtemps, mais que faire? Un autre descendrait peut-
être à ces faciles artifices qui raccommodent tant bien
que mal les querelles d'amour ; cela me paraît lâche,
et je n'y consentirai jamais. L'autre jour, il s'est passé
entre elle et moi une petite tracasserie assez douloureuse,
et très-délicate pour tous deux. Elle se mit à chanter une
romance que j'ai entendu chanter pour la première fois
à la première femme que j'ai aimée. C'était un amour
bien romanesque, bien idéal, une espèce de rêve qui ne
s'est jamais réalisé, grâce peut-être à ma timidité et au
respect enthousiaste que je professais pour une femme
très-semblable aux autres, à ce qu'il m'a semblé depuis.
Certes, ni cette femme, ni l'amour que j'eus pour elle,
ne sont de nature à causer raisonnablement de l'ombrage
à Fernande ; ce fut pourtant la cause d'un nuage qui a
passé sur notre bonheur. J'eus un plaisir très-vif à entendre ce chant mélodieux et simple qui me rappelait
les illusions et les songes riants de ma première jeunesse.
Il me retraçait toute une fantasmagorie de souvenirs : je
crus revoir le pays où j'avais aimé pour la première fois,
les bois où j'avais rêvé si follement, les jardins où je me
promenais en faisant de mauvaises poésies que je trouvais si belles, et mon cœur palpita encore de plaisir et

d'émotion. Certes, ce n'était pas de regret pour cet
amour qui n'a jamais existé que dans les rêves d'une
imagination de seize ans, mais il y a dans les lointains
souvenirs une inexplicable magie. On aime ses premières
impressions d'un amour paternel, on se chérit dans le
passé, peut-être parce qu'on s'ennuie de soi-même dans
le présent. Quoi qu'il en soit, je me sentis un instant
transporté dans un autre monde, pour lequel je ne chan-
gerais pas celui où je suis maintenant, mais où j'avais
cru ne retourner jamais, et où je fis avec joie quelques
pas. Il me sembla que Fernande devinait le plaisir qu'elle
me causait, car elle chanta comme un ange, et je restai
enivré et muet de béatitude après qu'elle eut cessé. Tout
à coup je m'aperçus qu'elle pleurait, et, comme nous
avons eu déjà quelque chose de pareil, je devinai ce qui
se passait en elle, et j'en conçus un peu d'humeur. La
première impression est au-dessus des forces de l'homme
le plus ferme. Dans ces moments-là, il n'est donné
qu'aux scélérats de savoir feindre. Tout ce qu'un homme
sincère peut faire, c'est de se taire ou de se cacher. Je
sortis donc, et quelques tours de promenade dissipèrent
cette légère irritation. Mais je compris qu'il m'était
impossible de consoler Fernande par une explication. Il
eût fallu ou lui faire accroire qu'elle se trompait dans
ses soupçons, en lui faisant un mensonge, ou tenter de
lui expliquer la différence qu'il y a entre aimer un souvenir romanesque et regretter un amour oublié. Voilà ce
qu'elle n'eût jamais voulu comprendre et ce qui est réellement au-dessus de son âge, et peut-être de son caractère. Cet aveu d'un sentiment bien innocent lui eût fait
plus de mal que mon silence. J'ai tout réparé en lui prou-
vant que j'étais prêt à faire à sa susceptibilité le sacrifice
de mon petit plaisir; j'ai refusé d'entendre de nouveau
la romance que, par une petite malice boudeuse de femme,

10.

elle m'offrait de me chanter une seconde fois, et je l'ai brûlée sans ostentation.

Il faudra qu'en toute occasion, quand je ne pourrai pas mieux faire, j'aie le courage de ne pas montrer d'humeur. Il est vrai que cela me fait souffrir un peu. J'ai été victime pendant si longtemps de la jalousie atroce de certaines femmes, que tout ce qui me la rappelle, même de très-loin, me fait frissonner d'aversion. Je m'y habituerai. Fernande a les défauts ou plutôt les inconvénients de son âge, et j'ai aussi ceux du mien. A quoi m'aurait servi l'expérience, si elle ne m'avait endurci à la souffrance? C'est à moi de m'observer et de me vaincre. Je m'étudie sans cesse, et je me confesse devant Dieu dans la solitude de mon cœur, pour me préserver de l'orgueil intolérant. En m'examinant ainsi, j'ai trouvé bien des taches en moi, bien des motifs d'excuse pour les fréquentes agitations de Fernande. Par exemple, j'ai la triste habitude de rapporter toutes mes peines présentes à mes peines passées. C'est un noir cortége d'ombres en deuil qui se tiennent par la main ; la dernière qui s'agite éveille toutes les autres qui s'endormaient. Quand ma pauvre Fernande m'afflige, ce n'est pas elle qui me fait tout le mal que je ressens, ce sont les autres amours de ma vie qui se remettent à saigner comme de vieilles plaies. Ah! c'est qu'on ne guérit pas du passé!

Devrait-elle se plaindre de moi, pourtant? Quel homme sait mieux jouir du présent? quel homme respecte plus saintement les biens que Dieu lui accorde? Combien je prise ce diamant que je possède, et autour duquel je souffle sans cesse pour en écarter le moindre grain de poussière! Oh! qui le garderait plus soigneusement que moi? Mais les enfants savent-ils quelque chose? Moi, du moins, je puis comparer le passé au présent, et si quelquefois je souffre doublement pour avoir déjà

beaucoup souffert, plus souvent encore j'apprends par
cette comparaison à savourer le bonheur présent. Fernande croit que tous les hommes savent aimer comme
moi ; moi, je sens que les autres femmes ne savent pas
aimer comme elle. C'est moi qui suis le plus juste et le
plus reconnaissant. Mais, encore une fois, il en doit être
ainsi. Hélas ! le temps du bonheur serait-il déjà passé ?
celui du courage serait-il venu ? Oh ! non, non, pas encore ; ce serait trop vite. Que l'un préserve l'autre, et
que le bonheur récompense le courage !

XXV.

DE CLÉMENCE A FERNANDE.

Je suis plus affligée que surprise de ce qui t'arrive ;
tes chagrins me paraissent la conséquence inévitable
d'une union mal assortie. D'abord ton mari est trop âgé
pour toi, ensuite tu as pris ta position tout de travers.
Il eût été possible à une femme dont le caractère serait
calme et un peu froid de s'habituer aux inconvénients
que je t'avais signalés, et qui ne se sont que trop réalisés ; mais, pour une petite tête exaltée comme la tienne,
un homme aussi expérimenté que M. Jacques est le pire
mari que tu pouvais rencontrer. Ce n'est pas que je rejette sur lui la faute de tout ce qui s'est passé entre vous ;
il me semble que c'est lui qui a constamment raison, et
voilà pourquoi je te plains : ce qu'il y a de plus triste
au monde, c'est d'être condamné, par sa position et par
la force des choses, à avoir constamment tort. Cet amour
enthousiaste que tu t'es évertuée à ressentir pour lui est
un sentiment hors nature, et destiné à s'éteindre tout à
coup comme un feu de paille ; mais avant d'en venir là
il te fera cruellement souffrir, et, quelque patient que
soit ton mari, il te rendra insupportable à ses yeux. Il

me semble, à moi, que la passion, est tout à fait contraire
à la dignité et à la sainteté du mariage. Tu t'es imaginé
que tu inspirais cette passion à ton mari ; j'en doute fort :
je crois que tu auras pris pour l'enthousiasme les caresses
véhémentes qu'un mari prodigue dès les premiers jours
à sa femme, quand elle est, comme toi, toute jeune et
remarquablement jolie. Mais sois sûre que toutes les
extases de ton cerveau, toutes les illusions de ton âme,
ne sont plus du goût d'un homme de trente-cinq ans, et
que, du jour où, au lieu de contribuer à ses plaisirs,
elles lui causeront du trouble et de l'ennui, il te dessil-
lera les yeux, peut-être un peu brusquement. Tu seras
au désespoir alors, pauvre Fernande, et il n'aura fait
qu'une chose très-simple et très-légitime ; car de quel
droit viens-tu, avec tes folies et tes caprices, empoisonner la vie d'un homme qui était libre et tranquille, et
qui t'a recherchée en mariage pour te faire participer à
son bien-être, et non pour t'ériger en souveraine jalouse
et impérieuse ? Je vois déjà que tu as le talent de le rendre
assez malheureux ; cette manière de l'épier, de scruter
toutes ses pensées, d'interpréter toutes ses paroles, doit
faire de ton amour un fléau. Et pourtant, Fernande, personne n'était plus douce et plus facile à vivre que toi ;
nul caractère n'est plus éloigné du soupçon et de la tyrannie ; nul cœur peut-être n'est plus généreux et plus
juste ; mais tu aimes, et voilà l'effet de l'amour sur les
femmes quand elles ne savent pas se vaincre. Prends
garde à toi, ma chère ; je te parle bien durement, bien
cruellement, mais tu cherches l'appui de ma raison, et
je te l'offre d'une main ferme. Je t'ai déjà dit que, le jour
où la vérité te serait trop rude à supporter, tu n'avais
qu'à cesser de m'écrire, et que je comprendrais ton silence. Je ne chercherai jamais à te guérir malgré toi,
je ne suis pas une marchande de conseils. Adieu, ma

petite amie; tâche de te guérir de l'exagération, ou tu
es perdue.

XXVI.

DE SYLVIA A JACQUES.

Tu as raison, Jacques, de ne pas t'effrayer beaucoup
de ces légers nuages. Je ne sais pas si tu dois aimer
éternellement Fernande; je ne sais pas si l'amour est,
de sa nature, un sentiment éternel; mais ce qu'il y a
de certain, c'est qu'avec des caractères aussi nobles que
les vôtres il doit avoir un cours aussi long que possible,
et ne pas se flétrir dès les premiers mois. Je vois que
des caractères plus mal assortis, et moins dignes l'un de
l'autre, se tiennent embrassés durant des années et ont
une peine extrême à se détacher. Toi-même tu l'as
éprouvé; tu as aimé des femmes beaucoup moins par-
faites que Fernande, et tu les as aimées longtemps avant
de commencer à souffrir et à te dégoûter. Il me semble
donc impossible que la chute du premier grain de sable
ait déjà troublé ton amour, et que ton lac ne redevienne pas
tranquille et pur. Peut-être que deux grands cœurs ont
plus de peine à s'entendre que lorsqu'un des deux fait à
lui seul tous les frais de la sympathie. Peut-être qu'avant
de se livrer entièrement, et de s'abandonner l'un à l'autre, ils ont besoin de s'essayer, de briser quelques aspérités qui les repoussent encore. Un grand bonheur, une
longue passion, doivent être achetés au prix de quelques
souffrances. Quand on plante un arbre vigoureux, il
souffre et se flétrit pendant quelques jours avant de s'accoutumer au terrain et de montrer la force qu'il doit
acquérir. Les petites douleurs de ton amie prouvent l'excessive délicatesse de son amour. Je voudrais être aimée
comme tu l'es. Garde-toi donc de te plaindre; surmonte
un peu ta fierté, s'il le faut, et consens, non à mentir,

mais à t'expliquer. Tu fais injure à Fernande en croyant
qu'elle ne comprendrait pas; elle serait flattée de te
voir condescendre aux faiblesses de son sexe et aux
ignorances de son âge; elle s'efforcerait de marcher plus
vite vers toi et d'arriver à ton point de vue. Que ne peut
pas une âme comme la tienne et une parole si éloquente
quand tu daignes parler! Oh! ne t'enferme pas dans le
silence! tu n'as pas besoin de ta force avec cet être angélique qui est à genoux déjà pour t'écouter. Rappelle-
toi ce que j'étais quand je t'ai connu, et ce que tu as
fait de cette âme qui dormait informe dans le chaos.
Que serais-je si tu n'étais descendu jusqu'à moi, si tu
ne m'avais révélé ce que tu sais de Dieu, des hommes
et de la vie? Ne t'ai-je pas compris? n'ai-je pas acquis
quelque grandeur, moi qui n'étais qu'une enfant sauvage,
incapable de bien et de mal par moi-même au milieu
des ténèbres de mon ignorance? Souviens-toi des longues promenades que nous faisions ensemble sur les
Alpes, au temps des vacances. Avec quelle avidité je
t'écoutais! comme je rentrais dans mon couvent éclairée
et sanctifiée! O mon brave Jacques! quel être sublime
ne pourras-tu pas faire de celle qui est ta femme et qui
possède ton amour! Je te prédis une grande destinée
avec elle! Essuie ses belles larmes, ouvre-lui tous les
trésors de ton âme : je vivrai de votre bonheur.

XXVII.

D'OCTAVE A SYLVIA.

Pourquoi donc avez-vous tant tardé à m'écrire cette
lettre qui nous eût épargné tant de maux, et pourquoi,
si Jacques est votre frère, avez-vous tant hésité à me
l'avouer? Quel être incompréhensible êtes-vous, Sylvia,
et quel plaisir trouvez-vous à nous faire souffrir vous et

moi? C'est en vain que je vous contemple et que je vous étudie; il y a des jours où je ne sais pas encore si vous êtes la première ou la dernière des femmes; je me demande si votre fierté signifie la vertu la plus sublime ou l'effronterie du vice hypocrite. Ah! ne m'accablez pas de vos froides et méprisantes railleries. Ne me dites pas que personne ne m'impose l'obligation de vous aimer, et que je suis libre de renoncer à vous. Je suis bien assez malheureux; ne faites pas tant de gloire de vos dédains et de votre indifférence : vous ne seriez que plus digne d'amour si vous étiez moins forte et moins cruelle.

Et vous, n'avez-vous jamais eu des instants de faiblesse et d'incertitude avec moi? ne m'avez-vous pas accusé de bien des torts que vous m'avez pardonnés? Pourquoi railler si durement l'impiété de mon âme? pourquoi me dire que je ne vous aime pas du moment que je doute de vous? Savez-vous bien ce que c'est que l'amour, pour parler de la sorte? Mais vous m'avez aimé, puisque vous m'avez rappelé souvent après m'avoir repoussé; mais vous m'aimez encore, puisque, après trois mois d'un silence obstiné, vous m'écrivez pour vous laver de mes soupçons. Elle est bien laconique et bien hautaine, votre justification! Je n'oserais confier à personne combien vous me dominez, tant je me trouve rapetissé et humilié par votre amour. O Dieu! et vous seriez un ange si vous vouliez; c'est l'orgueil qui fait de vous un démon! Quand vous vous abandonnez à votre sensibilité, vous êtes si belle, si adorable! j'ai eu de si beaux jours avec vous! sont-ils donc perdus pour jamais? Non, je ne saurais y renoncer; que ce soit force ou faiblesse, lâcheté ou courage, je retournerai à toi! Je te presserai encore dans mes bras, je te forcerai encore à croire en moi et à m'aimer, dussé-je n'avoir qu'un jour de ce bonheur, et rester avili à mes propres yeux

pour toute ma vie! Je sais que je serai encore malheureux avec toi ; je sais qu'après m'avoir rendu fou, tu
me chasseras avec un abominable sang-froid. Tu ne
comprendras pas ou tu ne voudras pas comprendre que,
pour retourner à tes pieds, avec l'âme toute saignante
encore de doute et de soupçons, il faut que je t'aime
d'une passion effrénée. Tu me diras que je ne sais pas
ce que c'est qu'aimer ; tu croiras être bien sublime et
bien généreuse envers moi, parce que tu me pardonne-
ras d'avoir soupçonné ce que tous les hommes auraient
supposé à ma place. Tu es une âme d'airain ; tu brises
tout ce qui t'approche, et ne consens à plier devant aucune des réalités de la vie. Comment veux-tu que je te
suive toujours aveuglément dans ce monde imaginaire
où je n'avais jamais mis le pied avant de te connaître?
Ah ! sans doute, si tu es ce que tu parais à mon enthousiasme, tu es bien grande, et je devrais passer ma vie
enchaîné à tes pieds; si tu es ce que ma raison croit deviner parfois, cache-moi bien la vérité, trompe-moi ha-
bilement, car malheur à toi si tu te démasques! Adieu;
reçois-moi comme tu voudras, dans trois jours je serai
à tes genoux.

XXVIII.

DE FERNANDE A CLÉMENCE.

Tu m'humilies, tu me brises; si c'est la vérité que tu
m'enseignes, elle est bien âpre, ma pauvre Clémence.
Tu vois cependant que je l'accepte, toute cruelle qu'elle
est, et que je reviens toujours à toi, sauf à être plus malheureuse qu'auparavant, quand tu m'as répondu. J'ai
donc tort? Mon Dieu, je croyais qu'avec un malheur
comme le mien on ne pouvait pas être coupable. Les méchants sont ceux qui rient des peines d'autrui; moi je

pleure celles de Jacques encore plus que les miennes ;
je sais bien que je l'afflige, mais ai-je la force de cacher
mon chagrin ? Peut-on tarir ses larmes, peut-on s'imposer la loi d'être insensible à ce qui déchire le cœur ?
Si quelqu'un est jamais arrivé à cette vertu, il a dû
bien souffrir avant de l'atteindre ; son cœur a dû saigner cruellement ! Je suis trop jeune pour savoir dégui-
ser mon visage et cacher mon émotion ; et puis, ce n'est
pas Jacques qu'il me serait possible de tromper. Cette
lutte avec moi-même ne servirait donc qu'à augmenter
mon mal ; ce qu'il faudrait étouffer, c'est ma sensibilité,
c'est mon amour ! O ciel, tu me parles de le vaincre !
Cette seule idée lui donne plus d'intensité ; que devien-
drais-je à présent que j'ai connu l'amour, si je me trouvais le cœur vide ? Je mourrais d'ennui. J'aime mieux
mourir de chagrin, la mort sera moins lente.

Tu prends le parti de Jacques, tu as bien raison ! c'est
lui qui est un ange, c'est lui qui devrait être aimé d'une
âme aussi forte, aussi calme que la tienne. Mais suis-je
donc indigne de lui ? ne suis-je pas sincère et dévouée
autant qu'il est possible de l'être ? Non ! ce ne sont pas
des lueurs d'enthousiasme que j'ai pour lui, c'est une
vénération constante, éternelle. Il m'aime vraiment, je
le sais, je le sens ; il ne faut pas me dire qu'il n'aime de
moi que ma jeunesse et ma fraîcheur ; si je le croyais !...
non, cette idée est trop cruelle ! Tu es inexorable dans
ton mépris pour l'amour ; ton esprit observateur juge
tout sans pitié ; mais de quel droit parles-tu d'un sentiment que tu n'as pas éprouvé ? Si tu savais combien un
pareil doute me ferait souffrir, une fois entré dans mon
cœur, tu n'aurais pas la cruauté de m'y pousser.

Eh bien, s'il en était ainsi, si Jacques m'aimait comme
un passe-temps, moi qui lui ai dévoué toute ma vie, moi
qui l'aime de toutes les forces de mon âme, j'essaierais

de ne plus l'aimer ; mais cela me serait impossible, je
mourrais.

Ma pauvre tête est malade. Aussi quelle lettre tu m'é-
cris ! je n'ai pu cacher l'impression qu'elle me faisait, et
Jacques m'a demandé si je venais d'apprendre quelque
mauvaise nouvelle. J'ai répondu que non. « Alors, m'a-
t-il dit, c'est une lettre de ta mère. » Je mourais de peur
qu'il ne me demandât à la voir, et, tout interdite, j'ai
baissé la tête sans répondre. Jacques a frappé la table
avec une violence que je ne lui ai jamais vue. « Que
cette femme n'essaie point d'empoisonner ton cœur, s'est-
il écrié, car je jure sur l'honneur de mon père qu'elle
me paierait cher la moindre tentative contre la sainteté
de notre amour ! » Je me suis levée tout épouvantée, et
je suis retombée sur ma chaise. « Eh bien, qu'as-tu ?
m'a-t-il dit.—Vous-même, qu'avez-vous contre ma mère ?
que vous a-t-elle fait pour vous mettre ainsi en colère ?—
J'ai des raisons que tu ne sais pas, Fernande, et qui sont
grosses comme des montagnes ; puisses-tu ne les savoir
jamais ! mais, pour l'amour de notre repos, cache-moi
les lettres de ta mère, et surtout l'effet qu'elles pro-
duisent sur toi. — Je te jure que tu te trompes, Jacques,
me suis-je écriée ; cette lettre n'est pas de ma mère, elle
est de... — Je n'ai pas besoin de le savoir, a-t-il dit vivement ; ne me fais pas l'injure de répondre à des questions que je ne t'adresserai jamais. » Et il est sorti ; je
ne l'ai pas revu de la journée. O Dieu ! nous en sommes
presque à nous quereller ! et pourquoi ? parce que j'ai
cru le voir triste et que j'ai pris de l'inquiétude ? Oh !
s'il n'y avait pas au fond de tout cela quelque chose de
vrai, nous n'en serions pas où nous en sommes. Jacques
a eu des peines qu'il m'a cachées, à bonne intention
peut-être, mais il a eu tort ; s'il m'avait révélé la première, je ne l'aurais pas interrogé sur les autres, tandis

qu'à présent je m'imagine toujours qu'il couve quelque
mystère, et je ne trouve pas cela juste, car mon âme lui
est ouverte, et il peut y lire à chaque instant. Je vois
bien qu'il est préoccupé, quelque chose le distrait de
l'amour qu'il avait pour moi ; quelquefois il a un fron-
cement de sourcil qui me fait trembler de la tête aux
pieds. Il est vrai que si je prends le courage de lui adresser la parole, cela se dissipe aussitôt, et je retrouve son
regard bon et tendre comme auparavant. Mais autrefois
je ne lui déplaisais jamais, je lui disais avec confiance
tout ce qui me passait par l'esprit ; quand j'étais absurde,
il se contentait de sourire, et il prenait la peine de redresser mon jugement avec affection. A présent, je vois
que certaines paroles, dites presque au hasard, lui font
un mauvais effet ; il change de visage, ou il se met à fre-
donner cette petite chanson qu'il chantait à Smolensk,
quand on lui retira une balle de la poitrine. Une parole
de moi lui fait le même mal apparemment.

Il est six heures du soir ; Jacques, qui est d'ordinaire
si exact, et qui se faisait un scrupule de me causer la
plus légère inquiétude ou la plus frivole impatience, n'est
pas encore rentré pour dîner. Est-ce qu'il me boude ?
est-ce qu'il aura eu un chagrin assez vif pour rester absorbé ainsi depuis midi ? Je suis tourmentée ; s'il lui était
arrivé quelque accident ! s'il ne m'aimait plus ! Peut-être
que je lui ai tellement déplu aujourd'hui qu'il éprouve
de la répugnance à me voir. Oh ! ciel ! ma vue lui deviendrait odieuse ! Tout cela me fait un mal horrible, je
suis enceinte et je souffre beaucoup. Les anxiétés auxquelles je m'abandonne me rendent encore plus malade.
Il faut que j'en finisse ; il faut que je me jette aux pieds
de Jacques, et que je le conjure de me pardonner mes
folies. Cela ne peut pas m'humilier : ce n'est pas à mon
mari, c'est à mon amant que s'adresseront mes prières.

J'ai offensé sa délicatesse, j'ai affligé son cœur, il faut qu'une fois pour toutes il me pardonne, et que tout soit oublié. Il y a bien des jours que nous ne nous expliquons plus ; cela me tue. J'ai l'âme pleine de sanglots qui m'étouffent ; il faut que je les répande dans son sein, qu'il me rende toute sa tendresse, et que je recouvre ce bonheur pur et enivrant que j'ai déjà goûté.

Dimanche matin.

O mon amie, que je suis malheureuse ! rien ne me réussit, et la fatalité fait tourner à mal tout ce que je tente pour me sauver. Hier, Jacques est rentré à six heures et demie ; il avait l'air parfaitement calme, et m'a embrassée comme s'il eût oublié nos petites altercations. Je connais Jacques à présent ; je sais quels efforts il fait sur lui-même pour vaincre son déplaisir ; je sais que la douleur concentrée est un fer rouge qui dévore les entrailles. Je me suis fait violence pour dîner tranquillement ; mais, aussitôt que nous avons été seuls, je me suis jetée à ses genoux en fondant en larmes. Sais-tu ce qu'il a fait ? Au lieu de me tendre les bras et d'essuyer mes pleurs, il s'est dégagé de mes caresses et s'est levé d'un air furieux ; j'ai caché mon visage dans mes mains pour ne pas le voir dans cet état ; j'ai entendu sa voix tremblante de colère qui me disait : « Levez-vous, et ne vous mettez jamais ainsi devant moi. » J'ai senti alors le courage du désespoir. « Je resterai ainsi, me suis-je écriée, jusqu'à ce que vous m'ayez dit ce que j'ai fait pour perdre votre amour. — Tu es folle, a-t-il répondu en se radoucissant, et tu ne sais qu'imaginer pour troubler notre paix et gâter notre bonheur. Expliquons-nous, parlons, pleurons, puisqu'il te faut toutes ces émotions pour alimenter ton amour ; mais, au nom du ciel, relève-toi, et

que je ne te voie plus ainsi.» J'ai trouvé cette réponse bien
dure et bien froide, et je suis retombée sur moi-même à
demi brisée d'abattement et de douleur. « Faut-il que je
te relève malgré toi? a-t-il dit en me prenant dans ses
bras et en me portant sur le sofa; quelle rage ont donc
toutes les femmes de jeter ainsi leur âme en dehors
comme si elles étaient sur un théâtre! Souffre-t-on
moins, aime-t-on plus froidement, pour rester debout
et pour ne pas se briser la poitrine en sanglots? Que fe-
rez-vous, pauvres enfants, quand la foudre vous tombera
sur la tête? — Tout ce que vous dites là est horrible, lui
ai-je répondu; est-ce par le dédain que vous voulez vous
délivrer de mon amour? vous importune-t-il déjà? » Il
s'est assis auprès de moi, et il est resté silencieux, la
tête baissée, l'air résigné, mais profondément triste. Il
m'a laissée pleurer longtemps, puis il a fait un effort
pour me prendre les mains; mais j'ai vu que cette marque d'affection lui coûtait; et j'ai retiré mes mains précipitamment. « Hélas! hélas! » a-t-il dit, et il est sorti.
Je l'ai rappelé, mais en vain, et je me suis presque éva-
nouie. Rosette, en apportant des lumières dans le salon,
m'a trouvée sans mouvement; elle m'a portée à mon lit,
elle m'a déshabillée pendant qu'on avertissait mon mari;
il est venu, et m'a témoigné beaucoup d'intérêt. J'avais
une extrême impatience d'être seule avec lui, espérant
qu'il me dirait quelque chose qui me consolerait tout à
fait; je voyais tant d'émotion sur sa figure! Je ne pouvais cacher l'ennui que me causaient les interminables
prévenances de Rosette; j'ai fini par lui parler un peu
durement, et Jacques a dit quelques mots en sa faveur.
J'avais les nerfs réellement malades; je ne sais comment
la manière dont Jacques a semblé s'interposer entre moi
et ma femme de chambre m'a causé un mouvement de
colère invincible. Plusieurs fois déjà, ces jours derniers,

11.

je m'étais impatientée contre cette fille, et Jacques m'en avait blâmée. « Je sais bien qu'en toute occasion, lui ai-je dit, vous donnez de préférence raison à Rosette et à moi tout le tort. —Vous êtes réellement malade, ma pauvre Fernande, a-t-il répondu. Rosette, tu fais trop de bruit autour de ce lit, va-t'en ; je te sonnerai si madame a besoin de toi. » Aussitôt j'ai senti combien j'étais injuste et folle. « Oui, je suis malade, » ai-je répondu dès que j'ai été seule avec lui, et je me suis caché la tête dans son sein en pleurant ; il m'a consolée en me prodiguant les plus tendres caresses et en me donnant les plus doux noms. Je n'avais plus la force de demander une autre explication, tant j'avais la tête brisée ; je me suis endormie sur l'épaule de Jacques. Mais ce matin, quand j'ai sonné ma femme de chambre, j'ai vu une autre figure, assez laide et insignifiante. « Qui êtes-vous, ai-je dit, et où est Rosette ? — Rosette est partie, m'a dit Jacques aussitôt en sortant de sa chambre pour répondre à ma question. J'avais besoin d'une ménagère diligente et honnête à ma ferme de Blosse, et j'y ai envoyé Rosette pour le reste de la saison. En attendant que tu la remplaces à ton gré, j'ai fait venir sa sœur pour te servir. » J'ai gardé le silence, mais j'ai trouvé cette leçon bien dure et bien froide. Oh ! j'avais bien compris l'histoire de la romance.

Que faire maintenant ? Je vois que mon bonheur s'en va jour par jour, et je ne sais comment l'arrêter. Évidemment, Jacques se dégoûte de moi, et c'est ma faute ; je ne vois pas qu'il ait envers moi le moindre tort ; je ne vois pas non plus que je sois réellement coupable envers lui. Nous nous faisons du mal mutuellement, comme par une sorte de fatalité ; peut-être s'y prend-il mal avec moi. Il est trop grave, trop sentencieux dans ses avis. Les résolutions qu'il prend, la promptitude avec laquelle il tranche les sujets de trouble entre nous, montrent, ce

me semble, une espèce de hauteur méprisante à mon
égard. Un mot de doux reproche, quelques larmes versées ensemble, et les caresses du raccommodement,
vaudraient bien mieux. Jacques est trop accompli, cela
m'effraie ; il n'a pas de défauts, pas de faiblesses ; il est
toujours le même, calme, égal, réfléchi, équitable. Il
semble qu'il soit inaccessible aux travers de la nature
humaine, et qu'il ne puisse les tolérer dans les autres qu'à
l'aide d'une générosité muette et courageuse ; il ne veut
point entrer en pourparler avec eux. C'est trop d'orgueil.
Moi je suis une enfant, j'ai besoin qu'on me guide et qu'on
me relève quand je tombe. Oui, tu avais raison, Clémence ; je commence à croire que le caractère de Jacques
n'est pas assez jeune pour moi. C'est de là que viendra
mon malheur ; car, à cause de sa perfection, je l'aime
plus que je n'aimerais un jeune homme, et sa raison empêchera peut-être que je m'entende jamais avec lui.

XXIX.

DE JACQUES A SYLVIA.

Je n'ai pas faibli dans ma résolution, je ne me suis pas
une seule fois abandonné à l'impatience, je n'ai pas
commis d'injustice, je n'ai pas agi en mari ; pourtant le
mal fait, ce me semble, des progrès rapides, et si quelque circonstance étrangère ne vient pas le distraire, si
quelque révolution ne s'opère dans les idées de Fernande,
nous aurons bientôt cessé d'être amants. Je souffre, je
l'avoue ; il n'est qu'un bonheur au monde, c'est l'amour ;
tout le reste n'est rien, et il faut l'accepter par vertu.
J'accepterai tout, je me contenterai de l'amitié, je ne me
plaindrai de rien ; mais laisse-moi verser dans ton sein
quelques larmes amères que le monde ne verra pas, et
que Fernande, surtout, n'aura pas la douleur d'ajouter

aux siennes. Six mois d'amour, c'est bien peu ! encore
combien de jours, parmi les derniers, ont été empoison-
nés ! Si c'est la volonté du ciel, soit. Je suis prêt à la fatigue et à la douleur ; mais, encore une fois, c'est perdre
bien vite une félicité au sein de laquelle je me flattais de
rester enivré plus longtemps.

Mais de quoi ai-je à me plaindre ? je savais bien que
Fernande était une enfant, que son âge et son caractère
devaient lui inspirer des sentiments et des pensées que
je n'ai plus ; je savais que je n'aurais ni le droit ni la
volonté de lui en faire un crime. J'étais préparé à tout ce
qui m'arrive ; je ne me suis trompé que sur un point : la
durée de notre illusion. Les premiers transports de l'a-
mour sont si violents et si sublimes, que tout se range à
leur puissance ; toutes les difficultés s'aplanissent, tous
les germes de dissension se paralysent, tout marche au
gré de ce sentiment, qu'on appelle avec raison l'âme du
monde, et dont on aurait dû faire le dieu de l'univers ;
mais quand il s'éteint, toute la nudité de la vie réelle
reparaît, les ornières se creusent comme des ravins, les
aspérités grandissent comme des montagnes. Voyageur
courageux, il faut marcher sur un chemin aride et pé-
rilleux jusqu'au jour de la mort ; heureux celui qui peut
espérer de ressentir un nouvel amour ! Dieu m'a longtemps béni, longtemps il m'a donné la faculté de guérir
et de renouveler mon cœur à cette flamme divine , mais
j'ai fait mon temps, je suis arrivé à mon dernier tour de
roue : je ne dois plus, je ne puis plus aimer. Je croyais
du moins que ce dernier amour réchaufferait les dernières années de la jeunesse de mon cœur et les prolon-
gerait davantage. Je n'ai pas cessé d'aimer encore ; je
serais encore prêt, si Fernande pouvait calmer ses agitations et réparer d'elle-même le mal qu'elle nous a fait ;
à oublier ces orages et à retourner à l'enivrement des

premiers jours ; mais je ne me flatte pas que ce miracle
puisse s'opérer en elle : elle a déjà trop souffert. Avant
peu elle détestera son amour ; elle en a fait un tourment,
un cilice, qu'elle porte encore par enthousiasme et par dévouement. Ces choses-là sont des rêves de jeune femme :
le dévouement tue l'amour et le change en amitié. Eh
bien, l'amitié nous restera ; j'accepterai la sienne, et
laisserai longtemps encore à la mienne le nom d'amour,
afin qu'elle ne la méprise pas. Mon amour, mon pauvre
dernier amour ! je l'embaumerai en silence, et mon cœur
lui servira éternellement de sépulcre ; il ne s'ouvrira
plus pour recevoir un amour vivant. Je sens la lassitude
des vieillards et le froid de la résignation qui envahissent
toutes ses fibres ; Fernande seule peut le ranimer encore
une fois, parce qu'il est encore chaud de son étreinte.
Mais Fernande laisse éteindre le feu sacré et s'endort en
pleurant ; le foyer se refroidit, bientôt la flamme se sera
envolée.

Tu me donnes un conseil bien impossible à suivre ; tu
mets le doigt sur la plaie en disant que nous ne nous
comprenons pas ; mais tu m'engages à me faire comprendre, et tu ne songes pas que l'amour ne se démontre
pas comme les autres sentiments. L'amitié repose sur
des faits et se prouve par des services ; l'estime peut se
soumettre à des calculs mathématiques ; l'amour vient
de Dieu ; il y retourne et il en redescend au gré d'une
puissance qui n'est pas dans les mains de l'homme.
Pourquoi ne te fais-tu pas comprendre d'Octave ? par les
mêmes raisons qui font que Fernande ne me comprend
plus. Octave n'a pu atteindre à ce degré d'enthousiasme
qui fait l'amour grand et sublime ; Fernande l'a déjà
perdu. Le soupçon a empêché l'amour d'Octave de prendre son développement ; un peu d'égoïsme a paralysé
celui de Fernande. Comment veux-tu que je lui prouve

qu'elle doit me préférer à elle-même et me cacher ses
souffrances comme je lui cache les miennes? J'ai la force
de renfermer ma douleur et d'étouffer mes légers ressentiments; chaque jour, après quelques instants de lutte
solitaire, je reviens à elle sans rancune, prêt à oublier
tout et à ne lui adresser jamais une plainte; mais je retrouve ses yeux humides, son cœur oppressé et le reproche sur ses lèvres; non ce reproche évident et grossier
qui ressemble à l'injure, et qui me guérirait sur-le-champ
et de l'amour et de l'amitié, mais le reproche délicat,
timide, qui fait une blessure imperceptible et profonde.
Ce reproche-là, je le comprends, je le recueille; il entre
jusqu'au fond de mon cœur. Oh! quelle souffrance pour
l'homme qui voudrait au prix de sa vie ne l'avoir jamais
fait naître, et qui sent dans les plus secrets replis de son
âme qu'il ne l'a jamais mérité! Elle souffre, la malheureuse enfant, parce qu'elle est faible, parce qu'elle s'a-
bandonne à ces misérables chagrins que j'étouffe, parce
qu'elle sent qu'elle a tort de s'y abandonner et qu'elle
perd à mes yeux de sa dignité. Son orgueil souffre alors,
et mes efforts pour le relever et le guérir sont vains; elle
les attribue à la générosité, à la compassion, et n'en est
que plus triste et plus humiliée. Mon amour devient trop
sévère pour elle; elle se croit obligée de l'implorer, elle
ne le comprend plus.

Il y a quelque temps, elle se jeta à mes pieds pour me
le redemander. Un mari eût été touché peut-être de cet
acte de soumission; pour moi, j'en fus révolté. Il me
rappela les scènes orageuses que plusieurs fois j'ai eu à
supporter quand, après avoir perdu mon estime, les
femmes que j'ai aimées ont voulu en vain ressaisir mon
amour. Voir Fernande dans cette situation! elle si sainte
et si vierge de souillure! cela me fit horreur. Oh! ce
n'est pas ainsi que je veux être aimé; inspirer à ma

femme le sentiment qu'un esclave a pour son maître ! Il
me sembla qu'elle se mettait dans cette attitude pour
faire abjuration de notre amour et me promettre quelque
autre sentiment. Elle ne comprit pas le mal qu'elle me
faisait, et elle me fit peut-être dans son cœur un crime
de n'avoir pas été reconnaissant de ce qu'elle tentait pour
me guérir. Pauvre Fernande !

Tu me recommandes d'être avec elle ce que j'ai été
avec toi ! Tu crois donc, Sylvia, que c'est moi qui t'ai
faite ce que tu es ? Tu crois qu'une créature humaine
peut donner à une autre la force et la grandeur ? Souviens-toi de la fable de Prométhée, que les dieux puni-
rent, non pour avoir fait un homme, mais pour s'être
flatté de lui donner une âme. La tienne était déjà vaste
et brûlante quand j'y versai la faible lumière de ma réflexion et de mon expérience ; mais, loin de l'exalter, je
ne m'occupai qu'à l'éclairer ; je tâchai de diriger vers un
but digne d'elle la vigueur de son élan et l'ardeur de ses
affections. Je ne fis que lui ouvrir une route ; c'est Dieu
qui lui avait donné des ailes pour s'y élancer. Tu avais
été élevée au désert ; ton intelligence était si verte et si
fraîche, qu'elle s'ouvrait à toutes les idées ; mais cela
n'eût pas suffi, si ton cœur n'eût pas été préparé aux sentiments dont je te parlais : tu aurais tout compris sans
rien sentir. En un mot, je ne songeai point à t'inspirer,
je cherchai à t'instruire. Si je ne l'eusse pas fait, peut-
être n'aurais-tu pas appris l'usage des dons de Dieu ;
mais certainement ils ne se seraient point perdus sans
t'enseigner une conduite noble et ferme dans toutes les
occasions sérieuses de ta vie.

Fernande, avec une organisation moins puissante, a
eu à combattre les funestes influences des préjugés au
milieu desquels elle a grandi ; meilleure peut-être que
tout ce qui appartient à la société, elle ne pourra jamais

se défaire impunément des idées que la société révère.
On ne lui a pas fait, comme à toi, un corps et une âme
de fer ; on lui a parlé de prudence, de raison, de certains
calculs pour éviter certaines douleurs, et de certaines réflexions pour arriver à un certain bien-être que la société
permet aux femmes à de certaines conditions. On ne lui
a pas dit comme à toi : « Le soleil est âpre et le vent est
rude ; l'homme est fait pour braver la tempête sur mer,
la femme pour garder les troupeaux sur la montagne
brûlante. L'hiver, viennent la neige et la glace, tu iras
dans les mêmes lieux, et tu tâcheras de te réchauffer à
un feu que tu allumeras avec les branches sèches de la
forêt ; si tu ne veux pas le faire, tu supporteras le froid
comme tu pourras. Voici la montagne, voici la mer, voici
le soleil ; le soleil brûle, la mer engloutit, la montagne
fatigue. Quelquefois les bêtes sauvages emportent les
troupeaux et l'enfant qui les garde : tu vivras au milieu
de tout cela comme tu pourras ; si tu es sage et brave,
on te donnera des souliers pour te parer le dimanche. »
Quelles leçons pour une femme qui devait un jour vivre
dans la société et profiter des raffinements de la civilisation ! Au lieu de cela, on apprenait à Fernande comment on fuit le soleil, le vent et la fatigue. Quant aux
dangers que tu affrontais tranquillement, elle savait à
peine s'ils pouvaient exister dans la contrée où elle vi-
vait ; elle en lisait avec effroi la relation dans quelque
voyage au Nouveau Monde. Son éducation morale fut la
conséquence de cette éducation physique. Nul n'eut la
sagesse de lui dire : « La vie est aride et terrible, le
repos est une chimère, la prudence est inutile ; la raison
seule ne sert qu'à dessécher le cœur ; il n'y a qu'une
vertu, l'éternel sacrifice de soi-même. » C'est avec cette
rudesse que je te traitai quand tu m'adressas les premières
questions ; c'était te rejeter bien loin des contes de fées

dont tu t'étais nourrie ; mais cet amour du merveilleux
n'avait rien gâté en toi. Quand je te retrouvai au couvent, tu ne croyais déjà plus aux prodiges, mais tu les
aimais encore, parce que ton imagination y trouvait la
personnification allégorique de toutes les idées d'équité
chevaleresque et de courage entreprenant qui ressor-
taient de ton caractère. Je te parlai de vivre et de souffrir, d'accepter tous les maux et de ne faire plier à aucune des lois de ce monde l'amour de la justice. Je ne
trouvai pas nécessaire de t'en dire davantage : tu avais
dans le caractère des particularités que le monde eût
appelées défauts, et que je respectai comme les conséquences d'un tempérament hardi et généreux. J'ai horreur de ce tempérament de convention que la société
fait aux femmes, et qui est le même pour toutes. Le bon
cœur sincère et ingénu de Fernande se révolta contre ce
joug, et je l'ai aimée à cause de sa haine pour la pédan-
terie et la fausseté de son sexe. Mais cette forte éducation que je n'avais pas craint de te donner, je n'aurais
jamais osé l'essayer avec Fernande ; elle s'était fait à
elle-même un monde d'illusions tel que se le font les
femmes dont l'âme aimante veut résister au bandeau
flétrissant du préjugé ; elle avait ce caractère adorable,
mais funeste, que l'on appelle romanesque, et qui consiste à ne voir les choses ni comme elles sont dans la
société, ni comme elles sont dans la nature ; elle croyait
à un amour éternel, à un repos que rien ne devait troubler. Un instant j'eus envie d'essayer son courage et de
lui dire qu'elle se trompait ; mais ce courage me manqua
à moi-même. Comment aurais-je pu, lorsqu'elle m'appelait son Messie, lorsqu'elle aussi, à dix-sept ans, me
traitait en génie de conte féerique, comme toi à dix ans,
me résoudre à lui dire : « Le repos n'existe pas, l'amour
n'est qu'un rêve de quelques années au plus ; l'existence

que je t'offre de partager avec moi sera pénible et douloureuse, comme toutes les existences de ce monde! »
J'essayai bien de le lui faire comprendre lorsqu'elle me
demanda, enfant qu'elle est! le serment d'un amour
éternel. Elle feignit d'accepter tous les dangers de l'avenir, elle se persuada du moins qu'elle les acceptait;
mais je vis bien qu'elle n'y croyait pas. Son découragement et sa consternation me prouvent assez maintenant
qu'elle n'avait pas prévu les plus simples contrariétés de
la vie ordinaire. Eh! que ferai-je aujourd'hui? Irai-je
lui parler en pédagogue, de souffrance, de résignation et
de silence? Irai-je tout à coup la réveiller au milieu de
son rêve et lui dire : « Tu es trop jeune, viens à moi qui
suis vieux, afin que je te vieillisse? Voilà que ton amour
s'en va; il en devait être ainsi, et il en sera de même
de tous les bonheurs de ta vie ! » Non. Si je n'ai pas su
lui donner le présent, je veux lui laisser du moins l'avenir. Je ne puis pas causer avec elle, tu le vois ! Il m'ar-
riverait de me faire détester, et un matin elle lirait mes
trente-cinq ans sur mon visage. Il faut que je la traite
en enfant le plus longtemps possible ; au fait, je pourrais
être son père, pourquoi dérogerais-je à ce rôle? Je ne la
consolerai, je ne prolongerai son amour, s'il est possible,
que par de douces paroles et de douces caresses; et
quand elle ne m'aimera plus que comme un père, je la
délivrerai de mes caresses et je l'entourerai de mes soins.
Je ne me sens ni offensé ni blessé de sa conduite; j'accepte sans colère et sans désespoir la perte de mon illusion; ce n'est ni sa faute ni la mienne.

Mais je suis triste à la mort. O solitude! solitude du
cœur !

XXX.

DE FERNANDE A CLÉMENCE.

Jacques m'a fait aujourd'hui un très-grand plaisir : il m'a donné une preuve de confiance. « Mon amie, m'a-t-il dit, je désire appeler auprès de nous une personne que j'aime beaucoup, et que, j'en suis sûr, vous aimerez aussi. Il faudra que vous m'aidiez à l'arracher à la solitude où elle vit, et à l'attacher, au moins pour quelque temps, auprès de nous. — Je ferai ce que vous voudrez, et j'aimerai qui tu voudras, ai-je répondu, à moitié triste et à moitié gaie, comme je suis souvent maintenant. — Je ne t'ai jamais parlé, a-t-il repris, d'une amie qui m'est bien chère, et que j'ai, pour ainsi dire, élevée : c'est la fille naturelle de mon meilleur ami, qui me l'a recommandée à son lit de mort. Ne me fais jamais de question à cet égard ; j'ai fait serment de ne jamais dire le nom des parents de cette jeune fille qu'en de certaines circonstances dont moi seul puis être juge. C'est moi qui l'ai mise au couvent, et qui l'en ai retirée pour l'établir dans les divers pays où elle a désiré vivre, d'abord en Italie, puis en Allemagne, maintenant en Suisse ; elle vit loin de la société, dans une indépendance que le monde trouverait bizarre, mais qui n'a rien que de raisonnable et de légitime chez celui qui ne demande rien au monde et qui ne s'ennuie pas de l'isolement.

— Est-elle jeune ? ai-je demandé. — Vingt-cinq ans. — Et jolie ? ai-je ajouté avec précipitation. — Très-jolie, » a répondu Jacques sans paraître s'apercevoir de la rougeur qui me montait au visage. J'ai fait beaucoup d'autres questions sur son caractère, auxquelles Jacques a répondu de manière à me faire aimer cette inconnue ; mais néanmoins j'ai fait un grand effort pour lui dire que j'au-

rais beaucoup de plaisir à l'avoir près de moi, et quand
je me suis trouvée seule, j'ai senti que j'éprouvais tous
les tourments de la jalousie. Je ne croyais certes pas que
Jacques fût amoureux de cette femme et qu'il voulût
l'amener dans notre maison pour en faire de nouveau sa
maîtresse. Jacques est trop noble, trop délicat pour cela;
mais je craignais que cette amitié si vive entre lui et
cette jeune femme n'eût commencé par quelque autre
sentiment. Il ne s'y sera pas abandonné, pensais-je; la
raison et l'honneur auront vaincu cette tendresse trop
vive pour sa protégée; mais il aura souvent été ému près
d'elle; il n'aura pas vu impunément tant de beauté, d'esprit et de talents; il aura peut-être songé plus d'une fois
à en faire sa femme, et il lui sera resté au moins pour
elle cet indéfinissable sentiment qu'on doit avoir pour
l'objet d'un ancien amour. Jacques est si étrange quelquefois ! Peut-être qu'il veut la placer entre nous comme
conciliatrice au milieu de nos chagrins; peut-être qu'il
me la proposera pour modèle, ou qu'au moins, comme
elle sera beaucoup plus parfaite que moi, il fera malgré
lui, quand j'aurai quelque tort, des comparaisons entre
elle et moi qui ne seront point à mon avantage. Cette
idée me remplissait de douleur et de colère; je ne sais
pourquoi j'éprouvais un besoin invincible de questionner
encore Jacques, mais je ne l'osais pas, et je craignais
qu'il ne devinât mes soupçons. Enfin, vers le soir, comme
nous causions assez gaiement de choses générales qui
pouvaient avoir un rapport éloigné avec notre position,
je pris courage, et, feignant de plaisanter, je lui demandai presque clairement ce que je désirais savoir. Il
resta quelques instants silencieux; j'observai son visage, et
il me fut impossible d'en interpréter l'expression. Jacques
est souvent ainsi, et je défie qui que ce soit de savoir s'il
est calme ou mécontent dans ces moments-là. Enfin, il

me tendit la main, en me disant d'un air grave : « Est-ce
que tu me croirais capable d'une lâcheté? — Non, m'é-
criai-je vivement en portant sa main à mes lèvres. —
Mais d'une trahison? ajouta-t-il. — Non, non, jamais. —
Mais de quoi donc alors? car tu m'as soupçonné de quelque chose, ajouta-t-il en me regardant avec cet air de
pénétration auquel je ne saurais résister. — Eh bien, oui,
répondis-je avec embarras, je t'ai accusé d'imprudence.
— Explique-toi, dit-il. — Non, répondis-je; fais-moi un
serment, et je serai à jamais tranquille. — Un serment
entre nous! dit-il d'un ton de reproche. — Ah! tu sais
que je suis faible, répondis-je, et qu'il faut me traiter
avec condescendance; que ton orgueil ne se révolte pas,
et qu'il s'humanise un peu avec moi; jure-moi que tu
n'as jamais eu d'amour pour cette jeune personne et que
tu es sûr de n'en avoir jamais. » Jacques sourit et me
demanda de lui dicter la formule du serment. Je lui dis
de jurer par son honneur et par notre amour. Il y con-
sentit avec douceur et me demanda si j'étais contente.
Alors, voyant que j'avais été folle, je me sentis très-hon-
teuse et craignis de l'avoir offensé; mais il me rassura
par des paroles et des manières affectueuses. Je pense
donc à présent que j'ai bien fait d'être franche et de lui
avouer mes inquiétudes sans fausse honte. Avec quelques
mots d'explication, il m'a tranquillisée pour toujours, et
je n'ai plus la moindre répugnance à bien accueillir son
amie. Peut-être que si je lui avais toujours dit naturellement ce qui se passait dans ma pauvre tête, nous n'aurions jamais souffert. Depuis cette explication, je me
sens heureuse et tranquille plus que je ne l'ai été depuis
longtemps. Je suis reconnaissante de la complaisance
que Jacques a eue de me rassurer par une formule qui
me semble à moi-même à présent réellement puérile,
mais sans laquelle je serais peut-être au désespoir au-

jourd'hui. En général, Jacques me traite ou trop en enfant, ou trop en grande personne ; il s'imagine que je dois l'entendre à demi-mot, et ne jamais donner une interprétation déraisonnable à ce qu'il dit. S'il s'aperçoit qu'il n'en est point ainsi, il désespère de redresser mon jugement, et il m'abandonne à mon erreur avec une sorte de dédain qui m'offense, au lieu de m'accorder quelques paroles qui me guériraient complétement. Jacques est trop parfait pour moi, voilà ce qu'il y a de sûr ; il ne sait pas assez me dissimuler mon infériorité ; il sait consoler mon cœur, il ne sait pas ménager mon amour-propre. Je sens ce qu'il faudrait être pour être son égale, et je sens que cela me manque ! Oh ! combien mon sort est différent de ce que j'avais rêvé ! Ni mon espoir, ni mes craintes ne se sont réalisés ; Jacques est mille fois au-dessus de ce que j'avais espéré ; je n'avais pas l'idée d'un caractère aussi généreux, aussi calme, aussi impassible ; mais je comptais sur des joies que je ne trouve pas avec lui, sur plus d'abandon, d'épanchement et de *camaraderie*. Je me croyais son égale, et je ne le suis pas.

XXXI.

DE JACQUES A SYLVIA.

Il semble que Fernande caresse maintenant ses puérilités ; elle en rougissait d'abord, elle les cachait ; je feignais, pour ménager son orgueil, de ne pas m'en apercevoir, je pouvais alors espérer qu'elle les vaincrait ; à présent elle les montre ingénument, elle en rit, elle s'en vante presque ; j'en suis venu à m'y plier entièrement, et à la traiter comme un enfant de dix ans. Oh ! si j'avais moi-même dix ans de moins, j'essaierais de lui montrer qu'au lieu d'avancer dans la vie morale elle recule, et perd, à écarter les moindres épines de son chemin, le temps qu'elle pourrait employer à s'ouvrir une nouvelle route, plus belle et plus spacieuse ; mais je crains trop le rôle de pédant et je suis trop vieux pour le risquer. Il y a quelques jours, je lui parlai de toi et du désir que j'avais de t'attirer pour quelque temps près de nous ; les questions qu'elle me fit sur ton âge et sur ta figure me montrèrent assez ses perplexités, et elle finit par me demander un serment solennel qui lui assurât que je n'avais pour toi que les sentiments d'un frère. Elle ne trouva pas dans son cœur, dans son estime pour moi, une garantie assez forte contre ces misérables soupçons ; elle me crut capable de l'avilir et de la désespérer pour mon plaisir ! elle s'abandonna à ces craintes tout un jour, et quand j'eus fait le serment qu'elle exigeait, elle se trouva parfaitement contente. Hélas ! toutes les femmes, excepté toi, Sylvia, se ressemblent donc ! J'ai fait avec douceur ce que demandait Fernande, mais j'ai cru relire un des éternels chapitres de ma vie.

Oh ! qu'elle est insipide et monotone cette vie en apparence si agitée, si diverse et si romanesque ! Les faits diffèrent entre eux par quelques circonstances seulement, les hommes par quelques variétés de caractère ; mais me voici, à trente-cinq ans, aussi triste, aussi seul au milieu d'eux que lorsque j'y fis mes premiers pas ; j'ai vécu en vain. Je n'ai jamais trouvé d'accord et de similitude entre moi et tout ce qui existe ; est-ce ma faute ? est-ce celle d'autrui ? Suis-je un homme sec et dépourvu de sensibilité ? ne sais-je point aimer ? ai-je trop d'orgueil ? Il me semble que personne n'aime avec plus de dévouement et de passion ; il me semble que mon orgueil se plie à tout, et que mon affection résiste aux plus terribles épreuves. Si je regarde dans ma vie passée, je n'y vois qu'abnégation et sacrifice ; pourquoi

donc tant d'autels renversés, tant de ruines et un si épouvantable silence de mort? Quai-je fait pour rester ainsi
seul et debout au milieu des débris de tout ce que j'ai
cru posséder? Mon souffle fait-il tomber en poussière tout
ce qui l'approche? Je n'ai pourtant rien brisé, rien pro-
fané; jai passé en silence devant les oracles imposteurs,
j'ai abandonné le culte qui m'avait abusé sans écrire ma
malédiction sur les murs du temple; personne ne s'est
retiré d'un piége avec plus de résignation et de calme.
Mais la vérité que je suivais secouait son miroir étince-
lant, et devant elle le mensonge et l'illusion tombaient,
rompus et brisés comme l'idole de Dagon devant la face
du vrai Dieu; et j'ai passé en jetant derrière moi un
triste regard et en disant : « N'y a-t-il rien de vrai,
rien de solide dans la vie, que cette divinité qui marche
devant moi en détruisant tout sur son passage et en ne
s'arrêtant nulle part? »

Pardonne-moi ces tristes pensées, et ne crois pas que
j'abandonne ma tâche; plus que jamais je suis déter-
miné à accepter la vie. Dans deux mois je serai père;
je n'accueille point cette espérance avec les transports
d'un jeune homme, mais je reçois cet austère bienfait de
Dieu avec le recueillement d'un homme qui comprend
le devoir. Je ne m'appartiens plus, je ne donnerai plus
à mes tristes pensées la direction qu'elles eurent souvent; je ne saurais m'abandonner à ces joies puériles de
la paternité, à ces rêves ambitieux dont je vois les autres occupés pour leur postérité; je sais que j'aurai
donné la vie à un infortuné de plus sur la terre, voilà
tout. Ce que j'ai à faire, c'est de lui enseigner comment
on souffre sans se laisser avilir par le malheur.

J'espère que cet événement distraira Fernande, et diri-
gera toutes ses sollicitudes vers un but plus utile que de
tourmenter et d'interroger sans cesse un cœur qui lui

appartient et qui ne s'est rien réservé en s'abandonnant
à elle; si elle n'est pas guérie de cette maladie morale
lorsqu'elle aura son enfant dans les bras, il faudra que
tu viennes t'asseoir entre nous, Sylvia, pour rendre notre vie plus douce, et prolonger autant que possible ce
demi-amour, ce demi-bonheur qui nous reste. J'espère
de ta présence un grand changement : ton caractère fort
et résolu étonnera Fernande d'abord, et puis lui fera, je
n'en doute pas, une impression salutaire ; tu protégeras
mon pauvre amour contre les conseils de sa pusillanimité, et peut-être contre ceux de sa mère. Elle reçoit des
lettres qui l'attristent beaucoup ; je ne veux rien apprendre
à cet égard, mais, je le vois clairement, quelque dangereuse amitié ou quelque malice cruelle envenime ses
douleurs. Oh ! que ne peut-elle les verser dans un cœur
digne de les adoucir ! Mais les épanchements de l'amitié
sont funestes pour un caractère comme le sien, quand
ils ne sont pas reçus dans une âme d'élite. Je n'ai rien
à faire pour remédier à ce mal : jamais je n'agirai en
maître, dût-on égorger mon bonheur dans mes bras.

XXXII.

DE FERNANDE A CLÉMENCE.

Nos jours s'écoulent lentement et avec mélancolie. Tu
as raison, il me faudrait quelque distraction ; avec l'espèce de spleen que j'ai, on meurt vite à mon âge si l'on
est abandonné à la mauvaise influence ; on guérit vite
aussi et facilement si l'on est arraché à ces préoccupa-
tions funestes ; car la nature a d'immenses ressources ;
mais le moyen dans ce moment-ci ! Je touche au dernier terme de ma grossesse, et je suis si souffrante et si
fatiguée que je suis forcée de rester tout le jour sur une

chaise longue ; je n'ai pas la force de m'occuper par moi-même. Je surveille les travaux de ma layette, que je fais exécuter par Rosette ; j'ai obtenu de Jacques qu'il la rappelât ; elle travaille fort bien , elle est fort douce et quelquefois assez drôle. Quand Jacques n'est pas auprès de moi, je la fais asseoir près de mon sofa pour me distraire ; mais au bout d'un instant elle m'ennuie. Jacques est devenu, ce me semble , d'une gravité effrayante, il fume cinq heures sur six. Autrefois, j'avais un plaisir extrême à le voir étendu sur un tapis et fumant des parfums ; il est vraiment très-beau dans cette attitude nonchalante et avec une robe de chambre de soie à fleurs, qui lui donne l'air tout à fait sultan. Mais c'est un coup d'œil dont je commence à me lasser à force d'en jouir ; je ne comprends pas qu'on puisse rester si longtemps dans ce morne silence et dans cette immobilité, sans devenir soi-même tapis, carreau ou fumée de tabac. Jacques semble noyé dans la béatitude. A quoi peut-il penser si longtemps ? Comment un esprit aussi actif peut-il subsister dans un corps si indolent ? Je me permets quelquefois de croire que son imagination se paralyse, que son âme s'endort, et qu'un jour on nous trouvera changés tous deux en statues. Cette pipe commence à m'ennuyer sérieusement ; je serais très-soulagée si je pouvais le dire un peu ; mais aussitôt Jacques casserait toutes ses pipes d'un air tranquille et se priverait à jamais du plus grand plaisir qu'il ait peut-être dans la vie. Les hommes sont bien heureux de s'amuser de si peu de chose ! Ils prétendent que nous sommes des êtres puérils ; pour moi, il me serait impossible de passer les trois quarts de la journée à chasser de ma bouche des spirales de fumée plus ou moins épaisses. Jacques y trouve de telles délices, que jamais femme ne me fera plus de tort dans son cœur que sa pipe de bois de cèdre

incrustée de nacre. Pour lui plaire, je serai forcée de
me faire envelopper d'une écorce semblable, et de me
coiffer d'un turban d'ambre surmonté d'une pointe.

Voilà la première fois, depuis bien des jours, que je
me sens la force de rire de mon ennui ; ce qui m'inspire
ce courage, c'est l'espoir d'être bientôt mère d'un beau
petit enfant qui me consolera de tous les dédains de
M. Jacques. Oh ! comme je l'aime déjà ! comme je le
rêve joli et couleur de rose ! Sans les châteaux en Es-
pagne que je fais sur son compte du matin au soir, je
périrais de mélancolie ; mais je sens que mon enfant me
tiendra lieu de tout, qu'il m'occupera exclusivement,
qu'il dissipera tous les nuages qui ont obscurci mon bonheur. Je suis très-occupée à lui chercher un nom, et je
feuillette tous les livres de la bibliothèque sans en trouver un qui me semble digne de ma fille ou de mon fils.
J'aimerais mieux avoir une fille ; Jacques dit qu'il le désire à cause de moi ; je le trouve un peu trop indifférent
à cet égard. Si je lui donne un fils, il prendra cela comme
une grâce du hasard et ne m'en saura aucun gré. Je me
souviens des transports de joie et d'orgueil de M. Borel,
lorsque Eugénie est accouchée d'un garçon. Le pauvre
homme ne savait comment lui prouver sa reconnaissance ; il a été à Paris en poste lui acheter un écrin magnifique. C'est bien enfant pour un vieux militaire, et
pourtant cela était touchant comme toutes les choses
simples et spontanées. Jacques est trop philosophe pour
s'abandonnner à de semblables folies : il se moque des
longues discussions que j'ai avec Rosette pour la forme
d'un bonnet et le dessin d'une chemisette. Cependant
il s'est occupé du berceau avec beaucoup d'attention ; il
l'a fait refaire deux ou trois fois, parce qu'il ne le trouvait pas assez aéré, assez commode, assez assuré contre
les accidents qui pouvaient y atteindre son héritier. Cer-

tainement il sera bon père ; il est si doux, si attentif, si
dévoué à tout ce qu'il aime , ce pauvre Jacques ! vraiment, il mériterait une femme plus raisonnable que moi.
Je gage qu'avec toi, Clémence, il eût été le plus heureux
des hommes. Mais il faudra qu'il se contente de sa pauvre
folle de Fernande , car je ne suis pas disposée à l'abandonner aux consolations d'une autre, pas même aux
tiennes. Je te vois d'ici pincer les lèvres d'un petit air
dédaigneux et dire que j'ai bien mauvais ton ; que veux-
tu ? quand on s'ennuie !

Ma mère m'écrit lettres sur lettres, elle est réellement
très-bonne pour moi ; Jacques et toi, vous avez tort de
lui en vouloir. Elle a des défauts et des préjugés qui,
dans l'intimité, la rendent quelquefois un peu désagréable ; mais elle a un bon cœur, et elle m'aime véritablement. Elle s'inquiète de mon état plus que de raison,
et parle de venir m'assister dans mes couches ; je le désirerais pour moi, mais je crains pour Jacques, qui ne
peut pas la souffrir. Je suis malheureuse en tout; pourquoi cette antipathie pour une personne qu'il connaît
assez peu et qui n'a jamais eu que de bons procédés
envers lui? cela me semble injuste, et je ne reconnais
pas là la calme et froide équité de Jacques. Il faut donc
que chacun ait son caprice, même lui qui est si parfait
et à qui cela sied si peu !

XXXIII.

DE JACQUES A SYLVIA.

Ma femme est mère de deux jumeaux, un fils et une
fille, tous deux forts et bien constitués ; j'espère qu'ils
vivront l'un et l'autre. Fernande les nourrit alternativement avec une nourrice, afin, dit-elle, de ne pas faire
de jaloux ; elle est tellement occupée d'eux que désor-

mais j'espère qu'elle aura peu de temps pour s'affliger de tout ce qui leur sera étranger. Maintenant elle reporte sur eux toute sa sollicitude, et je suis obligé d'interposer mon autorité pour qu'elle ne les fasse pas mourir par l'excès de sa tendresse : elles les réveille quand ils sont endormis pour les allaiter, et les sèvre quand ils ont faim; elle joue avec eux comme un enfant avec un nid d'oiseaux; elle est vraiment bien jeune pour être mère! Je passe mes journées auprès de ce berceau; je vois que déjà, moi homme, je suis nécessaire à ces créatures à peine écloses. La nourrice, comme toutes les femmes de sa classe, est remplie d'imbéciles préjugés auxquels Fernande ajoute foi plus volontiers qu'aux simples conseils du bon sens; heureusement elle est si bonne et si douce, qu'elle accorde à une prière affectueuse ce que ne lui inspire pas son jugement.

J'éprouve, depuis que j'ai ces deux pauvres enfants, une mélancolie plus douce; penché sur eux durant des heures entières, je contemple leur sommeil si calme et ces faibles contractions des traits qui trahissent, à ce que je m'imagine, l'existence de la pensée chez eux. Il y a, j'en suis sûr, de vagues rêves des mondes inconnus dans ces âmes encore engourdies; peut-être qu'ils se souviennent confusément d'une autre existence et d'un étrange voyage à travers les nuées de l'oubli. Pauvres êtres, condamnés à vivre dans ce monde-ci, d'où viennent-ils? seront-ils mieux ou plus mal dans la vie qu'ils recommencent? Puissé-je leur en alléger le poids pendant quelque temps! mais je suis vieux, et ils seront encore jeunes quand je mourrai...

J'ai eu une légère contestation avec Fernande pour leurs noms; je la laissais absolument libre de leur donner ceux qui lui plaisaient, à condition que ni l'un ni l'autre ne recevraient celui de sa mère, et précisément elle désirait que sa fille s'appelât Robertine; elle m'objectait l'usage, le devoir. J'ai été presque obligé de lui dire que son devoir était de m'obéir; j'ai horreur de ces mots et de cette idée; mais je haïrais ma fille si elle portait le nom d'une pareille femme. Fernande a beaucoup pleuré en disant que je voulais la brouiller avec sa mère, et elle s'est rendue malade pour cette contrariété. En vérité, je suis malheureux. Tu devrais venir près de nous, mon amie; tu devrais essayer de combattre l'influence que l'on exerce sur elle à mon préjudice. Je ne sais pas si ma prière est indiscrète; tu ne m'as rien dit d'Octave depuis bien longtemps, et comme il me semble que tu affectes de ne m'en point parler, je n'ose pas t'interroger. S'il est auprès de toi, si tu es heureuse, ne me sacrifie pas un seul des beaux jours de ta vie; ces jours-là sont si rares! Si tu es seule, si tu n'as pas de répugnance à venir, consulte-toi.

XXXIV.

DE SYLVIA A OCTAVE.

Des circonstances étrangères à vous et à moi, et sur lesquelles il m'est impossible de vous donner le moindre renseignement, me forcent à partir, je ne saurais vous dire pour combien de temps. Je tâcherais de m'expliquer davantage et d'adoucir par des promesses ce que cette nouvelle peut avoir pour vous de désagréable, si je croyais que votre amour pût supporter cette épreuve; mais, si légère qu'elle soit, elle sera encore au-dessus de vos forces, et je ne prendrai point une peine inutile, dont vous ririez vous-même au bout de quelques jours. Vous êtes donc absolument libre de chercher les distractions qui vous conviendront; je ne puis rien pour votre bonheur, et vous encore moins pour le mien. Nous

nous aimons réellement, mais sans passion. Je me suis
imaginé quelquefois, et vous bien souvent, que cet amour
était beaucoup plus fort qu'il ne l'est en effet; mais, à
voir les choses comme elles sont, je suis votre ami, votre
frère, bien plus que votre compagne et votre maîtresse;
tous nos goûts, toutes nos opinions diffèrent; il n'est
point de caractères plus opposés que les nôtres. La solitude, le besoin d'aimer, et des circonstances romanesques, nous ont attachés l'un à l'autre; nous nous sommes
aimés loyalement, sinon noblement. Votre amour inquiet
et soupçonneux me faisait continuellement rougir, et ma
fierté vous a souvent blessé et humilié. Pardonnez-moi
les chagrins que je vous ai causés, comme je vous pardonne ceux qui me sont venus de vous; après tout, nous
n'avons rien à nous reprocher mutuellement. On ne refait
pas son âme tout entière, et il eût fallu que ce miracle
s'opérât en vous ou en moi, pour faire de notre amour
un lien assorti et durable. Nous ne nous sommes jamais
trompés, jamais trahis; que ce souvenir nous console
des maux que nous avons soufferts, et qu'il efface celui
de nos querelles. J'emporte de vous l'idée d'un caractère
faible, mais honnête, d'une âme non sublime, mais
pure; vous avez bien assez de qualités pour faire le bonheur d'une femme moins exigeante et moins rêveuse que
moi. Je ne conserve aucune amertume contre vous. Si
mon amitié a pour vous quelque prix, soyez assuré
qu'elle ne vous manquera jamais; mais ce que j'ai encore d'amour pour vous dans le cœur ne peut servir qu'à
nous faire souffrir l'un et l'autre. Je travaillerai à l'é-
touffer; et, quoi qu'il en arrive, vous pouvez disposer de
vous-même comme vous l'entendrez; jamais vestige de
cet amour n'entravera les voies de votre avenir.

XXXV.

DE FERNANDE A CLÉMENCE.

L'inconnue est arrivée. Ce matin, Rosette est venue appeler Jacques d'un air tout mystérieux, et, peu d'instants après, Jacques est rentré, tenant par la main une grande jeune personne en habit de voyage, et la poussant dans mes bras, il m'a dit : « Voilà mon amie, Fernande ; si tu veux me rendre bien heureux, sois aussi la sienne. » Elle est si belle, cette amie, que, malgré moi, j'ai fait un pas en arrière, et j'ai un peu hésité à l'embrasser ; mais elle m'a jeté ses bras autour du cou en me tutoyant, et en me caressant avec tant de franchise et d'amitié, que les larmes me sont venues aux yeux, et que je me suis mise à pleurer, moitié de plaisir, moitié de tristesse, et vraiment sans trop savoir pourquoi, comme il m'arrive souvent. Alors Jacques, nous entourant chacune d'un de ses bras, et déposant un baiser sur le front de l'étrangère et un baiser sur mes lèvres, nous a pressées toutes deux sur son cœur, en disant : « Vivons ensemble, aimons-nous, aimons-nous ; Fernande, je te donne une bonne, une véritable amie ; et toi, Sylvia, je te confie ce que j'ai de plus cher au monde. Aide-moi à la rendre heureuse, et quand je ferai quelque sottise, gronde-moi ; car, pour elle, c'est un enfant qui ne sait pas exprimer sa volonté. O mes deux filles ! aimez-vous, pour l'amour du vieux Jacques qui vous bénit. » Et il s'est mis à pleurer comme un enfant. Nous avons passé tout le jour ensemble ; nous avons promené Sylvia dans tous les jardins. Elle a montré une tendresse extrême pour mes jumeaux, et veut remplacer Rosette dans tous les soins dont ils auront besoin. Elle est vraiment charmante, cette Sylvia, avec son ton brusque et

bon, ses grands yeux noirs si affectueux et ses manières
franches. Elle est Italienne, autant que j'en puis juger par
son accent et par une espèce de dialecte qu'elle parle
avec Jacques. Ce dernier point me contrarie bien un peu ;
ils peuvent se dire tout ce qu'ils veulent, et je comprends
à peine quelques mots de leur entretien. Mais que je sois
jalouse ou non, il m'est impossible de ne pas aimer une
personne qui semble si dévouée à m'aimer. Elle s'est retirée de bonne heure, et Jacques m'a remerciée du bon
accueil que je lui avais fait, avec une chaleur de reconnaissance qui m'a fait à la fois de la peine et du plaisir.
Je suis bien contente de trouver une occasion de prouver à Jacques que je lui suis soumise aveuglément, et
que je puis sacrifier les faiblesses de mon caractère au
désir de le rendre heureux. Mais enfin, sais-tu, Clémence, que tout cela est bien extraordinaire, et qu'il y
a bien peu de femmes qui pussent voir, sans souffrir,
une amitié si vive entre leur mari et une autre femme
jeune et belle? Quand j'ai consenti à la recevoir, je ne
savais pas, je ne pouvais pas imaginer qu'il l'embrasse-
rait, qu'il la tutoierait ainsi. Je sais bien que cela ne
prouve rien. Il m'a juré qu'il n'avait jamais eu et qu'il
n'aurait jamais d'amour pour elle. Ainsi je ne puis pas
m'inquiéter de leur intimité. Il la regarde et il la traite
comme sa fille. Néanmoins, cela me fait un singulier effet d'entendre Jacques tutoyer une autre femme que moi.
Il devrait bien ménager ces petites susceptibilités ; qui
ne les aurait à ma place? Dis-moi ce que tu penses de
tout cela, et si tu crois que je puis me fier à cette Sylvia. Je le voudrais bien, car elle me plaît extrêmement,
et il m'est impossible de résister à des manières si naturelles et si affectueuses.

XXXVI.

DE CLÉMENCE A FERNANDE.

Je pense, mon amie, qu'il serait absurde, vil et injuste de soupçonner M. Jacques d'avoir amené sa maîtresse dans ta maison. Ainsi je ne vois pas de quoi tu te tourmentes, car tu ne peux pas mépriser ton mari au point d'avoir contre lui un pareil soupçon. Que t'importe la beauté de cette jeune personne? Cela pourrait être d'un grand danger si ton mari avait dix-huit ans; mais je pense qu'il est d'âge à savoir résister à de pareilles séductions, et que, s'il eût dû être sensible à celle-là, il n'aurait pas attendu, pour s'y livrer, qu'il fût marié avec toi. Sois donc sûre que tu es très-folle, et je dirais presque très-coupable de ne pas accueillir cette amie avec une confiance entière. Si cette confiance est au-dessus de tes forces, pourquoi as-tu demandé la parole de ton mari, et comment ressens-tu de la bienveillance et de l'amitié pour elle, si tu la crois assez infâme et assez effrontée pour venir te supplanter jusque chez toi?

La pensée de ce danger ne m'est jamais venue; mais, du moment que tu m'as raconté l'entretien que tu as eu à son égard avec M. Jacques, j'ai prévu de très-graves inconvénients à cette triple amitié. Je ne sais si je dois te les signaler maintenant; tu n'aurais pas assez de caractère pour les éviter, et tu t'en apercevras bien assez tôt. Le moindre de tous sera le jugement que le monde portera sur cette trinité romanesque. J'ai observé assez de choses qui sortaient de l'ordre accoutumé, pour savoir que les apparences ne prouvent pas toujours. Ainsi tu vois que, de tout mon cœur, je crois à l'honnêteté de votre intimité; mais le monde, qui ne tient aucun compte des exceptions, vous couvrira d'infamie et de ridicule si

vous n'y prenez garde. Ce tutoiement entre vous, qui,
par lui-même, est une chose innocente et naturelle, suffira pour noircir, dans l'esprit de tous, l'affection de
M. Jacques pour madame ou mademoiselle Sylvia. Et
toi-même, pauvre Fernande, tu ne seras pas épargnée.
Il serait bon de donner tout de suite à votre étrangère,
aux yeux du monde, un autre titre à votre intimité que
celui d'amie et de fille adoptive de M. Jacques. Il faudrait
qu'il la fît passer pour ta demoiselle de compagnie, et
qu'elle ne montrât pas devant les étrangers combien elle
est familière avec vous. Puisque ton mari ne veut révéler
sa naissance à personne, il pourrait faire un honnête
mensonge, et dire à l'oreille de plusieurs, en feignant de
confier une espèce de secret, que Sylvia est sa sœur naturelle. Le secret passerait tout bas de bouche en bouche
et arrêterait sur-le-champ les insolents commentaires. Je
te conseille d'en parler à ton mari, et de lui présenter
mes craintes comme venant de toi, et d'obtenir qu'il
mette en ceci la prudence qui convient. Je m'étonne qu'il
ne l'ait pas eue de lui-même. Peut-être qu'en effet Sylvia
est sa sœur, et que c'est là précisément ce qu'il veut cacher; mais comment a-t-il manqué de confiance envers
toi au point de ne pas te le dire en secret?

XXXVII.

DE FERNANDE A CLÉMENCE.

Ce que tu m'as conseillé ne m'a pas réussi. Je n'ai exposé à Jacques qu'une bien petite partie des inconvénients que tu me signales, et il m'a regardée d'un air
stupéfait en me disant : « Où as-tu pris toute cette prudence? Depuis quand t'inquiètes-tu du monde à ce point? »
Il a ajouté d'un air triste : « Il est vrai que tu es destinée

à y vivre. Je me suis abusé en m'imaginant que tu t'ensevelirais avec moi dans cette solitude. Tu sens déjà le désir de te lancer dans la société, et tu t'inquiètes de ce qui pourrait y gêner ton entrée. C'est tout simple. — Oh ! ne crois pas cela, Jacques, lui ai-je répondu ; je ne serai heureuse que là où tu seras, et où tu seras joyeux d'être. Je ne pense jamais au monde, je sais à peine ce que c'est ; mais je parle dans l'intérêt de Sylvia et dans le tien. Votre réputation à tous deux m'est plus chère que la mienne. » Jacques est resté quelque temps sans répondre, et j'ai remarqué cette légère contraction du sourcil qui chez lui exprime un dépit concentré. En même temps, il y avait sur ses lèvres un sourire d'ironie, et j'ai compris que ce que je disais lui semblait très-ridicule dans ma bouche. Cependant il a étouffé l'envie qu'il avait de me railler, et il m'a répondu d'un air sérieux et calme : « Il y a longtemps, ma chère enfant, que j'ai rompu avec le monde. Il dépendra de toi que je vive encore au milieu de ses plaisirs et de son oisive turbulence. Si cela te tente, nous irons ; mais sache qu'il n'y aura jamais la moindre sympathie entre lui et moi, et que, comme je ne cède qu'aux conseils de mon cœur ou de ma conscience, jamais, pour obtenir son appui et son approbation, je ne lui ferai le plus léger sacrifice. Je dirai plus, mon orgueil ne se pliera jamais à la moindre concession. Le monde en pensera ce qu'il voudra ; j'ai trente ans d'honneur derrière moi ; si cela ne suffit pas pour me mettre à l'abri des plus infâmes soupçons, tant pis pour le monde. Je crois pouvoir dire que cette profession de foi est à peu près celle de Sylvia ; et, en outre, Sylvia n'aura jamais de relations avec la société. Elle n'aura donc jamais à combattre les inconvénients de son indépendance. Quant à toi, ma chère enfant, tu es ici au fond d'un désert, où personne ne viendra épier nos paroles, nos pensées ou nos regards; la méchanceté ne t'atteindra pas jusque-là. Quand tu voudras sortir de cette solitude, sois sûre que Sylvia ne te suivra pas à Paris, et que la société de ta mère n'aura pas lieu de te faire sur son compte des questions embarrassantes. »

Il m'a semblé que Jacques avait raison et que j'avais fait une sottise. J'ai essayé de la réparer, mais sans succès. « Je ne m'inquiète pas du monde, je n'y veux pas aller, ai-je répondu; mais nos domestiques, que diront-ils, que penseront-ils de votre intimité? — Je ne suis pas habitué, a répondu Jacques avec beaucoup de hauteur, à m'occuper de ce que mes domestiques disent et pensent de moi. J'agis de manière à ne leur donner jamais d'exemple scandaleux, et je crois qu'il n'y a pas de meilleurs juges de l'innocence de notre conduite que ces témoins dont nous sommes entourés, et qui, à toute heure, savent les moindres détails de notre vie. Je ne sais pas s'ils trouveront la présence de Sylvia et sa familiarité avec nous conforme aux lois du décorum; mais, à coup sûr, ils ne la trouveront jamais contraire à celles de l'honnêteté. » Jacques s'est tu, et s'est promené dans la chambre d'un air sombre. Je lui ai adressé plusieurs fois la parole sans qu'il m'entendît. Enfin il allait sortir de l'appartement quand je me suis élancée vers lui. J'ai vu que je lui avais horriblement déplu, et j'ai cru deviner qu'il prenait en lui-même quelque résolution dans le genre de celles qui ont fait disparaître l'année dernière la maudite romance et la pauvre Rosette. Je l'ai arrêté. « Écoute, Jacques, lui ai-je dit, tout effrayée, j'ai eu tort, sans doute, et j'ai dit mille absurdités. Pour l'amour du ciel, n'en parle pas à Sylvia, ne me retire pas son amitié; c'est bien assez de me retirer ton amour. » Je suis tombée sur une chaise; j'étais près de me trouver mal. Jacques m'a embrassée avec la tendresse et la ferveur des premiers jours. « Je te promets d'oublier absolument cette conversation, m'a-t-il dit, et de n'en jamais parler à Sylvia. Il est trop évident que ce n'est pas toi, mais une autre, qui a parlé par ta bouche. Tu es bonne, ma pauvre Fernande ; aie donc la force de n'écouter d'autres conseils que ceux de ton cœur. »

Jacques est toujours préoccupé de l'idée que ma mère m'excite contre lui. Il est bien vrai qu'elle ne l'aime pas beaucoup ; mais il se trompe s'il croit que je lui raconte ce qui se passe dans notre intérieur. Ce n'est qu'avec toi que je puis avoir cette confiance. Maudit soit l'éloignement qui me rend souvent tes conseils plus nuisibles qu'utiles ! Tantôt je t'explique ma situation trop mal pour que tu puisses la bien juger ; d'autres fois j'emploie maladroitement les moyens que tu me donnes de l'améliorer. Aussi il faut convenir que je suis bien étourdie ou bien bornée de ne savoir pas suppléer à ce que tu ne peux prévoir ! J'étais bien tranquille et bien heureuse quand l'idée m'est venue de faire cette belle ouverture qui a troublé et affecté Jacques sérieusement. Notre vie était devenue beaucoup plus agréable. Dieu veuille qu'elle ne redevienne pas malheureuse par ma faute !

La présence de Sylvia nous a fait vraiment beaucoup de bien. Il est impossible d'être meilleure et plus aimable. C'est un caractère original et comme je n'en ai jamais rencontré. Elle est active, fière et décidée. Rien ne l'embarrasse, rien ne l'étonne ; elle a plus d'esprit et de savoir dans son petit doigt que moi dans toute ma personne, et sa conversation est plus instructive pour moi que tous les livres que j'ai lus. Moins silencieuse et plus expansive que Jacques, elle devine mieux que lui tout ce que je ne puis comprendre, et elle va au-devant de mes questions. Quoiqu'elle ait le caractère enjoué et un peu moqueur, elle me semble avoir l'esprit rempli d'idées

fort tristes, et cela m'étonne. A son âge, et avec tous les
avantages qu'elle tient de la nature, il faut qu'elle ait
eu quelque passion malheureuse. Je la crois enthousiaste. A la manière dont elle témoigne son amitié, on
voit que son cœur est plein de feu et de dévouement;
peut-être, étant plus jeune, a-t-elle mal placé ses affections. Elle semble avoir conservé une sorte de dépit contre l'amour, car elle en parle comme d'un rêve sans lequel la vie est prosaïque, mais douce et facile. Elle me
demande souvent si je ne pense pas qu'on puisse s'en
passer. Moi je prétends que, quand on l'a connu, on ne
peut y renoncer sans mourir d'ennui et de tristesse. Jacques nous écoute d'un air mélancolique, et à tout ce que
nous disons, répond la même sentence ; « C'est selon. »
Avec cela il ne se compromettra pas. Nous faisons de
grandes promenades; Sylvia m'apprend la botanique et
l'entomologie. Le soir, nous chantons des trios qui vraiment vont très-bien. Sylvia a un contralto admirable, et
chante d'une manière tellement supérieure, qu'elle pourrait certainement faire une grande fortune comme canta-
trice. « Avec le mépris que tu as pour les préjugés les
plus enracinés de ce monde, lui disais-je hier soir, je m'é-
tonne qu'une destinée si libre et si brillante ne t'ait pas
tentée. — Je l'aurais essayée bien certainement, m'a-
t-elle répondu, si je n'avais pas eu d'autre moyen d'existence; mais le petit héritage que Jacques m'a transmis
de la part de mes parents a toujours suffi à mes besoins.
J'ai été libre de suivre mes goûts, qui me portaient vers
une vie obscure et solitaire. Ce qui me serait odieux, ce
serait la dépendance. Si je me sentais condamnée à vivre
d'une telle manière et dans un tel lieu, je prendrais ce
lieu et cette vie en horreur, quelque conformes qu'ils
fussent d'ailleurs à mes penchants. Avec l'idée que je
puis demain aller où bon me semble, je suis capable de

rester vingt ans dans un ermitage. — Toute seule? ai-je
dit. — Si j'y pouvais vivre avec un cœur qui comprît
bien le mien, j'y vivrais heureuse ; sinon mieux vaut la
solitude, et toute seule je puis vivre calme. N'est-ce pas
déjà beaucoup? — Eh quoi ! lui ai-je dit, la solitude ne
t'a jamais effrayée pour l'avenir? tu n'as jamais désiré te
marier pour avoir un appui, un ami de toute la vie ;
pour être mère, Sylvia, ce qu'il y a de plus doux au
monde? — Je n'ai peur ni de l'avenir ni du présent, m'a-
t-elle répondu ; j'aurai la force de vieillir sans désespoir.
Je ne sens pas le besoin d'un appui ; j'ai assez de courage
pour suffire à tous les maux de la vie. Quant à trouver
un ami qui ne me manque jamais, c'est un bonheur accordé à une femme sur mille. Tu es bien enfant, Fernande, si tu crois qu'il entre dans la destinée de toutes
de rencontrer un mari comme le tien ; et, quant au bonheur de la maternité, je le comprends, je saurais l'apprécier ; mais je n'ai pas encore rencontré l'homme que
j'eusse été joyeuse d'associer à ce rôle sacré. Je ne me
flatte pas de le rencontrer jamais. Si cela m'arrive, j'en
profiterai ; mais je ne suis pas assez romanesque pour espérer ce qui est invraisemblable, ni assez faible pour
souffrir d'un désir que je ne puis réaliser. — Tu as l'âme
bien forte, lui dis-je. Quant à moi, si je perdais mon
mari et mes enfants, je n'espérerais pas remplacer Jacques ; je ne désirerais pas associer, comme tu dis, un
autre homme au rôle sacré de la paternité ; je me laisserais mourir. — Tu le pourrais peut-être, a-t-elle dit.
Pour moi, je suis douée d'une telle vigueur, que je ne
pourrais me débarrasser de la vie que d'une manière violente. » Elle parlait avec sa voix de basse dans le grand
salon, où l'obscurité nous avait peu à peu gagnées ; de
temps en temps elle frappait un accord mélancolique sur
le piano ; en ce moment elle fit une modulation si bizarre

et si triste, qu'il me passa un frisson dans tous les nerfs.
« Oh ! mon Dieu, m'écriai-je, tu me fais peur ce soir ;
je ne sais pas de quoi nous nous avisons de parler ! »
J'ai traversé le salon pour tirer la sonnette et demander
des bougies, et je me suis figuré que quelqu'un se levait
de dessus le sofa en même temps que moi. J'ai fait un
grand cri et me suis élancée vers Sylvia à demi morte de
frayeur. « Oh ! que tu es enfant et pusillanime pour être
la femme de Jacques ! » m'a-t-elle dit d'un ton où il en-
trait un peu de reproche. Elle s'est levée pour aller tirer
la sonnette. « Ne me quitte pas ! me suis-je écriée ; il y
a quelqu'un dans la chambre, j'en suis sûre, là, du côté
du canapé. — Si cela est, je ne vois pas de quoi tu as
peur, car ce ne peut être que Jacques. — Est-ce toi, Jacques ? » me suis-je écriée d'une voix tremblante. Jacques s'est approché de nous, nous a entourées de ses
bras, et nous a embrassées toutes deux. « Va donc chercher de la lumière, méchant ! » lui ai-je dit. Il est sorti
sans répondre et n'est rentré qu'une demi-heure après.
Nous étions installées déjà, moi à mon métier, Sylvia à
copier de la musique. « Tu as une femme bien brave, »
lui a dit Sylvia avec son ton de gaieté qui est toujours un
peu brusque. Il a fait semblant de n'y rien comprendre,
sans doute pour me mystifier, et il a prétendu qu'il était
dans le parc depuis plus d'une heure, et qu'il n'en était
pas sorti un instant.

Mes enfants se portent à merveille et grossissent à vue
d'œil comme des poussins. Jacques me contrarie bien un
peu quelquefois à leur égard. Il s'en occupe plus qu'il
ne convient à un homme, et prétend que je n'y entends
rien. Sylvia se met entre nous ; elle emporte le berceau
et dit : « Cela ne vous regarde ni l'un ni l'autre ; ces en-
fants-là sont à moi. »

XXXVIII.

Lundi.

Décidément, ma chère, il y a un revenant dans la maison ; Jacques et Sylvia en rient ; pour moi, je ne suis pas rassurée du tout. Ou c'est un monsieur très-effronté qui vient faire un petit roman sous nos fenêtres, ou c'est un voleur bien élevé, qui s'y prend de cette manière pour s'introduire dans la maison. Le jardinier a vu se promener une ombre autour de la pièce d'eau, à deux heures du matin, et il a eu une telle peur qu'il en est malade. Pauvre homme ! il n'y a que moi qui le plaigne. Les chiens ont fait des hurlements épouvantables toute la soirée. J'ai conjuré Jacques d'y faire attention, et il n'en a tenu compte ; il est sorti avec Sylvia pour voir rentrer les foins dans une métairie voisine, et ils n'ont pas voulu me laisser aller avec eux, parce qu'il tombe beaucoup d'humidité dans notre vallée à cette heure-ci, et que je suis très-enrhumée. Je commençais à rire moi-même de mes frayeurs, et je m'apprêtais à t'écrire tranquillement, quand j'ai entendu sous ma fenêtre le son d'un hautbois. Je n'ai d'abord songé qu'au plaisir de l'écouter, persuadée que c'était un de ces mille talents que Jacques possède et que je découvre en lui tous les jours. Je me suis mise à la fenêtre, et, après qu'il a eu fini, je lui ai dit en me penchant sur le balcon : « Comme un ange ! Voilà mon gage, beau ménestrel. » Alors j'ai jeté sur la terrasse sablée, qu'éclairait la lune, un bracelet d'or que j'avais au bras. Un homme est sorti aussitôt des buissons, l'a ramassé et l'a emporté en courant ; mais au même instant j'ai entendu derrière moi la voix de Jacques, et je suis restée stupéfaite. J'ai raconté ce qui venait de m'arriver, et pourtant je n'ai pas osé parler du bracelet. J'ai trouvé ma mystification si complète et si ridicule, que j'ai craint les railleries de Sylvia et peut-être les reproches de Jacques ; car c'est lui qui m'avait donné ce bracelet ; son chiffre y est gravé avec le mien, et je suis désespérée de le savoir dans les mains d'un étranger. Plaise à Dieu que ce soit un voleur ! J'aurai fait la niaiserie la plus parfaite qu'on puisse faire en lui jetant mes bijoux à la tête ; mais le présent de Jacques ira chez le fondeur, et ne servira pas de trophée à quelque impertinent. J'ai seulement raconté que j'avais entendu jouer du hautbois, que j'avais appelé, croyant m'adresser à Jacques, et que j'avais vu fuir un homme qui m'avait semblé à peu près de sa taille et vêtu comme lui. Alors nous nous sommes rappelé l'aventure de ma frayeur dans le grand salon d'été ; Jacques a persisté à nier qu'il y fût entré et qu'il se fût diverti à nous écouter. Dans le doute, je n'ai jamais osé parler du baiser que nous avions reçu, Sylvia et moi ; pour elle, elle est si distraite et si peu susceptible de s'étonner ou de s'épouvanter de quelque chose, que je gagerais qu'elle ne s'en souvient plus ; le fait est qu'elle n'en a rien dit ni à Jacques ni à moi, et que je ne sais que penser de cette singulière et fâcheuse aventure. Pour le bracelet, ce n'est certainement pas Jacques qui l'a ramassé ; pour le baiser, j'en doute, car il assure très-sérieusement n'être pas sorti du parc dans ce moment-là. Il est vrai qu'il plaisante quelquefois avec un sang-froid imperturbable, et qu'il s'amuse peut-être en lui-même de ma honte et de mon incertitude.

En attendant que nous sachions ce que signifient ces mauvaises plaisanteries de notre follet, je veux te parler de l'éternelle affaire de la naissance de Sylvia. Est-ce que tu penses qu'elle serait la sœur de Jacques ? Je le

pense aussi parfois, mais cette idée m'attriste. Pourquoi
alors Jacques m'en fait-il un mystère? Me juge-t-il incapable de garder un secret? Si elle est sa sœur, j'en
suis plus jalouse que si elle ne l'était pas; car je gage
alors qu'il l'aime plus que moi. Tu te trompes bien, Clémence, si tu crois que je suis capable de cette grossière
jalousie qui consisterait à craindre de la part de mon
mari une infidélité des sens; ce que je surveille avec
envie, ce que j'interroge avec angoisse, c'est son cœur,
son noble cœur, ce trésor si précieux, que l'univers devrait me le disputer, et que je n'ose me flatter d'être
digne de le posséder à moi seule tout entier. Sylvia est
bien plus raisonnable, bien plus courageuse, bien plus
instruite que moi; son âge, son éducation et son caractère la rapprochent de Jacques, et doivent établir entre
eux une confiance bien mieux fondée. Moi je suis une
enfant qui ne sait rien et qui ne comprend guère. Pour
les arts et les petites sciences que Sylvia me démontre,
il me semble que je ne manque pas d'intelligence; mais
quand il est question de la science du cœur, je n'y comprends plus rien, et je ne conçois même pas qu'il y en
ait une; je n'entends rien à leur courage, à leurs principes d'héroïsme et de stoïcisme. Que cela soit fait pour
eux, c'est possible; mais que Dieu m'impose la force, à
moi, pourquoi faire? J'ai toujours été habituée à l'idée
d'obéir par nécessité, et quand j'ai agité en moi-même
l'aride pensée de l'avenir, je n'ai jamais souhaité d'autre
bonheur que d'être protégée, aidée et consolée par l'affection d'un autre. Il me semblait, dans les premiers
jours, que mon mariage avec Jacques était la plus parfaite réalisation de ce rêve. D'où vient donc qu'il paraît
quelquefois regretter de ne pas trouver en moi son égale?
D'où vient que sa protection et sa bonté me font si souvent souffrir?

Jeudi.

Je ne sais que penser de ce qui se passe ; je croirais
volontiers que Sylvia, avec son nom fantastique, son
caractère étrange et son regard inspiré, est une espèce
de fée qui attire sous diverses formes le diable autour de
nous. Hier, on vint nous dire qu'un sanglier était sorti
des grands bois et s'était retiré dans un des taillis de
notre vallée. Cette chasse me fit bien un peu peur, non
pour moi, qui suis toujours entourée et gardée comme
une princesse, mais pour Jacques, qui s'expose à tous les
dangers. Sa prudence, son adresse et son sang-froid ne
me rassurent pas tout à fait ; aussi j'essayai de le dé-
tourner de la pensée de lui donner l'assaut ; mais Sylvia
sautait de joie à l'idée de frapper la bête et de donner
cours à son humeur énergique et un peu féroce, à ce que
nous prétendons. En une demi-heure nous fûmes habil-
lées pour la chasse ; nos chevaux furent prêts ; les piqueurs, les chiens et les cors étaient déjà en avant.
Sylvia montait un petit cheval arabe très-fringant que je
n'ai jamais osé monter, et aussitôt que je vis comme elle
s'en faisait obéir, elle qui a beaucoup moins de principes
d'équitation que moi, j'en fus toute jalouse et toute boudeuse. Elle s'amusait à me dépasser, à caracoler dans
des chemins étroits et dangereux, où les excellentes
jambes de sa monture faisaient miracle. J'ai une très-
belle et bonne jument anglaise ; mais je suis si poltronne,
et j'exige d'un cheval tant de soumission et de tranquillité, que j'étais loin de briller comme Sylvia, et qu'elle
m'éclipsait aux yeux de Jacques. « Je parie, me dit-elle
comme nous entrions dans le taillis, que tu meurs d'envie à présent d'être à ma place ? » Elle ne pouvait pas
deviner plus juste. « Eh bien, me dit-elle, changeons vite
de cheval, et que Jacques te voie sur son cher Chouiman

14.

au moment où il s'y attend le moins. » Nous étions seules
avec deux domestiques; Sylvia avait déjà sauté à terre
et tenait Chouiman par la bride, avant qu'un des deux
butors qui nous accompagnaient eût songé à quitter l'é-
trier. Au même instant, le sanglier, débusqué par les
chiens, vint droit à nous et passa à trois pas de moi sans
songer à attaquer personne; mais le cheval arabe eut
peur, se cabra et faillit renverser Sylvia, qui s'obstinait
à ne pas lui lâcher la bride. Alors un homme qui me
semblait être un de nos piqueurs, car il était vêtu à peu
près comme eux, sortit de je ne sais où, et retint le cheval prêt à s'échapper. Je n'avais plus aucune envie de
l'essayer. Cet homme aida Sylvia à remonter; mais aussitôt qu'elle fut en selle, et comme il lui présentait sa
bride, elle lui cingla les doigts de sa cravache, en disant:
Ah! ah! d'une manière qui semblait exprimer la surprise
et la moquerie. L'inconnu disparut comme il était venu,
au milieu des branches, et je demandai à Sylvia, avec
une avide curiosité, ce que cela signifiait. « Oh! rien,
répondit-elle, un piqueur maladroit qui m'a écorché la
main avec ses bons offices. — Et tu cravaches un homme
pour cela? lui dis-je. — Pourquoi non? » dit-elle. Puis
elle repartit au galop, et je fus forcée de la suivre, assez
peu satisfaite de cette explication, et au moins très-
étonnée des manières de Sylvia avec les piqueurs de mon
mari. Je demandai aux domestiques le nom de cet homme;
ils me dirent qu'ils ne l'avaient jamais vu.

La chasse nous occupa pendant plusieurs heures, et
Sylvia semblait ne pas avoir autre chose dans l'esprit.
Je l'observais, car je soupçonnais un peu ce revenant
d'être quelque amant au désespoir. Ce qui se passa au
retour de la chasse me rejette dans de nouvelles incertitudes.

Nous revenions par la traverse aux premières clartés

de la lune ; c'était une des plus belles soirées que nous
ayons eues cette année. Il faisait un peu frais ; mais le
paysage était si bien éclairé, l'air était si parfumé des
plantes aromatiques qui croissent dans les ruisseaux, le
rossignol chantait si bien, que j'étais vraiment disposée
aux idées romanesques. Jacques proposa de prendre un
chemin encore plus court que celui que nous suivions.
« Il est assez difficile pour les chevaux, me dit-il, et je
n'ai pas encore osé t'y conduire ; mais puisque tu as eu
aujourd'hui un si grand accès de courage que de vouloir
essayer Chouiman, tu auras bien celui de descendre au
pas un sentier un peu raide. — Certainement, lui dis-je,
puisque tu crois qu'il n'y a pas de danger.» Et nous nous
mîmes en route dans un ordre très-pittoresque. Un groupe
de chasseurs, escorté des limiers et des cors, marchait
en tête, portant le sanglier, qui était énorme ; les cavaliers venaient ensuite, nous au centre ; nous entourions
le flanc de la colline d'une ligne noire d'où partait de
temps en temps un éclair quand le sabot d'un cheval
heurtait le roc. Derrière nous, un autre corps de piqueurs
et de chiens suivait lentement, et les fanfares s'appelaient et se répondaient des deux extrémités de la cara-
vane. Quand nous fûmes au plus rapide du sentier, Jacques dit à un des piqueurs de prendre la bride de mon
cheval, et de le soutenir pour descendre ; puis il proposa
à Sylvia de faire une folie. « Une folie ? dit-elle ; lancer
nos chevaux d'ici à la plaine ? — Oui, dit Jacques ; je te
réponds des jambes de Chouiman si tu ne le contraries
pas. — Allons ! » répondit la mauvaise tête ; et, sans
écouter mes reproches et mes cris, ils partirent comme
la foudre par une pente lisse, mais rapide, qui formait
le flanc de la colline. Il me passa une sueur froide par
tous les membres, et mon cœur ne reprit le mouvement
que quand je les vis arriver sans accident au bas de la

pente. Alors je m'aperçus que les cavaliers qui étaient devant étaient allés plus vite que mon cheval guidé par un piéton, et que ceux qui étaient derrière, stupéfaits sans doute de l'audace de Jacques et de Sylvia, s'étaient arrêtés pour les regarder, de manière que je me trouvais seule sur le sentier avec l'homme qui tenait ma bride à une assez grande distance des uns et des autres.

Toutes les histoires de voleurs et de revenants qui m'ont trotté par la cervelle depuis cinq ou six jours me revinrent à l'esprit, et cet homme qui marchait auprès de moi commença à me faire une peur épouvantable. Je le regardais avec attention et ne reconnaissais en lui aucun des piqueurs de mon mari. Il me semblait au contraire reconnaître l'homme mystérieux que Sylvia avait gratifié le matin d'un si joli coup de cravache sur les doigts. Cependant je n'avais pas eu le temps de faire grande attention à son vêtement, et de son visage enfoncé sous un grand chapeau de paille je n'avais vu qu'une barbe noire, qui m'avait paru sentir le brigand d'une lieue. En ce moment, quoiqu'il fût bien près de moi, je le voyais encore moins, parce qu'il était plus bas que moi et que son chapeau me le cachait entièrement ; cependant, comme il était paisible et silencieux, je me rassurai peu à peu. Je ne connais pas tous les gardes forestiers et paysans amateurs de la chasse qui viennent, avec la permission de Jacques, s'adjoindre à nous quand ils entendent le son du cor dans la vallée, et que souvent, au retour, mon mari invite à venir se rafraîchir avec ses piqueurs. Presque tous sont vêtus d'une blouse et coiffés d'un chapeau de paille. Le fait est que je commençais à ne plus rien craindre, et à croire Sylvia très-capable de frapper un piqueur ni plus ni moins qu'un nègre. J'eus donc la hardiesse d'adresser la parole à mon guide, et de lui demander si le chemin ne me permettait pas d'aller seule. » Oh ! pas

encore ! » me répondit-il. Le son de sa voix et l'expression presque suppliante de sa réponse étaient si peu d'un
piqueur, que la peur me prit de nouveau. Si j'avais le
courage de Sylvia, pensais-je, je donnerais un grand
coup de cravache à ce brigand, et pendant qu'il se frot-
terait les doigts d'un air consterné, j'irais en un temps
de galop rejoindre les autres chasseurs. Mais outre que
je n'oserais jamais, si c'est un vrai domestique j'aurais
fait la chose du monde la plus insolente et la plus singulière. Au milieu de ces réflexions, je vis pourtant que
nous approchions sans accident des cavaliers, et au moment où j'allais presser mon cheval avec le talon pour le
dégager des mains de l'homme mystérieux, celui-ci se retourna à demi vers moi, et, élevant le bras, il retroussa
la manche de sa blouse. Je vis alors briller quelque chose
que je reconnus pour mon bracelet. Je n'eus pas la force
de crier, et l'inconnu, lâchant ma bride, resta sur le
bord du chemin, en me disant à demi-voix ces étranges
paroles : « J'espère en vous. » Puis il s'enfonça dans un
massif d'arbres, et je m'enfuis au galop plus morte que
vive.

Ce qui me tourmente et m'afflige le plus dans tout cela,
c'est l'espèce de mystère que la fatalité a établi entre moi
et cet homme. A présent, je vois tous les inconvénients
qui résultent du bracelet, et j'ose moins que jamais en
parler à Jacques. S'il allait le chercher et le provoquer
en duel ! S'il allait m'accuser d'imprudence et de légèreté ! Je suis bien malheureuse, car j'ai cru certainement
jeter mon bracelet à Jacques lui-même ; et celui qui l'a
reçu croit que je suis une petite personne romanesque,
facile à conquérir avec un baiser dans l'obscurité et un
air de hautbois. Je suis fâchée à présent de ne lui avoir
pas parlé pour lui expliquer ma méprise et lui redemander mon bracelet. Peut-être me l'eût-il rendu. Mais j'ai

perdu la tête, comme je fais toujours dans les occasions
où un peu de sang-froid me serait nécessaire. J'ai essayé
de savoir ce que Sylvia pense de cet homme. Elle prétend que je suis folle, et qu'il n'y a point d'autre homme
dans la vallée que Jacques. Celui que le jardinier a vu
est, selon elle, un voleur de fruits ; celui qui a joué du
hautbois, un comédien ambulant, ou bien un commis
voyageur qui aura couché à l'auberge du village, et se
sera amusé à sauter le fossé du jardin, afin de se vanter
dans quelque estaminet d'avoir eu une aventure romanesque dans son voyage. Quant à l'homme au coup de
cravache, elle persiste à dire que c'est un paysan ; et je
n'ose parler de l'homme au bracelet, car l'idée qu'un
commis voyageur ou un musicien ambulant croit avoir
reçu ce gage de ma bienveillance, me cause une mortification extrême.

Au fait, quant à cela, l'explication de Sylvia me paraît
assez admissible ; si je ne craignais de causer quelque
malheur, je confierais tout à Jacques, et il irait châtier
cet impertinent comme il le mérite. Mais cet homme
peut être brave et habile duelliste. L'idée d'engager
Jacques dans une affaire de ce genre me fait dresser les
cheveux sur la tête. Je me tairai.

XXXIX.

D'OCTAVE A M. ***.

De la vallée de Saint-Léon.

Tu m'as souvent dit que j'étais fou, mon cher Herbert,
et je commence à le croire. Ce qu'il y a de certain, c'est
que je suis fort content de l'être, car sans cela je serais
fort malheureux.

Si tu veux savoir où je suis et de quoi je suis occupé,

j'aurai quelque embarras à te répondre. Je suis dans un
pays où je n'ai jamais mis le pied, que je ne connais pas,
où je n'ose marcher que sous un déguisement. Quant à
mes occupations, elles consistent à errer autour d'un
vieux château, à jouer du hautbois au clair de la lune,
et à recevoir de temps en temps un coup de cravache
sur les doigts.

Tu as dû être peu surpris de mon brusque départ,
quand tu auras su que Sylvia avait quitté Genève un
mois auparavant. Tu auras supposé que j'étais allé la
rejoindre, et tu ne te seras pas trompé. Mais ce que tu
ne supposes certainement pas, c'est que, sans invitation
et même sans permission, je me sois mis à courir sur ses
traces. Elle a quitté son ermitage du Léman avec la bi-
zarrerie qu'elle met dans toutes ses résolutions, et par
suite d'une de ces idées spontanées qui lui viennent au
moment où l'on se croit le plus tranquille et le plus heureux
des hommes à ses pieds. Étrange créature, trop passionnée
ou trop froide pour l'amour, je ne sais, mais, à coup sûr,
trop belle et trop supérieure à son sexe pour passer devant les yeux d'un homme sans le rendre un peu fou.
Je savais que M. Jacques était marié, et je pensais bien
qu'elle était allée s'installer auprès de lui ; car, depuis
plusieurs mois, elle m'annonçait ce projet chaque fois
qu'elle était de mauvaise humeur et qu'elle voulait me
désespérer. Mais je ne savais pas si M. Jacques était
maintenant en Touraine ou en Dauphiné ; car dans l'orgueilleux billet que Sylvia avait laissé pour moi à l'ermitage, elle n'avait pas daigné me dire où elle portait ses
pas ; c'est donc absolument au hasard que je suis venu
ici. Je me suis installé dans la cabane d'un vieux garde-
chasse avare et sournois, que j'ai choisi pour hôte sur sa
mauvaise mine, et qui pour de l'argent m'aiderait à assassiner tous les hommes et à enlever toutes les femmes

du pays. C'est donc au milieu des bois que peuvent me
chercher tes conjectures, dans la plus romantique vallée
du monde, protégé par un déguisement de chasseur bra-
connier plutôt que vêtu en honnête homme, braconnant
en effet sous la protection de mon hôte, et préparant
avec lui, tous les soirs, le souper que nous avons con-
quis les armes à la main ; dormant sur un grabat, lisant
quelques chapitres de roman à l'ombre des grands chênes
de la forêt, hasardant des excursions sentimentales et
mystérieuses autour de la demeure de mon inhumaine,
ni plus ni moins que le comte Almaviva, et t'écrivant
sur un genou, à la lueur d'une torche de résine. Ce qu'il
y a de plus ridicule dans tout cela, c'est que je le fais
sérieusement, et que je suis vraiment triste et amoureux
comme un ramier. Cette Sylvia fait le désespoir de ma
vie, et je donnerais un de mes bras pour ne l'avoir jamais
rencontrée. Tu la connais assez pour concevoir ce qu'un
homme aussi peu charlatan que moi doit avoir à souffrir
de ses caprices romanesques et du dédain superbe qu'elle
a pour tout ce qui sort du monde idéal où elle s'enferme.
Il y a bien un peu de ma faute dans mon malheur. Je
l'ai trompée, ou plutôt je me suis trompé moi-même en
lui faisant croire que j'étais un transfuge de ce monde-
là, et que je me sentais capable d'y retourner. Oui, je
l'ai cru en effet, et, dans les premiers jours, j'ai été tout
à fait l'homme qu'elle devait ou qu'elle pouvait aimer.
Mais peu à peu l'indolence et la légèreté de mon caractère ont repris le dessus. La raison m'a fait de nouveau
entendre sa voix, et Sylvia m'a semblé ce qu'elle est en
effet, enthousiaste, exagérée, un peu folle.

Mais cette découverte ne suffisait pas pour m'empêcher
de l'aimer à la passion. L'exagération, qui rend les filles
de province si ridicules, rendait Sylvia si belle, si frappante, si inspirée, que c'est là peut-être son plus grand

charme et sa plus puissante séduction. Mais elle l'a reçu
de Dieu pour son malheur et pour celui de ses amants,
car elle peut se faire admirer, et ne peut persuader.
Orgueilleuse jusqu'à la folie, elle veut agir comme si
nous étions encore au temps de l'âge d'or, et prétend
que tous ceux qui osent la soupçonner sont des lâches et
des pervers. Du moment que j'ai vu avec inquiétude la
singularité de sa conduite, et que j'ai pris de la jalousie
à cause de la liberté de ses démarches, j'ai donc été perdu
dans son esprit; et précipité de cette région céleste où
elle m'avait fait asseoir avec elle, je suis tombé dans le
monde fangeux des humains, où cette belle sylphide n'a
jamais daigné poser son pied d'ivoire. De ce moment,
notre amour a été une suite de ruptures et de raccom-
modements. Je me souviens que tu m'as dit, un jour que
je te racontais tristement une de ces querelles après la
réconciliation : « De quoi te plains-tu? » Ah! mon ami,
tu peux connaître les femmes; mais tu ne connais pas
Sylvia. Avec elle, le moindre tort est de la plus terrible
importance, et chaque nouvelle faute creuse une tombe
où s'ensevelit une partie de son amour. Elle pardonne,
il est vrai; mais ce pardon est pire que sa colère. La
colère est violente est pleine d'émotion; le pardon de
Sylvia est froid et inexorable comme la mort. En proie
à mille soupçons, tourmenté, incertain, tantôt craignant
d'être dupe de la plus insigne coquette, tantôt craignant
d'avoir outragé la plus pure des femmes, j'ai vécu malheureux auprès d'elle, mais je n'ai jamais eu la force de
m'en détacher. Vingt fois elle m'a chassé, et vingt fois
j'ai été lui demander ma grâce après avoir vainement
essayé de vivre sans elle. Dans les premiers jours de mon
bannissement, j'espérais m'applaudir d'avoir recouvré
ma liberté et mon repos. Je me laissais aller délicieusement au bien-être de l'indifférence et de l'oubli. Mais

bientôt l'ennui me faisait regretter les agitations et les nobles souffrances de la passion. Je jetais mes regards autour de moi pour chercher un autre amour ; mais l'indolence de mon esprit et l'activité de mon caractère m'éloignaient également des autres femmes. Mon caractère me portait à leur préférer la chasse, la pêche, tous ces plaisirs énergiques de la campagne que Sylvia partageait avec moi. Mon esprit s'effrayait de recommencer un apprentissage et de tenter une nouvelle conquête. Et puis quelle femme peut être comparée à Sylvia pour la beauté, l'intelligence, la sensibilité et la noblesse du cœur ? Oui, quand je l'ai perdue, je lui rends justice, je m'étonne et m'indigne d'avoir pu soupçonner une femme si grande, et dont la conduite hautaine me prouve à quel point elle était incapable de descendre au mensonge. Mais quand je la retrouve, je souffre de son caractère raide et inflexible, de son humeur violente, de son mysticisme intolérant et de ses exigences bizarres. Elle ne se plie à aucune de mes imperfections ; elle ne pardonne à aucun de mes défauts ; elle tire argument de tout pour me démontrer à quel point son âme est supérieure à la mienne, et rien n'est plus funeste à l'amour que cet examen mutuel de deux cœurs jaloux et orgueilleux de se surpasser. Le mien se lassait bien vite de cette lutte ; j'aurais mieux aimé un amour moins difficile et moins sublime. Sylvia m'accablait de son dédain, et quelquefois me prouvait la pauvreté de mon cœur avec tant de chaleur et d'éloquence, que je me persuadais n'être pas né pour l'amour et que je n'oserais me persuader encore que je suis digne de le connaître. Mais, s'il en est ainsi, pourquoi suis-je né, et à quoi Dieu me destine-t-il en ce monde ? Je ne vois pas vers quoi ma vocation m'attire. Je n'ai aucune passion violente, je ne suis ni joueur, ni libertin, ni poëte ; j'aime les arts, et je m'y entends assez

pour y trouver un délassement et une distraction; mais
je n'en saurais faire une occupation prédominante. Le
monde m'ennuie en peu de temps; je sens le besoin d'y
avoir un but, et nul autre but ne m'y semble désirable
que d'aimer et d'être aimé. Peut-être serais-je plus heureux et plus sage si j'avais une profession; mais ma modeste fortune, qu'aucun désordre n'a entamée, m'a laissé
la liberté de m'abandonner à cette vie oisive et facile à
laquelle je me suis habitué. M'astreindre aujourd'hui à
un travail quelconque me serait odieux. J'aime la vie des
champs, mais non pas sans une compagne qui me fasse
goûter les plaisirs de l'esprit et du cœur, au sein de cette
vie matérielle où l'effroi de la solitude me gagnerait bientôt. Peut-être suis-je propre au mariage; j'aime les enfants, je suis doux et rangé, je crois que je ferais un très-
honnête bourgeois dans quelque ville du second ordre
de notre paisible Helvétie. Je pourrais me faire estimer
comme cultivateur et père de famille; mais je voudrais
que ma femme fût un peu plus lettrée que celles qui tri-
cotent un bas bleu du matin au soir. Et moi-même je
craindrais de m'abrutir en lisant mon journal et en fumant au milieu de mes dignes concitoyens et des pots de
bière, presque aussi simples et inoffensifs les uns que
les autres.

Enfin, il me faudrait trouver une femme inférieure à
Sylvia, et supérieure à toutes celles que je pourrais obtenir, à ma connaissance. Mais, avant tout, il faudrait
guérir de l'amour que j'ai pour Sylvia, et c'est une maladie dont mon âme est encore loin d'être délivrée.

Ne sachant que faire, je suis venu ici essayer encore
mon destin. D'abord j'avais l'intention de me jeter à ses
pieds, comme à l'ordinaire, et puis le caprice m'a pris
de l'épier un peu, de consulter l'opinion de ce qui l'en-
toure, de la connaître, et de la voir enfin sans qu'elle

s'en doutât, afin de m'ôter de l'esprit, une fois pour toutes, les soupçons qui m'ont tourmenté si souvent, et qui me tourmenteront peut-être encore ; car Sylvia a un talent extraordinaire pour les faire naître, un mépris profond pour les explications les plus faciles, et moi une pauvre tête qui se crée promptement des tourments cruels. Je n'ai pu obtenir aucune des lumières que je cherchais, car mon impératrice Sylvia n'est ici que depuis trois semaines, et on n'avait jamais entendu parler d'elle dans le pays. Si elle savait que ces idées m'ont passé par la tête, elle ne me pardonnerait jamais ; mais elle le saura d'autant moins que le cours de mes observations est à peu près terminé. Hier, elle m'a reconnu sous mon déguisement et m'a accueilli d'une manière fort impertinente. Je serai donc obligé de me montrer. Jacques me connaît et me découvrirait bientôt. Ils riraient peut-être ensemble à mes dépens, si je ne prenais le parti d'aller en rire moi-même avec eux.

Ce Jacques est certes un galant homme, dont le caractère froid et l'extérieur réservé ne m'ont jamais permis beaucoup de familiarité, et contre lequel jusqu'ici je me suis senti d'ailleurs des mouvements de jalousie épouvantables. A présent, j'ai des raisons pour savoir que j'ai été injuste et grossier dans mes soupçons. Mais je lui en veux un peu d'avoir été de moitié dans la fierté superbe avec laquelle Sylvia a refusé longtemps de me rassurer en m'expliquant leur parenté et leurs relations. Je lui en veux aussi d'être pour Sylvia le type de tout ce qu'il y a de plus grand et de plus beau dans le monde, la seule âme digne de voler sur la même ligne que la sienne dans les champs de l'empyrée, en un mot l'objet d'un amour platonique et d'un culte romanesque dont je ne suis plus jaloux, mais qui me cause assez de mortification. Je n'en serai pas moins l'ami et le serviteur de

M. Jacques en toute occasion ; mais si, avant de lui donner une poignée de main, je pouvais le taquiner un peu
et me venger de Sylvia en me montrant épris d'une
autre, cela me divertirait.

Pour t'expliquer cette nouvelle folie, il faut que tu
saches que M. Jacques a le plus joli joyau de petite
femme couleur de rose qu'on puisse imaginer. Moins
belle que Sylvia, elle est certainement plus gentille , et,
à coup sûr, son âme romanesque à sa manière est moins
altière et moins cruelle. J'en ai pour gage un bracelet
qui m'a été jeté par une fenêtre avec de très-douces paroles, un soir que je croyais adresser à ma tigresse les
accents passionnés de mon hautbois. Je suis loin d'être
assez fat pour en tirer grande vanité , car je ne sache
pas qu'elle ait encore pu voir ma figure, et ce soir-là
elle n'avait pas même entrevu mon spectre ; c'est donc
au son du hautbois, à l'enivrement d'un soir de printemps
et à quelque rêve de pensionnaire en vacances qu'elle
aura accordé ce gage de protection. Je suis un trop honnête homme et un héros de roman trop maladroit pour
abuser sérieusement de cette petite coquetterie ; mais il
m'est bien permis de faire durer encore le roman pendant quelques jours. J'ai débuté par un baiser, qui peut-
être a laissé quelque émotion dans le cœur de la blonde
Fernande, quand elle a su qu'elle avait été embrassée
avec Sylvia, dans l'obscurité , par un autre que son
mari. Ne me trouves-tu pas devenu bien scélérat par
dépit, moi qui le suis si peu par nature? Ce soir-là,
vraiment, j'étais tout occupé de Sylvia ; j'étais entré par
une des portes de glace du salon qui donne sur les bos-
quets du jardin, avec l'intention d'aller ouvertement demander pardon à Sylvia des torts que j'ai et de ceux que
je n'ai pas. Elles jouaient du piano ; il faisait sombre ;
elles ne s'aperçurent pas de la présence d'un tiers. Je

15.

m'assis sur le sofa. Une d'elles vint s'asseoir auprès de moi sans me voir. J'allais la saisir dans mes bras, quand je reconnus au piano la voix de Sylvia. J'écoutai une petite conversation sentimentale qu'elles eurent ensemble, et, au moment où elles me découvrirent, j'embrassai Sylvia, et j'allais parler, lorsque Fernande, me prenant pour son mari et m'entendant embrasser sa compagne, approcha son visage du mien, avec une petite manière d'enfant jaloux à laquelle je t'aurais bien défié de résister. Je ne sais comment, dans l'obscurité, mes lèvres rencontrèrent les siennes. Ma foi! je fus si troublé de cette aventure que je m'enfuis sans leur faire savoir que je n'étais pas Jacques. Depuis ce temps, je sais par mon vieux hôte, qui est l'oncle de Rosette, soubrette de ces dames, que la belle Fernande a des terreurs paniques, et n'entend pas remuer une feuille dans le parc ou trotter une souris dans le château, sans se trouver mal. Rien n'est plus propre à l'audace d'un lutin que les frayeurs et les évanouissements de sa châtelaine; heureusement pour Fernande, je ne suis ni audacieux ni amoureux à ce point.

Mais ces aventures m'amusent et m'occupent; j'ai vingt-quatre ans, cela m'est bien permis. Le beau temps, le clair de lune, cette vallée sauvage et pittoresque, ces grands bois pleins d'ombre et de mystère ; ce château à mine vénérable, qui est assis gravement sur le doux penchant d'une colline ; ces chasseurs qui arpentent la vallée et la font retentir des hurlements des chiens et des sons du cor; ces deux chasseresses, plus belles que toutes les nymphes de Diane, l'une brune, grande, fière et audacieuse, l'autre blanche, timide et sentimentale, montées toutes deux sur des chevaux superbes et galopant sans bruit sur la mousse des bois : tout cela ressemble à un rêve, et je voudrais ne pas m'éveiller.

X L.

Mardi.

Cette histoire se complique et commence à me causer beaucoup de trouble et de chagrin. J'ai eu grand tort de cacher tout cela à Jacques ; mais à présent, chaque jour de silence agrandit ma faute, et je crains réellement ses reproches et sa colère. La colère de Jacques! je ne sais ce que c'est, je ne puis croire qu'il me la fasse jamais connaître ; et pourtant, comment un mari peut-il apprendre tranquillement que sa femme a reçu d'un autre une déclaration d'amour?

Oui, Clémence, voilà où m'a conduite cette fatale méprise du bracelet. Hier soir, j'étais dans ma chambre avec mes enfants et Rosette ; ma fille semblait souffrante et ne pouvait s'endormir. Je dis à Rosette d'emporter la lumière, qui peut-être l'incommodait. J'étais depuis quelque temps dans l'obscurité avec ma petite sur mes genoux, et je tâchais de l'apaiser en chantant ; mais elle ne criait que plus fort, et cela commençait à m'inquiéter, lorsque le son du hautbois s'éleva, de l'autre extrémité de l'appartement, comme une voix plaintive et douce. L'enfant se tut aussitôt et resta comme ravi à l'écouter ; pour moi, je retenais ma respiration ; la surprise et la peur me rendaient incapable de mouvement. L'inconnu était dans ma chambre, seul avec moi! Je n'osais appeler, je n'osais fuir. Rosette entra comme le hautbois venait de se taire, et s'émerveilla de voir la petite silencieuse et calmée. « Va chercher de la lumière, bien vite, bien vite, lui dis-je, j'ai une peur épouvantable ; pourquoi m'as-tu laissée seule? — Il va falloir que

madame reste encore seule, répondit-elle, pendant que
j'irai chercher la lumière en bas. — Ah! mon Dieu!
pourquoi n'en as-tu pas dans ta chambre? lui répondis-
je. Non! n'y va pas, ne me laisse pas ainsi. N'as-tu rien
entendu, Rosette? Es-tu sûre qu'il n'y ait personne avec
nous dans la chambre? — Je ne vois personne que madame, les enfants et moi, et je n'ai entendu que la flûte.
— Qui est-ce qui jouait de la flûte? — Je ne sais pas;
monsieur, apparemment; quel autre dans la maison saurait en jouer! — Est-ce toi qui es là, Jacques? m'écriai-
je; si c'est toi, ne t'amuse pas à m'effrayer, car je mourrais de peur. » Je savais bien que ce n'était pas Jacques,
mais je parlais ainsi pour forcer notre persécuteur à
s'expliquer ou à se retirer. Personne ne répondit. Rosette ouvrit les rideaux, et, au clair de la lune, examina
tous les recoins de l'appartement sans y découvrir personne. Elle trouvait, sans doute, mes frayeurs bien ridicules, et j'en eus honte moi-même; je lui dis d'aller
chercher de la lumière, et quand elle fut sortie, j'allai
tirer le verrou derrière elle. Mais c'était bien inutile, car
l'inconnu entra par la fenêtre. Je ne sais comment il s'y
prit, et si de la galerie supérieure il a eu l'audace de se
risquer sur ma persienne, ou si, à l'aide d'une échelle,
il sera venu d'en bas; le fait est qu'il entra aussi tranquillement que dans la rue. La colère me donna des
forces, et je m'élançai devant le berceau de mes enfants,
en criant au secours; mais il s'agenouilla au milieu de
la chambre, en me disant d'une voix douce : « Comment
est-il possible que vous ayez peur d'un homme qui voudrait pouvoir vous prouver son dévouement en mourant
pour vous? — Je ne sais qui vous êtes, Monsieur, lui
répondis-je d'une voix tremblante; mais, à coup sûr,
vous êtes bien insolent d'entrer ainsi dans ma chambre;
partez, partez! que je ne vous revoie jamais, ou j'aver-

tirai mon mari de votre conduite. — Non, dit-il en se
rapprochant, vous ne le ferez pas; vous aurez pitié d'un
homme au désespoir. » Je vis en ce moment le bracelet,
et l'idée me vint de le redemander. Je le fis d'un ton
d'autorité et en jurant que j'avais cru le jeter à mon
mari. « Je suis prêt à vous obéir en tout, dit-il d'un air
résigné; reprenez-le, mais sachez que vous me reprenez
le seul bonheur et le seul espoir de ma vie. » Alors il
s'agenouilla de nouveau tout près de moi et me tendit
son bras. Je n'osais reprendre moi-même le bracelet; il
eût fallu toucher sa main ou seulement son vêtement, et
je ne trouvais pas cela convenable. Alors il crut que
j'hésitais, car il me dit : « Vous avez compassion de moi,
vous consentez à me le laisser, n'est-ce pas, ô ma chère
Fernande! » Et il saisit ma main, qu'il baisa plusieurs
fois très-insolemment. Je me mis à crier, et des pas se
firent entendre aussitôt dans la galerie voisine; mais
avant que l'on eût le temps d'entrer, l'inconnu avait disparu, comme un chat, par la fenêtre.

Jacques et Sylvia frappèrent alors à la porte, que j'avais
fermée au verrou et que je ne songeais plus à ouvrir,
tout en leur criant d'entrer au nom du ciel. Cette circonstance du verrou, qui se trouvait fatalement liée à
l'entrée d'un homme dans ma chambre, m'empêcha de
raconter ce qui s'était passé; je dis que j'avais entendu
le hautbois, que j'avais envoyé Rosette chercher de la
lumière, qu'elle m'avait enfermée par mégarde; que
j'avais cru entendre du bruit dans ma chambre et que
j'avais perdu la tête. Comme on me tient pour folle de
peur, on ne m'en demanda pas davantage. Rosette assura bien avoir entendu le hautbois en traversant la galerie, on fit quelques recherches dans la maison et dans
le jardin. On ne trouva personne, et on décréta, en riant,
qu'on ferait venir un piquet de gendarmerie pour me

garder. Sylvia alla chercher le dolman et le shako de
Jacques, et s'en affubla avec de fausses moustaches ; elle
se planta ainsi derrière moi le sabre en main, affectant
de suivre tous mes pas par la chambre pour me servir
d'escorte. Elle était jolie comme un ange avec ce costume. Nous avons ri jusqu'à minuit, et le reste de la
nuit s'est passé fort tranquillement. Mais mon esprit est
bien agité ! Je sens que je suis engagée dans une aventure folle et imprudente, qui peut-être aura des suites
fatales. Fasse le ciel qu'elles retombent toutes sur moi
seule !

Jeudi.

Je viens de recevoir le billet suivant, qui a été remis
à Rosette par son oncle le garde-chasse : « Belle et douce
« Fernande, ne soyez pas irritée contre moi, et ne vous
« méprenez pas sur les motifs de ma conduite. Vous
« pouvez me sauver du malheur éternel et me rendre le
« plus heureux des amis et des amants ; j'aime Sylvia,
« et j'en ai été aimé. Je ne sais par quel crime irrépa-
« rable j'ai perdu sa confiance et mérité sa colère. Je ne
« renoncerai à elle qu'avec la vie ; et *j'espère en vous*,
« en vous seule. Vous avez une âme aimante et géné-
« reuse, je le sais ; je vous connais plus que vous ne pen-
« sez. Le bracelet que vous avez cru jeter à votre mari et
« que je vous rendrai, si vous ne l'accordez à la sainte
« amitié d'un frère, est à mes yeux un gage de confiance
« et de salut. Pardonnez-moi de vous avoir effrayée ;
« j'espérais pouvoir vous parler en secret ; je vois que
« cela sera impossible si vous ne m'accordez vous-même
« cette grâce ; et vous me l'accorderez, n'est-ce pas, bel
« ange aux cheveux blonds ? Votre mission sur la terre
« est de consoler les infortunés. J'irai vous attendre ce
« soir sous le grand ormeau des quatre sentiers, à l'en-

« trée du Val-Brun ; faites-vous accompagner, si vous
« voulez, d'une personne sûre, mais que ce ne soit pas
« votre mari. Il me connaît, et je me flatte de posséder
« son estime et son amitié ; mais en ce moment-ci il
« m'est contraire, et si vous ne travaillez à me justifier,
« je n'ai aucun espoir de rentrer en grâce. Si vous ne
« venez pas, je déposerai votre bracelet sous la pierre du
« grand ormeau ; vous l'y ferez prendre ; mais il sera
« teint du sang   « D'OCTAVE. »

Qu'en penses-tu ? que dois-je faire ? Mais à quoi sert
de te le demander ? Tu ne me répondras que dans huit
jours, et il faut qu'avant ce soir j'aie pris un parti. Accorder un rendez-vous à ce jeune homme, surtout quand
je sais que Jacques n'est pas dans ses intérêts, pour le
réconcilier avec Sylvia, c'est une grande imprudence
peut-être selon le monde ; selon ma conscience je n'y vois
pourtant aucun mal. S'il y a des inconvénients, il n'y en
a que pour moi, qui risque de déplaire à Jacques et d'en-
courir ses reproches, tandis que je puis rendre, si je
réussis, un service à Sylvia et à Octave, peut-être assurer le bonheur de leur vie entière ; car il n'est pas de
bonheur sans l'amour. Sylvia cache en vain son chagrin ;
je vois maintenant pourquoi ses pensées sont si noires et
son avenir si sombre à ses yeux. Si elle a pu aimer ce
jeune homme, il doit être au-dessus du commun et avoir
une belle âme ; car Sylvia est bien exigeante dans ses
affections, et trop fière pour avoir jamais pu s'attacher à
un être qui n'en eût pas été digne. Je vois bien maintenant qu'elle a reconnu son amant dans le chasseur qu'elle
a si bien corrigé de l'envie d'être prévenant avec elle,
et je vois aussi, dans ce coup de cravache, accompagné
d'un silence si complet sur sa découverte, plus de moquerie malicieuse que de véritable colère. Je parie qu'elle

meurt d'envie qu'on amène son ami à ses genoux ; il
est impossible qu'il en soit autrement ; cet Octave l'aime
à la folie, puisqu'il fait des choses si extraordinaires pour
la retrouver. Il a une figure charmante, du moins à ce
qu'il m'a semblé quand je l'ai entrevu dans ma chambre
au clair de la lune. Jacques est sévère et inexorable, il
traite trop Sylvia comme un homme ; il ne devine pas
les faiblesses du cœur d'une femme, et ne comprend pas,
comme moi, ce que son courage doit cacher d'ennui et
de souffrance. Si je refuse d'aider cette réconciliation,
c'en est peut-être fait de son bonheur ; peut-être se con-
damnera-t-elle à une éternelle solitude ; et ce jeune
homme, s'il allait se tuer en effet ! Je l'en croirais assez
capable ; il semble véritablement épris. Que faire ? Je
n'ose me décider à rien ; heureusement j'aurai le temps
d'y penser d'ici à ce soir.

XLI.

D'OCTAVE A HERBERT.

Mon ami, je me suis hâté de remettre les choses sur
le pied où elles doivent être ; car mes affaires commen-
çaient à s'embrouiller. Fernande prenait mes plaisanteries au sérieux, et il était temps de la désabuser ; autrement je courais le risque ou d'être découvert et recommandé par elle à son mari ; ou d'être forcé de lui faire
la cour tout de bon. Je ne voulais ni l'un ni l'autre. Peut-
être, avec ce caractère de femme craintif, nerveux, et
toujours dans le paroxysme d'une émotion quelconque,
m'eût-il été facile, aidé par le romanesque des circonstances, de tourner les choses à mon profit et de faire
beaucoup de progrès en peu de temps. Les femmes
comme Sylvia se donnent par amour ; mais, ou je me
trompe bien, ou celles qui ressemblent à Fernande se

laissent prendre sans savoir pourquoi, sauf à en être au
désespoir le lendemain. Je ne pense pas que Lovelace,
à ma place, eût agi aussi vertueusement que moi ; mais
je n'ai pas l'honneur d'être M. Lovelace, et j'agis selon
ma manière, qui n'a rien de scélérat. Surprendre les sens
d'une jeune femme pour laquelle je n'ai point d'amour,
et la livrer à la honte et à la colère, en m'adressant le
lendemain sous ses yeux à une autre, ce ne serait pas
seulement le fait d'un lâche, mais celui d'un sot. Car,
assurément, après avoir possédé ces deux femmes, je
serais chassé et détesté de toutes deux ; et je ne crois
pas que le souvenir d'avoir pressé Fernande une heure
dans mes bras valût le bonheur de m'asseoir pendant un
an seulement à côté de Sylvia.

J'ai donc coupé court à cette intrigue, qui prenait une
tournure trop folle ; mais trop fou moi-même pour me
résoudre à détruire tout à fait mon roman en un jour,
j'ai pris Fernande pour confidente et pour protectrice. Je
lui ai écrit un billet bien sentimental, où, avec un peu
de flatterie, un peu d'exagération et un peu de mensonge,
je l'ai engagée à m'accorder une entrevue pour traiter de
la grande affaire de ma réconciliation avec Sylvia. J'ai
arrangé mon plan de manière à faire durer le plus longtemps possible le mystérieux mais innocent commerce
que j'ai établi avec mon bel avocat. J'aurai donc pour
quelques jours encore le clair de lune, les appels du
hautbois, les promenades sur la mousse, les robes blan-
ches à travers les arbres, les billets sous la pierre du
grand ormeau, en un mot ce qu'il y a de plus charmant
dans une passion, les accessoires. Je suis bien enfant,
n'est-ce pas ? Eh bien, oui ! et je n'en ai pas honte. Il y
a si longtemps que je suis triste et ennuyé !

XLII.

DE FERNANDE A CLÉMENCE.

Eh bien ! je me suis décidée à aller consoler cet amant infortuné. Tu diras ce que tu voudras, mais il me semble que j'ai bien fait, car je me sens le cœur heureux et attendri. J'ai emmené Rosette, après lui avoir bien recommandé le secret (elle était déjà dans la confidence), et nous avons été ensemble au grand ormeau. Le pauvre désolé est venu à moi avec des transports de joie et de reconnaissance. C'est un bien bon jeune homme que cet Octave, et je suis sûre à présent qu'il est digne de Sylvia. Il m'a raconté toutes ses peines, et m'a dépeint le caractère de Sylvia et le sien de manière à me faire comprendre par quels endroits ils s'étaient souvent offensés sans raison apparente. Sais-tu que ce récit m'a fait une singulière impression, et qu'il m'a semblé lire l'histoire de mon cœur depuis un an ? Pauvre Octave ! je le plains plus qu'il ne peut l'imaginer ; je comprends le malheur dont il souffre ; et je ne sais trop si je ne devrais pas lui conseiller d'oublier à jamais son amour et de chercher quelque âme plus semblable à la sienne. Oui, c'est la même souffrance, c'est la même destinée que moi ! Une tête jeune, confiante et sans expérience comme la mienne, aux prises avec un caractère fier, obstiné et grave comme celui de Jacques. Maintenant qu'il m'a fait connaître Sylvia, je vois bien qu'elle est la sœur de mon mari ; si elle n'est que son élève, il est certain qu'il lui a bien enseigné et fidèlement transmis sa manière d'aimer. Que ne sont-ils époux ! ils seraient à la hauteur l'un de l'autre.

Ce ne sera pas une chose aisée, je ne sais pas même

si ce sera une chose possible, que cette réconciliation.
Nous n'avons rien conclu, Octave et moi, dans cette première entrevue ; je ne pouvais rester qu'une heure, et
elle a été toute employée à me mettre au fait de leur
position respective. Il m'a promis que le lendemain il me
dirait ce qu'il faut faire ; j'y retournerai donc ce soir. Il
m'est très-facile de m'absenter une heure sans qu'on
s'en aperçoive au château. Jacques et Sylvia ne sont pas
fâchés de se trouver seuls pour faire ensemble de la
philosophie aussi sombre que possible ; ils ne tiennent
donc pas grand'note de ce que je fais pendant ce temps-
là. Dieu sait, d'ailleurs, si Jacques m'aimerait assez à
présent pour être jaloux !

Ah ! que les temps sont changés, ma pauvre amie ! Il
est vrai que nous sommes heureux maintenant, si le
bonheur est dans la tranquillité et dans l'absence de reproches ; mais quelle différence avec les premiers temps
de notre amour ! Il y avait alors en nous une joie toujours
vive, un transport continuel, et notre âme, pour être
remplie de passion, n'en était pas moins calme et sereine. Qui a détruit ce repos ? qui a emporté ce bonheur ? Je ne puis croire que ce soit moi seule. Il y a eu
de ma faute, il est vrai ; mais avec un être plus impar-
fait et plus indulgent que Jacques, au lieu de relâcher
nos liens, ces premières souffrances les auraient peut-
être resserrés. D'où vient qu'Octave, malgré toutes les
duretés et les bizarreries de Sylvia, l'aime davantage
chaque jour, en proportion des maux qu'il souffre pour
elle ? D'où vient que Jacques ne peut se faire enfant avec
moi, comme Octave se fait esclave et victime patiente
avec Sylvia ? A présent Jacques semble content, parce
que mes enfants me distraient de lui, et que Sylvia le
distrait de moi ; il n'est pas jaloux de mes enfants, et
moi je suis jalouse de sa sœur. Il n'y a plus en appa-

rence entre nous que de l'amitié ; il n'en souffre pas, et je passe les nuits à pleurer notre amour.

Cette Sylvia, avec son âme de bronze, est-ce là une femme? Jacques ne devrait-il pas préférer celle qui mourrait en le perdant à celle qui est toujours préparée à tous les malheurs, et toujours sûre de se consoler de tout? Mais on n'aime que son pareil en ce monde. D'où vient donc, alors, que j'aime toujours Jacques? Toute sa force, toute sa grandeur, ne servent pas à rendre son amour aussi solide et aussi généreux que le mien.

Sylvia ne s'occupe pas plus d'Octave que s'il n'avait jamais existé; elle sait pourtant qu'il est ici et qu'il n'y est venu que pour elle. Elle dort, elle chante, elle lit, elle cause avec Jacques des étoiles et de la lune, et ne daigne pas jeter sur la terre un regard à l'amant dévoué qui pleure à ses pieds. Octave est pourtant digne d'un meilleur sort et d'un plus tendre amour. Il a une si douce éloquence, un cœur si pur, une figure si intéressante! Je le connais à peine, et je me sens pour lui de l'amitié, tant il a su m'intéresser à son sort et me montrer ingénûment le fond de son âme! Combien je voudrais pouvoir le réconcilier avec Sylvia et le voir fixé près de nous! Quel aimable ami ce serait pour moi! Quelle douce vie nous mènerions à nous quatre! Je mettrai tous mes soins à ce que ce beau rêve se réalise; ce sera une bonne action, et Dieu peut-être bénira mon amour, pour avoir rallumé celui d'Octave et de Sylvia.

XLIII.

D'OCTAVE A FERNANDE.

Vous m'avez laissé, ce soir, si consolé, si heureux, ô ma belle amie! ô mon cher ange tutélaire! que j'ai be-

soin, en rentrant sous mon toit de fougères, de vous
remercier et de vous dire tout ce que j'ai dans le cœur
d'espoir et de reconnaissance. Oui, vous réussirez! vous
le voulez fortement, avez-vous dit; vous vous mettrez à
genoux près de moi, s'il le faut, pour implorer la fière
Sylvia, et vous vaincrez son orgueil. Que Dieu vous entende! Comme j'ai bien fait de m'adresser à vous et d'espérer en votre bonté! Votre extérieur ne m'avait pas
trompé; vous êtes bien cet être angélique qu'annoncent
vos grands yeux et votre doux sourire, et cette taille
mignonne, gracieusement courbée comme une fleur délicate, et ces cheveux teints du plus beau rayon du soleil.
Quand je vous vis pour la première fois, j'étais caché
dans le parc, et vous passâtes près de moi en lisant. Au
premier aspect d'une femme, j'avais cru que vous étiez
celle que je cherchais. Ah! vous étiez réellement celle
dont j'avais besoin alors, et que Dieu m'envoyait dans
sa miséricorde. Je me cachai dans le feuillage, et je restai à vous regarder pendant que vous passiez lentement.
Vous teniez bien le livre, mais de temps en temps vous
leviez vers l'horizon un regard mélancolique et distrait;
vous aussi vous sembliez n'être pas heureuse, et s'il faut
que je vous dise tout, Fernande, il me semble encore
que vous ne l'êtes pas autant que vous le méritez. Quand
je vous raconte mes souffrances, elles semblent trouver
un écho dans votre cœur, et quand je vous dis que l'amour
est le premier des maux, plus souvent que le premier
des biens, vous me répondez : *Oh! oui*, avec un accent
de douleur inexprimable. Oh! ma bonne Fernande, si
vous avez besoin d'un ami, d'un frère, si je puis être
assez heureux pour vous rendre ce service, ou au moins
pour alléger vos peines en pleurant avec vous, initiez-
moi à ces saintes larmes, et que Dieu m'aide à vous
rendre le bien que vous m'avez fait.

16.

De ce premier jour où je vous ai vue, j'ai retrouvé le courage de vivre désespéré ; je venais tenter un dernier effort, résolu à mourir s'il échouait. Le soir j'entrai dans le salon, et j'entendis votre entretien avec Sylvia. Là je connus toute votre âme, elle se révéla à moi en peu de mots ; vous parliez d'amour malheureux ; vous parliez de mourir, Vous ne conceviez pas l'avenir solitaire que votre amie envisageait sans frayeur. Oh ! celle-ci est ma sœur, me disais-je en vous écoutant ; elle pense comme moi qu'il faut être aimé ou mourir ; son cœur est un refuge que je veux implorer ; là, du moins, je trouverai de la compassion, et si elle ne peut me secourir, elle me plaindra, sa pitié descendra du ciel comme la manne, et je la recevrai à genoux. Si je suis chassé d'ici, si je dois renoncer à Sylvia, j'emporterai dans mon cœur le souvenir sacré de cette amitié sainte, et je l'invoquerai dans mes souffrances. O Fernande ! pourquoi Sylvia est-elle si différente de vous? Ne pouvez-vous pas adoucir son âme indomptable? ne pouvez-vous lui communiquer cette douceur et cette miséricorde qui sont en vous? Dites-lui comment on aime, apprenez-lui comment on pardonne ; apprenez-lui surtout que l'oubli des torts est plus sublime que l'absence des torts eux-mêmes, et que, pour m'être véritablement supérieure, il faudrait qu'elle m'eût pardonné. Son ressentiment la rend plus criminelle devant Dieu que toutes mes fautes. La perfection qu'elle cherche et qu'elle rêve n'existe que dans les cieux; mais c'est la récompense de ceux qui ont pratiqué la miséricorde sur la terre.

Je serai ce soir autour de la maison. La lune ne se lève qu'à dix heures; si vous avez obtenu quelque succès, mettez-vous à la fenêtre et chantez quelques paroles en italien ; si vous chantez en français, je comprendrai que vous n'avez rien de favorable à m'apprendre. Mais alors je n'en ai que plus besoin de vous voir, Fernande ; venez au rendez-vous à onze heures. Ayez pitié de votre ami, de votre frère.

OCTAVE.

XLIV.

DE FERNANDE A OCTAVE.

Je vous ai dit, hier soir, combien j'avais peu de succès : j'ai encore moins d'espérance aujourd'hui. Ne nous décourageons pourtant pas, mon pauvre Octave, et soyez sûr que je ne vous abandonnerai pas. Le temps affreux qu'il fait aujourd'hui m'ôte l'espoir de vous voir dans la soirée ; je prends donc le parti de vous écrire aussi, et de confier ma lettre à Rosette, qui la mettra sous la pierre du grand ormeau.

J'ai essayé de parler de vous à Sylvia, mais j'ai rencontré des difficultés sur lesquelles je n'avais pas assez compté ; son caractère raide et réservé a résisté à toutes les investigations de mon amitié. En vain je l'ai assaillie de questions aussi adroites et aussi discrètes en même temps qu'il m'a été possible de les imaginer, je n'ai même pas pu obtenir l'aveu qu'elle eût jamais aimé. Voyez-vous, Octave, on me traite ici en enfant de quatre ans ; mon mari et Sylvia s'imaginent que je ne suis pas en état de comprendre leurs sentiments et leurs pensées. Réfugiés tous deux dans un monde qu'ils croient accessible à eux seuls, ils m'en ferment impitoyablement l'entrée, et je vis seule entre deux êtres qui me chérissent, et qui ne savent pas me le témoigner. Je vous l'ai avoué hier soir, je ne suis pas heureuse ; j'ai eu tort peut-être de vous faire cette confidence ; mais vous m'avez pressée de questions si affectueuses et de reproches si doux, que j'aurais cru faire injure à votre amitié en vous refusant

la confiance que vous m'accordez. Vous m'avez raconté
toutes vos souffrances ; j'étais si émue hier que je vous
ai à peine fait comprendre les miennes. Mais il vous est
bien facile de les imaginer, Octave ; car ce sont absolument les mêmes que les vôtres, et quiconque a souffert
votre vie depuis trois ans a souffert aussi celle que je
mène depuis un an. Vous avez donc raison de m'appeler
votre sœur. Nous sommes frères d'infortune, et nos destinées ont été mêlées dans la même coupe de fiel et de
larmes ; nous sommes tous deux froissés et méconnus.
Jacques est le frère de Sylvia, n'en doutez pas ; il a tout
son caractère, toute sa fierté, tout son silence inexorable. Moi, j'ai bien d'autres défauts que ceux dont vous
vous accusez ; nous nous heurtons, nous nous déchirons
donc souvent sans cause apparente ; un mot, une question, un regard, suffisent pour nous attrister tout un jour ;
et pourtant Jacques est un ange, et d'après ce que vous
m'avez dit de Sylvia, je vois qu'elle est loin de posséder
sa douceur et sa bonté dans le pardon. Mais si le caractère de Jacques l'emporte, le fond de leur cœur est le
même ; la différence de nos sexes et de nos situations
fait que nous sommes traités différemment. Jacques ne
peut me maltraiter et me bannir comme Sylvia fait de
vous, mais dans son âme il s'isole de moi chaque jour
davantage, et il se dit tout bas ce que Sylvia vous
dit tout haut : « Nous ne sommes pas faits l'un pour
l'autre. »

Affreuse parole, arrêt inexorable peut-être ! Eh ! qu'a-
vons-nous fait pour le mériter ? Je ne puis concevoir
qu'on n'aime pas l'être dont on est n'aimé, par cette seule
raison qu'il aime. N'est-ce pas la meilleure de toutes ?
n'est-ce pas le mérite qui doit lui faire tout pardonner ?
L'expiation tout entière n'est-elle pas dans cette seule
parole : *Je t'aime !* Jacques me l'a dit souvent, et avec

quel transport je l'accueille! Quand je me suis imaginé
pendant des jours entiers qu'il est bien cruel et bien
coupable envers moi, s'il revient avec cette douce et,
sainte parole, je ne lui demande pas d'autre justification;
elle efface à mes yeux tous les torts et tous les maux;
pourquoi n'a-t-elle pas pour lui la même valeur dans
ma bouche? Ah! Octave, ils croient qu'ils savent aimer,
eux deux!

Eh bien! ayons courage, aimons-les tristement et patiemment; peut-être deviendront-ils justes en nous
voyant résignés, peut-être deviendront-ils généreux en
nous voyant souffrir; donnons-nous la main, et marchons
ensemble dans la vallée de larmes. Si mon amitié vous
aide et vous console, soyez sûr aussi que la vôtre m'est
douce; que ne puis-je vous donner le bonheur! Mais
réussirai-je? donne-t-on ce qu'on n'a pas?

Il faudrait se décider à parler à Jacques; mais plus je
vais et moins je me flatte que ce message soit bien accueilli en passant par ma bouche. Depuis deux ou trois
jours, il est avec moi d'une distraction et d'une froideur
inconcevables. Sylvia me comble de prévenances, de
soins et de caresses; mais quand je veux causer avec
elle de toute autre chose que de botanique et de parti-
tions, je ne trouve plus que d'habiles défaites pour éloigner ma sollicitude. Elle est, comme Jacques, bonne,
affectueuse et dévouée; comme lui, méfiante et incompréhensible. Tâchez de vous décider à écrire, soit à elle,
soit à mon mari; je remettrai la lettre; je dirai que je
vous ai vu; je serai alors en droit de parler de vous et de
prendre votre défense. Mais si vous ne me permettez
pas encore de dire que vous êtes ici, que voulez-vous
que j'obtienne de gens qui affectent de ne pas savoir
seulement votre nom? Il faudra, si nous prenons le parti
que je vous conseille, cacher un peu de notre amitié

mutuelle à Jacques, et dire que vous m'avez rencontrée et abordée dans le parc le jour même où je parlerai de vous. Ce sera le premier mensonge que j'aurai fait de ma vie, mais il me semble nécessaire. Si nous avons l'air de nous trop bien entendre pour vaincre leur orgueil, ils s'entendront pour se tenir en garde, ils parleront de nous ensemble, et s'il leur arrive de faire un parallèle entre nous, un jour de leur plus sombre philosophie, nous serons perdus. Celui de nous qui n'est pas tout à fait précipité tombera dans l'abîme avec l'autre. Adieu, Octave; je suis triste comme le temps aujourd'hui, et je me sens une sorte d'effroi inexplicable; je crains que vous ne me portiez malheur, ou d'achever de vous perdre en voulant vous sauver.

Pardonnez-moi de n'avoir pas plus de courage, quand vous avez tant besoin d'espoir et de consolation; peut-être demain sera-t-il un meilleur jour pour tous deux.

Songez donc, mon ami, à me rapporter mon bracelet la première fois que nous nous reverrons. Je vais prier pour que la pluie cesse; je mettrai un fanal à ma fenêtre ce soir, si je ne puis sortir.

XLV.

DE CLÉMENCE A FERNANDE.

Fernande! Fernande! tu te perds, et en vérité c'est trop tôt; tu me fais de la peine. Je savais bien que cela devait t'arriver un jour; avec ton caractère faible et l'absence de sympathie qui existe entre ton mari et toi, cela m'a toujours semblé inévitable; mais j'espérais que tu résisterais plus longtemps à ton destin, et que tu soutiendrais contre lui une lutte plus noble et plus courageuse. C'est se laisser vaincre trop vite. Ma pauvre Fer-

nande, tu es dans l'âge où l'on ne sait pas encore tirer
parti de son mauvais sort, et conduire au moins pru-
demment une affaire de cœur. Tu vas te compromettre,
te laisser découvrir par ton mari; lui demander pardon,
l'obtenir; le tromper encore, et peu à peu devenir son
ennemie ou son esclave. Fernande, est-il possible que tu
n'aies pu attendre deux ou trois ans!

Je sais que tu es pure encore, et qu'avant de commettre
ta première faute tu verseras bien des larmes inutiles,
et que tu adresseras à tous les anges protecteurs bien
des prières perdues; mais le mal est déjà fait et le péché
commis dans ton cœur. Tu aimes, il n'y a pas à dire,
mon amie, tu aimes un autre homme que ton mari.

Tu ne le savais pas encore en m'écrivant; sans quoi
tu ne m'aurais peut-être pas écrit ce qui se passe; mais
cela est aussi clair pour moi que l'avenir et le passé de
ma pauvre Fernande. Cet Octave est jeune, tu as remarqué qu'il a une figure charmante; il entre par tes
fenêtres, il joue du hautbois et endort tes enfants d'une
manière magique; il joue au roman autour de toi, et te
voilà troublée, confuse, émue, c'est-à-dire éprise. Tu
pouvais très-bien raconter dès le commencement à ton
mari les impertinences de M. Octave, et y couper court
sans mériter le plus léger reproche de la part de M. Jacques. Mais ce serait finir trop vite une aventure qui
t'amuse et te charme bien plus qu'elle ne te fait peur;
car tu es prête à te trouver mal de frayeur chaque fois
que le lutin apparaît, et pourtant tu l'arranges toujours
de manière à l'évoquer dans l'obscurité. Enfin l'ennemi
change ses batteries, et, pour t'apprivoiser, te parle d'un
amour qu'il n'a peut-être jamais eu pour Sylvia, et qui
bien certainement n'est qu'un prétexte pour arriver à
toi. Tu accueilles ce prétexte avec empressement, et sans
concevoir le plus léger soupçon sur sa sincérité, tu cours

au rendez-vous, et te voilà engagée dans une intrigue d'amour qui aura les résultats accoutumés, quelques plaisirs et beaucoup de larmes.

Il est bien vrai que, pour te disculper à tes propres yeux du nouvel amour que tu sens fermenter en toi, tu récapitules les torts de ton mari, et tu t'efforces de le prouver qu'il t'a fallu bien du courage et du dévouement pour l'aimer jusqu'ici. Mais toute cette théorie d'amour et d'infidélité est fondée sur des principes faux. D'abord, tu n'as jamais eu d'amour véritable pour M. Jacques; ensuite, rien dans sa conduite n'autorise les fautes que tu vas commettre. D'après tout ce que tu m'as raconté de lui, je vois qu'il est le meilleur homme du monde, et qu'il n'a d'autre tort dans tout ceci que d'avoir le double de ton âge. Pourquoi lui en chercher de plus graves? Pourquoi accuser son caractère et son cœur? Fernande, cela est injuste et ingrat. Il suffit de tromper ton mari, il ne faut pas le calomnier. Avoue que tu es jeune, étourdie, que tes principes ont peu de solidité et ton caractère aucune énergie; que tu sens le besoin d'aimer et que tu t'y abandonnes. Ce sont là des malheurs et non pas des crimes; mais aie au moins la noblesse de rendre justice à ton mari, et de ne l'accuser de rien, sinon d'avoir trente-cinq ans et de t'avoir épousée.

Je gage qu'à l'heure qu'il est tu as versé dans le sein de M. Octave le secret de tes chagrins domestiques, car il t'a raconté ce qu'il avait eu à souffrir de Sylvia ou de quelque autre, et ce récit a éveillé en toi tant de sympathie que tu as décidé en une heure d'en faire ton ami et ton frère. Dès lors tu agis en conséquence, les billets et les rendez-vous vont leur train. Quel billet que ce premier billet de M. Octave! quelle passion, quels éloges, quelles prières, quelles tendres expressions! et tout cela pour toi, Fernande! Aussi, tu ne l'as pas fait attendre, et tu étais au rendez-vous avant lui, je parie. A présent, il doit t'avoir dit clairement que c'est toi et non Sylvia qu'il aime, ou du moins que, s'il a jamais connu et aimé celle-ci, tu la lui as fait parfaitement oublier. Cela aura pu t'empêcher pendant deux jours d'aller au grand ormeau, mais le troisième tu n'auras pu y tenir, et vous en êtes maintenant au délire charmant de l'amour platonique. Il est convenu qu'on respectera l'honneur de M. Jacques, jusqu'à ce que les sens l'emportent par surprise, quelque beau soir, sur la volonté. Moyennant quelques louis, sortis de la poche de M. Octave, Rosette n'a-t-elle pas déjà quelque entorse, une écorchure au pied qui l'empêche de marcher jusqu'à l'entrée du vallon? Ai-je deviné juste, ou ne s'est-il rien passé de pareil à tout ce que je suppose?

Il peut se présenter un hasard qui change la marche des choses; c'est que M. Jacques, étonné de te voir devenue si brave, toi qui n'osais traverser le salon dans l'obscurité il y a quelques jours, et qui maintenant traverses le parc et la campagne à neuf heures du soir, s'avise de te suivre et de t'observer; le moins qu'il puisse faire, en mari sage et prudent, c'est de t'adresser un sermon laconique, mais un peu grave, et de prendre des moyens pour éloigner ton amant. Alors le désespoir allumera la passion, et vous deviendrez plus ingénieux et plus habiles dans vos rapports secrets; le *malheur* de M. Jacques n'en sera que plus sûr et plus prompt. Si M. Octave ne t'aime pas assez pour risquer d'être tué en escaladant ta fenêtre, tu t'en consoleras et tu te mettras à détester ton mari, parce que, dans sa mauvaise humeur, une femme s'en prend surtout à son mari de tous les chagrins qui lui adviennent. Dans ce cas-là, tu ne seras pas longtemps à trouver un autre amant, car ton cœur appellera impérieusement quelque affection nouvelle pour chasser la douleur et l'ennui dont tu seras consumée. Comme tu n'es pas fort patiente pour observer et pour connaître les caractères auxquels tu te fies, il pourra bien t'arriver de faire encore un mauvais choix, et alors malheur à toi! Tu marcheras d'erreur en faute et d'étourderie en coups de tête. Une des plus belles fleurs d'innocence que la société ait vues éclore sera flétrie et empoisonnée par son mauvais destin et sa faible nature.

Quoi qu'il t'arrive, Fernande, je ne t'abandonnerai pas; pour te secourir et te consoler, je vaincrai les préjugés, trop bien fondés et malheureusement trop nécessaires, qui soutiennent l'édifice de la société. Mais mon amitié ne pourra pas te servir à grand'chose, et je vois avec douleur l'abîme où tu te précipites les yeux bandés. Pardonne à la dureté de ma lettre; si elle te blesse, je me consolerai de t'avoir fait de la peine en espérant t'avoir inspiré un peu de prudence, et retardé peut-être, ne fût-ce que de quelques jours, le déplorable sort vers lequel tu t'achemines.

XLVI.

DE JACQUES A SYLVIA.

De la ferme de Blosse.

Les affaires qui m'ont attiré ici ne sont qu'un prétexte. J'ai été frappé d'un malheur inattendu; il m'a été impossible d'en parler, même à toi. Je suis parti sans rien faire paraître de ma douleur; j'ai voulu mettre entre moi et *elle* une quinzaine de lieues, pour me forcer d'agir avec réflexion. Lorsque les communications qu'on peut avoir ensemble exigent un intervalle de quelques heures, la violence ne l'emporte pas sur la volonté aussi aisément. Voici ce que j'ai à t'apprendre.

Samedi soir, tu te rappelles que je te laissai à la maison de Remi, pour aller parler aux gardes forestiers de la côte Saint-Jean. Nous devions, toi marchant plus lentement que moi, et m'attendant, si tu arrivais la première, nous rejoindre au carrefour du grand ormeau; mais, par une singulière combinaison du hasard, tu te trompas de sentier et arrivas tout droit au château, tandis que je me hâtais de t'aller retrouver au lieu convenu. Il faisait fort sombre, tu t'en souviens, et un peu de pluie avait rendu l'herbe humide; le bruit des pas s'y trouvait entièrement amorti. J'arrivai donc sans être remarqué de ceux qui étaient là. Ils étaient deux, Fernande et un homme. Ils se donnèrent un baiser, et ils se séparèrent en disant *demain;* ils avaient échangé quelques paroles à voix basse où j'avais saisi un seul mot : *bracelet.* L'homme disparut après avoir sauté par-dessus la haie du taillis, Fernande appela à plusieurs reprises Rosette, qui était apparemment assez loin, car elle se fit attendre, puis elles partirent ensemble, et je les suivis en me tenant à une certaine distance. Fernande avait l'air parfaitement calme en rentrant au salon, et quand je lui demandai où elle avait été, elle me répondit qu'elle n'était pas sortie du parc, avec une assurance étonnante. Je l'accompagnai jusqu'à sa chambre, et j'attendis qu'elle eût ôté ses bracelets; tandis qu'elle passait dans son cabinet de toilette, je les examinai : l'un des deux avait été évidemment changé; quoiqu'il fût exactement pareil à l'autre, quoiqu'il portât mon chiffre, il n'avait pas une petite marque que le bijoutier de Genève à qui je les ai commandés avait mise à l'un et à l'autre. Je souhaitai le bonsoir à Fernande avec calme et sans rien témoigner de mon émotion : elle me jeta les bras autour du cou avec sa tendresse accoutumée, et me reprocha, comme elle fait tous les jours, de ne pas l'aimer

assez. Le matin, elle entra dans ma chambre et m'accabla de caresses auxquelles je me dérobai en inventant
un prétexte pour sortir précipitamment. Alors je sentis
qu'il était au-dessus de mes forces de dissimuler l'horreur que me causait cette femme. Je partis dans la journée.

Il y a plusieurs jours que j'avais remarqué quelque
chose d'extraordinaire dans la conduite de Fernande.
Cette histoire de voleur ou de revenant, dont la maison
était remplie, me paraissait expliquer, jusqu'à un certain point, son émotion au moindre bruit. Je voyais son
trouble, son agitation, et à Dieu ne plaise que j'accueil-
lisse l'ombre d'un soupçon! Lorsque, attirés par ses
cris, nous la trouvâmes enfermée dans sa chambre, l'i-
dée ne me vint pas qu'un homme pût avoir été assez
hardi pour tenter de la séduire sans qu'elle m'eût averti,
dès le premier jour, de ses tentatives. Je la vis ensuite
errer dans le parc, écrire plus souvent que de coutume,
avoir de fréquents conciliabules avec Rosette, déployer
tout à coup plus d'activité et de gaieté que je ne lui en
avais vu depuis longtemps, et surtout passer d'un excès
de pusillanimité à une sorte de hardiesse. Que le ciel
m'écrase si l'idée me vint de l'observer pour trouver une
explication à ces bizarreries! Elle que j'ai connue si
naïve, si chaste, si vraie! elle qui s'accusait de torts
qu'elle n'avait pas et de fautes qu'elle n'avait pas com-
mises! Infortunée! qui a pu la corrompre et la flétrir si
vite?

Il faut qu'elle ait dans le cœur quelque odieux germe
d'impudence et de perfidie; il faut que sa mère, en la
parant de toutes les grâces de la candeur, lui ait versé
dans l'âme une goutte de ce poison que distillent ses
veines; ou il faut que l'homme qui a réussi à la dominer
en si peu de jours ait dans le souffle quelque chose d'in-

fernal, et qu'il soit impossible à une femme de toucher ses
lèvres sans être avilie et endurcie au mal au même instant. Il y a, je le sais, des libertins si pervers, qu'ils
semblent doués d'un pouvoir surnaturel, et qu'entre leurs
mains l'innocence se change en infamie, comme par miracle. Il y a aussi des femmes qui naissent avec l'instinct
de l'effronterie. Dans les années de leur première inex-
périence, cette impudeur se voile sous les grâces de la
jeunesse et ressemble à la confiante sincérité de l'enfance; mais, dès leur premier pas dans le vice, tout leur
devient mensonge et bassesse. J'ai vu tout cela, et pourtant je n'aurais jamais pu soupçonner Fernande; et me
voici aussi surpris, aussi atterré de stupeur, que s'il s'é-
tait opéré quelque révolution dans le cours des astres.

A présent il s'agit de savoir ce que j'ai à faire. Pour
moi, je ne suis pas embarrassé de ce que je deviendrai :
le mépris est l'appui le plus fort sur lequel puisse se reposer une âme désolée; je partirai, et ne la reverrai que
lorsque mes enfants seront en âge de recevoir l'impression funeste de son exemple et de ses leçons; alors je les
lui retirerai et je lui assurerai une existence riche et indépendante. O Dieu! ô Dieu! était-ce ainsi que j'avais
rêvé son avenir et le mien? Mais elle a menti sans pâlir,
elle m'a embrassé sans honte et sans confusion, elle m'a
reproché de ne pas l'aimer assez, le jour où elle me trompait! Qui pouvait prévoir que c'était là un cœur vil, avec
lequel il n'y aurait pas d'autre parti à prendre que l'oubli?

Je n'attends de toi qu'un service : c'est que tu ne fasses
paraître aucune émotion et que tu l'observes attentivement pendant plusieurs jours. Je crois qu'elle aime ses
enfants; il m'a semblé qu'elle redoublait pour eux de
soins et de tendresse, depuis qu'elle a trouvé dans une
autre affection que la mienne le bonheur dont elle était
avide. Pourtant je veux savoir si je ne me trompe pas, et

si ce nouvel amour ne lui fera pas oublier et mépriser
les lois sacrées de la nature. Hélas ! j'en suis maintenant
à la croire capable de tous les crimes ! Observe-la, en-
tends-tu ? et si mes enfants doivent souffrir de sa passion,
condamne-la sans pitié ; je veux alors les reprendre sur-le-
champ, et partir avec eux sans aucune explication.

Mais non, ce serait trop cruel. Elle peut les négliger
pendant quelques jours sans cesser de les aimer ; lui arracher ses enfants au berceau ! ses enfants, qu'elle allaite
encore ! Pauvre femme ! ce serait un trop rude châtiment. C'est une mauvaise et ignoble nature de femme ;
mais elle a au moins pour eux l'amour que les animaux
ont pour leur famille. Je les lui laisserai, et tu resteras
auprès d'eux ; tu veilleras sur eux, n'est-ce pas ? Adieu.
J'attends ta réponse par le courrier que je t'envoie. Dis à
Fernande que mes affaires me retiennent encore ici, et
que je fais demander des nouvelles de mon fils que j'ai
laissé souffrant. Mes pauvres enfants !

XLVII.

DE SYLVIA A JACQUES.

Tu te trompes, sur l'âme de notre père ! je jure que
tu te trompes : Fernande n'est pas coupable ; l'homme
que tu as vu n'est pas son amant, c'est le mien, c'est
Octave. Je l'ai vu, je sais qu'il est ici, et que c'est lui qui
rôde autour de la maison. Je le croyais parti ; mais si tu
as vu un homme parler à Fernande, ce ne peut être que
lui. Il se sera adressé à elle pour qu'elle le réconcilie avec
moi. Le baiser que tu as entendu aura été déposé sur sa
main. Octave n'est pas un grand caractère, et il me reste
peu d'amour pour lui ; mais c'est au moins un honnête
homme, et je le sais incapable de chercher à séduire la
femme. Quant à elle, il est impossible qu'elle se laisse sé-

duire ainsi et qu'elle sache mentir avec cet aplomb. Je ne
sais rien encore; ce qui se passe me semble bizarre, et je
ne me chargerai pas de t'en donner l'explication à présent.
Je ne sais comment ils peuvent être déjà amis, mais ils
ne sont point amants, j'en réponds. Je connais, non leur
conduite actuelle, mais leur âme. Ne juge donc pas,
tiens-toi tranquille, attends; demain tu sauras tout, j'espère. Je suis fâchée de ne pouvoir te donner une explication plus satisfaisante aujourd'hui, mais je ne veux
point questionner Fernande; je ne veux pas qu'elle se
doute de tes soupçons. Tout ce que je puis oser te dire,
c'est qu'elle ne les mérite pas. Adieu, Jacques; tâche de
dormir cette nuit. Quoi qu'il arrive, je ferai ce que tu
voudras; ma vie t'appartient.

XLVIII.

DE FERNANDE A OCTAVE.

Courage! mon ami, courage! j'ai parlé enfin à Sylvia,
et j'espère; j'ai trouvé une occasion favorable. Vous m'a-
viez tellement recommandé de ne rien précipiter, que je
tremblais d'agir trop vite; mais, d'un autre côté, je craignais de ne jamais retrouver un moment aussi propice.
Jamais je n'avais vu Sylvia aussi prévenante, aussi bonne,
aussi expansive avec moi; elle semblait désirer de m'entendre. Elle est venue dans ma chambre hier soir, et m'a
demandé pourquoi j'étais triste. Je le lui ai dit: Jacques
lui avait écrit de Blosse pour avoir des nouvelles des enfants, et il ne m'avait pas adressé une ligne. Je ne peux
pas m'offenser de cette préférence si marquée pour Sylvia, mais je puis m'affliger du tort qu'elle me fait. Je le
lui ai dit ingénument. Elle m'a embrassée avec effusion
en me disant : « Est-il possible, ma pauvre enfant, que

je sois un sujet de chagrin pour toi, moi qui espérais contribuer à ton bonheur, et l'entretenir, sinon l'augmenter, par ma tendresse? Eh quoi! Fernande, crois-tu donc que je sois une femme aux yeux de Jacques? — Non, lui ai-je répondu; je sais, ou du moins je crois savoir que tu es sa sœur, mais je n'en suis que plus sûre de mon malheur: il t'aime mieux que moi. — Non, Fernande! non, s'est-elle écriée. S'il en était ainsi, j'estimerais et j'aimerais moins Jacques. Tu es ce qu'il a de plus cher au monde, tu es son amante, la mère de ses enfants. Et tu l'aimes par-dessus tout, n'est-il pas vrai? — Par-dessus tout, ai-je répondu. — Et tu n'as jamais eu un tort grave envers lui? — Jamais, ai-je dit avec assurance, j'en prends Dieu à témoin. — En ce cas, tu n'as rien à craindre, a-t-elle repris; il est vrai que Jacques est sévère et inexorable dans de certaines occasions, mais il est doux et tolérant pour les petites fautes. Sois sûre, Fernande, que ton sort est bien beau, et que, si tu en es mécontente, tu es ingrate. Hélas! que ne donnerais-je pas pour changer avec toi? Tu peux aimer de toutes les forces de ton âme, tu peux vénérer l'objet de ton amour, tu peux t'abandonner tout entière; c'est un bonheur que je n'ai jamais goûté. — Est-il bien vrai, me suis-je écriée en passant un bras autour de son cou; n'as-tu jamais aimé? — J'ai aimé un être que je n'ai point possédé et que je ne posséderai jamais, a-t-elle dit, parce qu'il n'existe pas. Tous les hommes que j'ai essayé d'aimer lui ressemblaient de loin, mais, vus de près, ils redevenaient eux-mêmes, et je ne les aimais plus du moment où je les connaissais. — Oh! mon Dieu, lui ai-je dit, tu as donc essayé bien des fois? — Oui, bien des fois, m'a-t-elle répondu en riant, et presque toujours mon amour était fini la veille du jour que j'avais fixé pour en faire l'aveu; deux fois seulement il a été plus loin; la seconde même, il a supporté quelques épreuves assez graves, et, après s'être presque éteint, il s'est parfois presque rallumé, mais pas assez pour employer tout ce que mon âme se sent de force pour aimer. — Ce n'est donc pas par froideur et par impuissance de cœur que tu veux te vouer à la solitude? — Non, c'est tout le contraire, c'est par excès de richesse et d'énergie. Je me sens dans l'âme une soif ardente d'adorer à genoux quelque être sublime, et je ne rencontre que des êtres ordinaires; je voudrais faire un dieu de mon amant, et je n'ai affaire qu'à des hommes. »

Alors, la voyant si bien en train de causer, je l'ai interrogée plus particulièrement sur son dernier amour, et lui ai fait beaucoup de questions sur votre caractère. Elle m'a dit que vous étiez le premier des hommes qu'elle ait connus, et le dernier des amants qu'elle ait rêvés. « Mais, m'a-t-elle dit tout à coup, est-ce que Jacques ne t'en a jamais parlé? — Jamais. — Est-ce qu'il ne t'a pas lu quelquefois mes lettres depuis ton mariage? — Jamais. — Il a eu tort, a-t-elle repris; mais toi, ne penses-tu rien de son caractère et de sa figure? Ne l'as-tu jamais vu rôder dans le parc? Ne trouves-tu pas qu'il joue du hautbois avec beaucoup d'expression? — Ah! méchante Sylvia! me suis-je écriée; tu savais donc bien qu'il est ici? — Et que t'a-t-il dit? a-t-elle repris en riant, car il t'a écrit. » Alors je me suis jetée dans ses bras et presque à ses pieds, et je lui ai parlé avec tout le dévouement et toute l'ardeur de l'amitié que je vous ai vouée. En m'écoutant, son visage avait une étrange expression de plaisir et d'intérêt. Oh! je l'espère, Octave, elle vous aime plus qu'elle ne le dit, plus qu'elle ne le pense. Elle m'interrompit pour me demander quel jour je vous avais vu pour la première fois et comment vous m'aviez abordée. Cela m'embarrassa un peu; cependant je lui racontai à peu près tout, et je lui demandai à mon tour comment elle savait nos relations. « Parce que j'ai vu par hasard un billet à ton adresse dans les mains de Rosette, et que j'ai reconnu le caractère de la suscription... Ne pourrais-tu me montrer un de ces billets? a-t-elle ajouté; je serais curieuse de voir de quelle façon il parle de moi. » J'ai couru chercher l'avant-dernier [1], où il est exclusivement question d'elle. Elle l'a lu très-vite, et me l'a rendu en souriant; elle s'est promenée dans l'appartement avec quelque agitation, comme fait Jacques quand il hésite à prendre un parti, puis elle m'a dit en prenant son bougeoir: « Adieu, Fernande; donne-moi deux ou trois jours pour te répondre touchant ce que je compte faire d'Octave; pour aujourd'hui, je souhaite qu'il dorme aussi bien que moi. » Mais quoiqu'elle affectât un ton moqueur, il y avait sur son visage un rayonnement inaccoutumé. Elle m'embrassa si affectueusement, et me dit des choses si bonnes et si tendres pour mon compte, que je la crois enchantée de ma conduite; elle ne demandait qu'à écouter votre avocat pour vous absoudre. Espérez, Octave, espérez; à présent qu'elle sait nos manœuvres, il est inutile que nous nous voyions à son insu. Attendons un peu; si je vois que sa miséricorde fasse d'heureux progrès, je vous ferai venir ici, et vous vous jetterez à ses pieds. Mais je crois qu'elle veut consulter Jacques auparavant; laissez-la faire, puisque cela est inévitable. O mon ami, que je serais fière et heureuse si je réussissais à vous rendre le bonheur ! Est-il encore possible pour moi? La

---

1. Le lecteur ne doit pas oublier que beaucoup de lettres ont été supprimées de cette collection. Les seules que l'éditeur ait cru devoir publier sont celles qui établissent certains faits et certains sentiments nécessaires à la suite et à la clarté des biographies ; celles qui ne servaient qu'à confirmer ces faits, ou qui les développaient avec la prolixité des relations familières, ont été retranchées avec discernement. (*Note de l'éditeur.*)

conduite froide de Jacques à mon égard me désespère et
me décourage presque d'aimer. Je tâcherai de vivre d'a-
mitié; votre joie remplira mon âme et me tiendra lieu
de celle que je ne goûte plus.

XLIX.

DE SYLVIA A JACQUES.

Je te l'ai dit, Jacques, tu t'es trompé; Fernande est
pure comme le cristal; le cœur de cette enfant est un
trésor de candeur et de naïveté. Pourquoi t'es-tu fait
tant souffrir? Ne sais-tu pas qu'en de certaines occasions
il faut refuser le témoignage même des yeux et des
oreilles? Pour moi, il y a encore des circonstances inexplicables dans cette aventure, celle du bracelet, par
exemple. Je n'ai pu trouver un moyen d'interroger Fernande à cet égard; il eût fallu laisser percer tes remar-
ques et tes soupçons, et il ne faut pas que Fernande se
doute jamais que tu l'as condamnée sans l'entendre.
Mais comme son innocence dans tout le reste est aussi
évidente pour moi que le soleil, aussi prouvée que l'existence du monde, je crois pouvoir assurer que tu t'es
trompé en croyant entendre le mot de *bracelet*, et que
la marque du bijoutier n'a jamais existé que sur l'un des
deux. S'il y a quelque mystère à cet égard entre eux,
sois sûr qu'il est aussi puérilement innocent que le reste.
Reviens, je te raconterai tout, je te donnerai sur tout les
explications les plus satisfaisantes. Je sais ce qu'ils s'écri-
vaient, j'ai vu les lettres; je sais ce qu'ils se disaient,
Fernande m'a tout dit avec candeur : ce sont deux enfants. Fernande eût agi d'une manière imprudente avec
un autre homme qu'Octave; mais Octave a l'ingénuité et
toute la loyauté d'un Suisse. Reviens, nous parlerons de

tout cela. Ne me demande pas pourquoi je ne t'ai pas
dit qu'Octave était ici ; je le savais, je l'avais reconnu
sous un déguisement à la dernière chasse au sanglier que
nous avons faite. Il eût fallu, pour te faire comprendre sa
conduitre étrange et romanesque, t'avouer que je t'avais
fait un petit mensonge en te disant qu'Octave avait renoncé à moi, et que nos liens étaient rompus d'un mutuel
accord. Il est bien vrai que j'avais rompu les miens,
mais sans le consulter, et sans savoir à quel point il souffrirait de ce parti. Tu me mandais que ma présence te
devenait nécessaire. J'aimais encore Octave, mais sans
enthousiasme et sans passion. Ce que j'aime le mieux au
monde, c'est toi, Jacques, tu le sais ; ma vie t'appartient ;
je te dois tout, je n'ai pas d'autre devoir, pas d'autre
bonheur en ce monde que de te servir. J'ai donc quitté
Genève sans hésiter, et, pour prévenir des explications
inutiles et pénibles, je suis partie sans voir Octave et
sans lui faire d'adieux. Je savais que cette nouvelle séparation lui ferait beaucoup de mal ; je savais que mon
affection ne pouvait jamais lui faire de bien, et qu'il
souffrirait moins, s'il parvenait à y renoncer, que s'il
continuait cette lutte entre l'espoir et le découragement,
à laquelle il est livré depuis plus d'un an. Je croyais que
cette rupture serait d'autant plus facile que je ne lui disais point où j'allais, et que le temps qu'il perdrait à me
chercher serait autant de gagné pour se consoler. Je t'ai
dit qu'il m'avait laissée partir sans regret, parce que tu
te serais imaginé que je venais de te faire un sacrifice, et
cette idée aurait gâté le bonheur que tu éprouvais à me
voir. Non, ce n'était pas un sacrifice bien grand, mon
ami ; je n'ai réellement plus d'amour pour Octave. Il est
vrai qu'il m'est cher encore comme un ami, comme un
enfant adoptif, et que, dans le secret de mon cœur, j'ai
pleuré sa douleur, et demandé à Dieu de l'alléger en me

la donnant ; mais combien je suis dédommagée aujour-
d'hui de ces peines secrètes, en voyant que je te suis
utile et que j'ai fait quelque bien à Fernande.

D'ailleurs, tout est réparé : Octave a découvert ma
retraite ; il est venu chanter et soupirer sous mon balcon, comme un amant de Séville ou de Grenade ; il a
conté ses chagrins à Fernande, et l'a conjurée d'intercéder
pour lui. Que pourrais-je refuser à Fernande ? Reviens ;
et, pour que les choses se passent convenablement,
charge-toi de nous présenter l'un à l'autre et de l'inviter
à demeurer quelque temps avec nous. Je prends sur moi
de le faire partir sans cris et sans reproches ; car je ne
prévois pas que l'envie me vienne de vous quitter pour
le suivre.

L.

DE SYLVIA A OCTAVE.

Vous êtes un fou, et vous avez failli nous faire bien du
mal. Ne vous voyant plus reparaître, j'avais espéré que
vous étiez parti, tandis que vous vous amusiez à jouer
avec le repos et l'honneur d'une famille. Êtes-vous si
étranger aux choses de ce monde ? Vous qui me repro-
chez sans cesse de mépriser trop le côté réel de la vie,
ne savez-vous pas que la plus pure des relations entre
un homme et une femme peut être mal interprétée, même
par les personnes les plus douces et les plus honnêtes ?
Vous qui m'avez blâmée avec tant d'amertume quand
j'exposais ma réputation aux doutes des indifférents par
une conduite trop indépendante, comment êtes-vous
assez irréfléchi ou assez égoïste pour exposer aujour-
d'hui Fernande aux soupçons de son mari ? Heureusement il n'en a point été ainsi, et Jacques ne s'est aperçu
de rien ; mais j'ai découvert les enfantillages de votre

conduite. Tout autre que moi aurait jugé sur les apparences; heureusement je vous sais honnête homme, et je
connais la sainteté du cœur de Fernande. Mais que
doivent penser les domestiques et les paysans que vous
mettez dans la confidence de vos rendez-vous puérils?
L'homme chez qui vous demeurez et la femme de
chambre qui accompagne Fernande aux Quatre-Sentiers,
croyez-vous qu'ils jugent vos entretiens innocents et
qu'ils gardent bien scrupuleusement le secret? Tous ces
mystères sont d'ailleurs inutiles : que ne m'écriviez-vous
directement? ou, si vous pensiez avoir besoin d'un avocat, que ne vous adressiez-vous à Jacques, qui a pour
vous de l'amitié, et qui a sur mon esprit bien plus d'influence que Fernande? Je ne conçois pas cette niaiserie
de n'oser pas vous présenter vous-même; il faut promptement terminer et réparer vos imprudences. Habillez-
vous comme tout le monde demain, et venez dîner avec
nous. Jacques vous invitera à passer quelque temps au
château ; vous devez accepter. Mais, écoutez, Octave.

Je n'ai point d'amour pour vous ; j'ai cru en avoir autrefois, peut-être même en ai-je eu. Depuis longtemps
je ne sens plus que de l'amitié dans mon cœur; n'en
soyez pas blessé, et croyez que ce que je vous ai dit est
très-réel et très-sincère. Je n'ai d'amour pour aucun autre
et je ne crois pas en avoir jamais. Cessez d'attribuer à un
caprice ou à une tristesse passagère la résolution que
j'ai prise de ne plus être votre maîtresse. Les embrassements de l'amour ne sont beaux qu'entre deux êtres qui
le ressentent; c'est profaner l'amitié que de les lui imposer. Quels plaisirs purs pourriez-vous goûter dans mes
bras désormais, sachant que je ne vous y reçois que par
dévouement? Cessez donc d'y songer, et soyons frères.
Je ne vous retire qu'un plaisir devenu stérile ; ce n'est
pas moi, c'est vous qui avez détruit ce que vous m'inspi-

riez d'enthousiasme et de passion. Mais ne revenons pas
sur d'inutiles reproches; ce n'est pas votre faute si je me
suis trompée. Je puis vous dire que l'amitié et l'estime
ont survécu dans mon âme à l'amour, et que rarement
une femme peut rendre ce témoignage à l'homme qu'elle
connaît aussi intimement que je vous connais. Si vous
dédaignez mon amitié et si vous la refusez, il est inutile
de rester longtemps ici; quelques jours suffiront pour
réparer vos étourderies; si vous l'acceptez, au contraire,
nous serons tous heureux de vous garder parmi nous le
plus que nous pourrons, et la tendresse de mon affection
fraternelle s'efforcera de vous faire oublier la dureté de
ma franchise.

LI.

DE JACQUES A SYLVIA.

Je serai demain auprès de toi; aujourd'hui je suis
malade. Je me suis senti comme foudroyé par la fièvre
en lisant ta lettre; jusque-là j'étais si agité que je ne
sentais pas mon mal; aussitôt que mon être moral a été
guéri, mon être physique s'est aperçu du choc terrible
qu'il avait reçu, et il a semblé vouloir se dissoudre. Pendant quelques heures j'ai cru que j'allais mourir, et je
songeais à te faire appeler, quand une saignée, que le
médecin du village voisin m'a faite à propos, est venue
me soulager; je serai tout à fait bien demain. Ne prends
point d'inquiétude et ne dis rien à Fernande.

Je l'ai accusée injustement, j'ai été coupable envers
elle; je ne lui en demanderai point pardon, ces sortes
d'aveux aggravent le mal; mais je réparerai ma faute.
Je sens que mon affection pour elle n'a rien perdu de sa
ferveur, et que la souffrance n'a point affaibli les facultés aimantes de mon cœur. J'ignore si je puis encore ap-

peler amour le sentiment que Fernande a pour moi ; j'en
doute, car elle a bien souffert de cet amour, et je ne
crois pas qu'elle puisse, comme moi, souffrir sans se dégoûter. Pour moi, il me semble que je suis le même qu'au
jour où je l'ai pressée dans mes bras pour la première
fois ; la même chaleur sainte et bienfaisante entretient la
jeunesse de mon cœur ; je suis aussi dévoué, aussi sûr
de moi, aussi calme pour supporter les douleurs journa-
lières qu'engendre l'intimité. Je ne sens pas la moindre
amertume contre le passé, pas le moindre ennui du présent, pas le moindre découragement devant l'avenir ; oui,
je l'aime encore comme je l'aimais ; seulement je suis
un peu moins heureux.

Octave me paraît fort extravagant en tout ceci ; mais
c'est peut-être son caractère, et alors il n'y a pas de reproche à lui faire. Tu as raison de penser qu'il faut couper court promptement à ce manége puéril, et réparer,
aux yeux de nos gens, le mauvais effet qu'il a dû produire. Il n'y a pas d'explication possible à leur donner ;
il y en aurait qu'il ne faudrait pas en prendre la peine.
Mais une prompte *bonne intelligence* entre nous quatre,
et Octave assis à notre table pendant une ou plusieurs
semaines, répondront victorieusement à tous les mauvais commentaires.

Tu t'excuses de m'avoir caché ton sacrifice ; car c'en
était un, Sylvia. Je connais ton cœur ; je sais ce que ton
noble orgueil et ta paisible fermeté cachent de tendresse
et de compassion ; je sais que tu as dû pleurer les larmes
d'Octave, et que tu ne l'as pas affligé sans déchirer ton
âme. Tu dis que ce que tu as de plus cher au monde,
c'est moi. Bonne Sylvia ! ce que tu as de plus cher au
monde, tu ne l'as pas encore rencontré. Le rencontreras-
tu jamais, et, si cela arrive, sera-ce pour ton bonheur
ou pour ton malheur ?

Quant à Octave, je te supplie d'avoir beaucoup de
douceur et de bonté avec lui ; il est bien assez à plaindre
de ne pouvoir être aimé de toi ; épargne-lui les reproches.
Pour moi, quelque étrange qu'ait été son procédé en s'a-
dressant à ma femme plutôt qu'à moi, je lui témoignerai
l'amitié et l'estime qu'il mérite. A demain donc ! tu m'as
sauvé, Sylvia ; sans toi je partais, j'abandonnais Fernande ; j'étais à jamais criminel et malheureux. Pauvre
Fernande ! brave Sylvia ! oh ! je vais être encore bien
heureux, je le sens. Et mes enfants que je croyais ne
plus revoir que dans cinq ou six ans, mes chers enfants
que je vais couvrir de douces larmes !

LII.

DE FERNANDE A CLÉMENCE.

Pour le coup, mon amie, je ne puis ni me fâcher, ni
m'affliger de ta lettre ; elle est burlesque, voilà tout. Je
suis tentée de croire que tu es gravement malade, et que
tu m'as écrit dans l'accès de la fièvre. S'il en était ainsi,
je serais bien triste ; et je souhaite me tromper, d'autant
plus que je ne voudrais pas perdre une si bonne occasion
de rire. L'immuable raison et l'auguste bon sens ont
donc aussi leurs jours de sommeil et de divagation !
Chère Clémence, ton état m'inquiète, et je te conjure de
présenter ton pouls au médecin.

Malgré tous tes beaux pronostics et tes obligeantes
condamnations, rien de ce que tu as prévu n'est arrivé.
Je ne suis pas plus amoureuse de M. Octave que M. Octave n'est amoureux de moi. Nous nous aimons beaucoup
et très-sincèrement, il est vrai ; mais je n'ai d'amour que
pour Jacques, et Octave n'a d'amour que pour Sylvia.
Il la connaissait si bien, et il m'avait si peu trompée,
que Sylvia m'a confirmé mot pour mot tout ce qu'il m'a-

vait dit de leurs amours et de leurs querelles. J'ai obtenu qu'elle lui rendît au moins son amitié, et ce matin
Jacques m'a aidé à les réconcilier. J'étais un peu inquiète de Jacques, qui a passé quatre jours à la ferme
de Blosse, et qui ne m'a pas écrit pendant tout ce temps,
bien qu'il envoyât tous les jours un courrier à Sylvia;
enfin, ils m'ont avoué ce matin que Jacques avait été
très-malade et presque mourant pendant plusieurs heures.
Il est encore d'une pâleur mortelle; jamais je ne l'ai vu
si beau qu'avec cet air abattu et mélancolique. Il y a
dans ses manières une langueur et dans ses regards
une tendresse qui me rendraient folle de lui si je ne
l'étais déjà. Mais je te demande pardon; cela est en contradiction ouverte avec ce que ta sagesse et ta pénétration ont décrété. Heureusement Jacques n'a pas apposé
sa signature à ces majestueux arrêts, et jamais je ne l'ai
vu si expansif et si tendre avec moi. En vérité, les beaux
jours de notre passion sont revenus, ne t'en déplaise, ma
chère Clémence.

Pour continuer ce récit, je te dirai donc que j'avais
donné rendez-vous à Octave, et que pendant le déjeuner,
le son du hautbois s'est fait entendre sous la fenêtre. Il
fallait voir la figure des domestiques! « Le revenant, le
revenant en plein jour! disaient-ils d'un air stupéfait.—
Allons, Fernande, m'a dit Jacques en souriant, va chercher ton protégé; » et, comme Octave achevait son chant,
Sylvia et mon mari ont battu des mains en riant. J'ai
quitté la table et j'ai mis ma serviette sur la tête d'Octave
pour en faire un revenant. Il est entré ainsi d'un air mystérieux, et je l'ai conduit aux pieds de Sylvia, qui lui a
découvert la figure, et lui a donné un soufflet sur une
joue et un baiser sur l'autre. Jacques l'a embrassé et l'a
invité à rester avec nous tant qu'il voudrait, en lui promettant de rendre Sylvia plus humaine pour lui. Octave

était ému et timide comme un enfant ; il s'efforçait d'être gai, mais il regardait Sylvia avec une expression de crainte et de joie. Moi, qui ai bonne espérance de tout cela, et qui ai retrouvé aujourd'hui Jacques si aimable pour moi, j'étais transportée au point de pleurer comme une niaise à chaque mot qu'on disait de part et d'autre. Enfin, nous avons fait déjeuner Octave, qui n'avait pas mangé de la journée et qui s'est mis à dévorer. Il était assis entre Sylvia et moi ; Jacques fumait près de la fenêtre, et nous ne nous parlions plus qu'avec les yeux ; mais que de joie et de bien-être nous avions tous dans le cœur ! Sylvia plaisantait un peu Octave sur ce grand appétit, qui n'avait rien, disait-elle, du héros de roman. Il s'en vengeait en lui baisant les mains, et de temps en temps il pressait la mienne ; il me l'a baisée aussi en se levant de table, et Jacques, s'approchant de nous, lui a dit en m'embrassant : « Je vous remercie d'avoir de l'amitié pour elle, Octave ; c'est un ange, et vous l'avez deviné. » Le reste de la journée s'est passé à courir et à faire de la musique. Le berceau de mes enfants est toujours auprès de nous, que nous nous mettions au piano ou que nous soyons assis dans le jardin. Octave a comblé mes jumeaux de caresses et de petits soins ; il aime les enfants à la folie, et trouve les miens charmants ; il les endort au son du hautbois d'une manière *magique*, comme tu dis, et Jacques se plaît beaucoup à voir opérer le magicien. Enfin, nous avons eu un jour bien beau et bien pur. Nous allons avoir, j'espère, une vie un peu différente de celle que, dans ta riante imagination, tu m'avais préparée. Je suis vraiment désolée d'avoir à te contrarier, ma bonne Clémence, en te déclarant que cette fois ton grand savoir est en défaut, et que je ne suis pas encore perdue. Je te remercie de l'arrêt irrévocable par lequel tu me condamnes à l'être avant peu ;

la prédiction me paraît charitable et l'expression fort
belle ; mais je te demanderai la permission d'attendre
encore quelques jours avant de me laisser choir dans le
précipice. Et toi, Clémence, quand te maries-tu ? Est-ce
que tu ne t'ennuies pas un peu du célibat ? Es-tu toujours
bien contente d'être au couvent à vingt-cinq ans ? N'est-ce
pas une bien belle chose d'être veuve, indépendante et
sans amour ? J'envie ton sort ! tu ne te *perdras* pas ; tu
t'es mise derrière la grille et sous les verrous pour être
plus sûre de ton bonheur et de ta vertu ; tu sais qu'ainsi
gardés ils ne s'échapperont pas. Permets-moi d'aimer
encore mon mari quelques années avant d'entrer dans
cette auguste permanence. Adieu, ma belle ; bien du
plaisir ! Je vais tâcher de prendre goût à ton sort, et de
me détacher des affections humaines, pour entrer dans
l'impassibilité du néant intellectuel.

LIII.

D'OCTAVE A HERBERT.

Je ne sais pas trop ce qui se passe dans ma tête ; je ne
dors pas, j'ai la fièvre, je suis comme un homme qui
commence à s'énamourer ; mais de qui serais-je amoureux, si ce n'est de Sylvia ? Pourtant je n'en sais rien ;
je vis auprès de deux femmes charmantes, et il me
semble être également épris de toutes deux. Je suis ému,
content, actif ; je m'amuse de tout : j'ai des envies de
rire comme un enfant et des envies de gambader comme
un jeune chien. Peut-être que j'ai enfin trouvé la manière de vivre qui me convient. Ne rien faire d'obliga-
toire, m'occuper doucement de dessin et de musique,
habiter un beau et tranquille pays avec d'aimables amis,
aller à la chasse, à la pêche, voir autour de moi des

êtres heureux du même bonheur et remplis des mêmes
goûts; oui, cela est une douce et sainte vie.

Je t'avouerai que je commençais à devenir sérieusement amoureux de Fernande lorsque heureusement Sylvia a découvert le roman et l'a terminé avec quelques
reproches et une poignée de main. Elle a bien fait : ce
roman me montait trop au cerveau ; ces rendez-vous, ces
forêts, ces nuits d'été, ces billets, ces douces confidences,
Fernande affligée de la froideur de son mari, et répan-
dant ses belles larmes dans mon sein, tout cela devenait
trop enivrant pour ma pauvre tête. Je ne pensais pas
plus à Sylvia que si elle n'eût jamais existé, et je fuyais
toutes les occasions de réussir dans ma prétendue entreprise. Je ne saurais avoir beaucoup de remords de toutes
les folies qui m'ont passé par l'esprit durant ces jours
de bonheur et d'imprudence. Quel autre à ma place
n'eût fait pis? Mais je suis un scélérat fort ingénu , et
je trouve mon bonheur dans la pensée et dans l'espoir
du crime plutôt que dans le crime lui-même. J'ai horreur
des plaisirs qu'il faut acheter par des perfidies et payer
par des remords. Attirer Fernande à un rendez-vous et
baiser doucement ses mains, en m'entendant appeler
son ami et son frère, me semblait beaucoup plus agréable
que de recevoir les embrassements de la passion et du
désespoir.... Je n'ai jamais séduit personne , et je ne
crois pas que les reproches et les terreurs d'une femme
rendent bien heureux ; et puis il y a un étrange plaisir
à protéger et à respecter une pudeur qui se confie et
s'abandonne à vous ! L'idée que j'étais le maître de
bouleverser cette âme naïve et de ravir ce trésor suffisait
à mon orgueil ; je goûtais un raffinement de vanité à la
voir se livrer, et à ne pas vouloir abuser de sa confiance.

Cependant je commençais à être trop ému ; je ne savais plus ce que je disais, et si Fernande n'a pas deviné

ce qui se passait en moi, il faut qu'elle soit aussi pure
qu'une vierge. Je crois en effet qu'elle est ainsi, et cela
augmente mon respect, mon enthousiasme, dirai-je mon
amour? Eh bien, oui, pense de moi ce que tu voudras,
je suis amoureux d'elle au moins autant que de Sylvia.
Qu'est-ce que cela fait? Je ne serai plus l'amant de Sylvia,
et je ne chercherai jamais à être celui de Fernande.
Sylvia m'a déclaré formellement, clairement et obstinément, que nous serions désormais amis, et rien de plus.
Je ne sais si c'est un parti pris ou une épreuve à laquelle
elle veut me soumettre; pour moi, je suis un peu las de
ses caprices, et je sens que le dépit m'aidera puissam-
ment à m'en consoler. Ce qu'il y a de certain, c'est que
Sylvia se trompe si elle me croit d'humeur à accepter
son pardon plus tard; je renonce à son amour, et le mien
achèvera de s'éteindre avant qu'elle ait pris soin de le
rallumer.

Malgré cette passion étrange et les rapports un peu
problématiques que nous avons ensemble, il est impossible d'avoir une existence plus douce que la nôtre.
Jacques, Sylvia et Fernande sont des amis d'élite certainement, des intelligences pures et dégagées de tous les
préjugés, de toutes les considérations étroites et vulgaires. Sylvia va trop loin dans cette indépendance pour
rendre un amant heureux; mais, à ne la contempler
qu'à la lumière de l'amitié, c'est un être d'une origi-
nalité sublime. Jacques a beaucoup de ses idées et de
ses sentiments; mais il est moins absolu, et son caractère est plus aimable et plus doux. Je ne le connaissais
pas, je l'avais mal jugé; la manière dont il m'a accueilli,
la confiance qu'il me témoigne, la loyauté avec laquelle
il accepte ma prétendue amitié pour sa femme, ont quelque chose de si noble et de si grand que je me méprise-
rais du jour où je songerais à le trouver ridicule. Trahir

celte confiance, c'est une idée qui me fait horreur, une
tentation que je n'ai pas besoin de combattre. L'amour
que Fernande a pour lui, et que j'admire comme un des
côtés les plus divins de son âme, suffit pour la préserver
à jamais. Je ne sais pas comment je ferai pour me séparer d'elle, pour renoncer à passer mes jours à ses côtés,
mais il est certain que je m'en séparerai sans lui laisser
d'amertume et sans emporter de remords.

Je voudrais trouver un moyen de m'établir dans leurs
environs et de les voir tous les jours sans demeurer chez
eux, et sans dépendre d'un caprice de Sylvia, qui peut
m'éloigner demain du toit qu'elle habite sans que j'aie
rien à dire, puisque je suis censé n'y être que pour elle
et d'après sa permission. Il y a une jolie petite maison
qui a servi autrefois de presbytère, et qui est dans une
situation délicieuse, à une demi-lieue dans la montagne ;
si je pouvais faire déguerpir le vieux militaire qui l'occupe en lui payant le double de son loyer, je serais le
plus heureux et le mieux logé des hommes. Envoie-moi
une petite somme que mon régisseur te portera, et toute
la musique qui est dans ma chambre. Si je m'établis
dans mon presbytère, je veux que tu viennes passer le
reste de la belle saison avec moi. Tu es un peu amoureux
de Sylvia, quoique tu ne t'en sois jamais vanté. Nous
vivrons tous deux de chasse, de pêche, de musique et
d'amour contemplatif.

LIV.

DE FERNANDE A CLÉMENCE.

Non, mon amie, non, je ne suis pas en colère ; il est
possible que j'aie eu un moment d'aigreur et d'ironie en
te répondant : ta lettre était si dure et si cruelle ! mais
je te jure que la mienne a suffi pour épancher tout mon

dépit, et qu'après l'avoir écrite je n'ai pas plus pensé à
notre querelle que s'il ne se fût rien passé. Si j'ai été
trop loin dans ma réponse, pardonne-moi, et, une autre
fois, ménage-moi un peu plus. Vraiment, je n'avais pas
mérité des leçons si dures ; je m'étais conduite un peu
follement, il est vrai ; mais mon cœur était resté si étranger aux sentiments que tu me supposes, que, cette fois,
je ne pouvais accepter ton arrêt comme une vérité utile.
Il me semblait voir dans ta manière de me traiter une
sorte de mépris que je ne pouvais pas et que je ne devais
pas supporter. Pour l'amour de Dieu, n'en parlons plus
jamais ! Tu m'as boudée bien longtemps, et tu as attendu
trois lettres de moi pour me dire enfin que tu étais fâchée. J'espère que tu verras dans ma persévérance à
t'écrire une amitié à l'épreuve des mortifications de
l'amour-propre : il en doit être ainsi. Oublie donc toute
rancune, et reviens à moi comme je reviens à toi, sincèrement et avec joie.

Tu me montres tant d'indifférence et tu te déclares si
étrangère désormais à ce qui me concerne, que je n'ose
presque plus t'en parler. Cependant je veux te forcer à
reprendre notre correspondance telle qu'elle était. Il
m'était si agréable de te raconter toute ma vie, semaine
par semaine ! Il me semblait avoir allégé mes chagrins
de moitié quand je te les avais confiés ; il est vrai qu'à
présent je n'ai plus de chagrins. Jamais je n'ai été plus
heureuse et plus tranquille. Toutes les petites blessures
que nous nous faisions, Jacques et moi, sont à jamais
cicatrisées ; rien ne nous fait plus souffrir : nous nous
entendons sur tout, nous nous devinons. J'étais bien coupable envers lui, et je ne conçois plus comment j'ai pu
l'accuser si souvent, lui qui n'a qu'une pensée et qu'un
vœu dans l'âme, mon bonheur. Tout cela me semble un
rêve aujourd'hui, et je ne peux m'expliquer ce que j'étais

alors ; peut-être que nous étions trop seuls vis-à-vis l'un
de l'autre et trop inoccupés. Un peu de société et de distraction est nécessaire à mon âge et même à celui de
Jacques ; car il est aussi plus heureux depuis que nous
vivons en famille. Je t'ai dit qu'Octave s'était installé à
une demi-lieue d'ici, dans une petite habitation charmante où nous allons tous lui demander à déjeuner une
ou deux fois par semaine. Pour lui, il vient tous les jours
nous trouver. Il a eu cet été, pendant deux mois, un de
ses amis, M. Herbert, un brave Suisse plein de franchise
et de douceur. Nous ne faisions que chasser, manger,
rire, aller en bateau, chanter ; et quelles bonnes nuits de
sommeil après toute cette fatigue et cette gaieté ! Sylvia
est l'âme de nos plaisirs. Je ne sais dans quels termes elle
est avec Octave ; il ne se plaint pas d'elle, et, quoiqu'ils
se prétendent amis seulement, je crois fort qu'ils sont
plus amants que jamais. Sylvia devient tous les jours
plus belle et plus aimable ; elle est si forte, si active,
qu'elle nous entraîne dans son activité comme dans un
tourbillon. Elle est toujours éveillée la première, et c'est
elle qui arrange la journée et décrète nos amusements ;
elle en prend si bien sa part, qu'elle nous force à nous
amuser autant qu'elle. Jacques, avec son sang-froid, est
le plus comique et le plus amusant de nous tous ; il fait
toutes sortes de drôleries et d'espiègleries avec une gravité imperturbable, et sa manière d'être fou est si douce,
si gentille et si peu bruyante, qu'on ne s'en lasse jamais.
Octave est plus turbulent, il est si jeune ! il saute, il
court, il joue dans nos prés comme un poulain échappé.
Son ami Herbert, quand il était ici, était chargé de la
lecture pendant que nous dessinions ou que nous bro-
dions, les jours de pluie ou de trop grande chaleur. Au
milieu de ce bonheur, mes enfants poussent comme de
petits champignons ; c'est à qui les aimera le plus. Jamais

je n'ai vu d'enfants si gâtés et si caressés; Octave est
celui de tous que ma fille préfère ; il se couche par terre
sur le tapis où elle se roule au soleil, et pendant des
heures entières elle s'amuse à passer ses petites mains
dans les longs cheveux blonds de son ami. Sylvia est la
favorite de mon fils ; elle le tient sur ses genoux en jouant
du piano avec une main, et il l'écoute comme s'il comprenait le langage des notes ; de temps en temps il se
tourne vers elle avec un sourire d'admiration et cherche
à parler ; mais il ne fait entendre que des sons inarticu-
lés, qui, au dire de Sylvia, sont des réponses très-pré-
cises et très-logiques au langage du piano. Il faut voir ses
interprétations et la traduction qu'elle fait de ses moindres gestes, et le sérieux, le recueillement avec lequel
Jacques écoute tout cela. Ah ! nous sommes bien enfants,
tous, et bien heureux !

Depuis qu'Herbert est parti et que le froid commence
à se faire sentir, nous sommes un peu plus sédentaires.
Nous avons encore pourtant de belles journées d'au-
tomne, et nos soirées ont pris une tournure de mélancolie
délicieuse. Sylvia improvise au piano, et, pendant ce
temps, nous sommes assis tout pensifs autour de l'âtre
où pétille le sarment. Sylvia ne s'approche jamais du
feu ; elle est d'un tempérament sanguin, et craint toujours que le sang ne lui monte à la tête. Mon vieux fu-
meur de Jacques va et vient par la chambre, et de temps
en temps donne un baiser à sa sœur et à moi ; puis il
tape sur l'épaule d'Octave en lui disant : « Est-ce que tu
es triste? » Octave relève la tête, et nous nous aperce-
vons quelquefois que son visage est couvert de larmes.
C'est l'effet des improvisations étranges et tour à tour
tristes et folles de Sylvia. Alors Jacques et Octave se
racontent les divers rêves poétiques qu'ils ont faits pendant le chant et les modulations de piano. Il est étrange

de voir comme les mêmes notes et les mêmes sons agissent différemment sur les nerfs de chacun d'eux ; quelquefois Jacques est à cheval sur la bête de l'Apocalypse quand Octave est endormi sur la paille d'une prison ; d'autres fois c'est Jacques qui est atterré de tristesse dans quelque désert épouvantable, tandis qu'Octave vole avec les sylphes autour du calice des fleurs au clair de la lune. Rien n'est plus amusant que d'entendre les fantaisies qui leur passent par l'esprit. Sylvia s'en mêle rarement : c'est la fée qui évoque les apparitions et qui les contemple sans émotion et en silence, comme des choses qu'elle est habituée à gouverner. Ce qui l'amuse le plus, c'est de voir l'effet de la musique sur le chien de chasse d'Octave, et d'interpréter les singuliers gémissements qui lui échappent à de certaines phrases d'harmonie ; elle prétend qu'elle a trouvé l'accord et la combinaison des sons qui agissent sur la fibre de ce vaporeux animal, et que ses sensations sont beaucoup plus vives et plus poétiques que celles de ces messieurs. Tu ne saurais t'imaginer combien ces folies nous occupent et nous divertissent. Quand on est plusieurs à s'aimer comme nous faisons, toutes les idées, tous les goûts deviennent communs à tous, et il s'établit une sympathie si vive et si complète, qu'une seule âme semble animer plusieurs corps.

Adieu, mon amie, écris-moi donc ; et, comme tu as pris autrefois part à mes chagrins, prends part à ma joie.

TROISIÈME PARTIE.

LV.

D'OCTAVE A FERNANDE.

Fernande, je n'en puis plus, j'étouffe; cette vertu est au-dessus de mes forces, il faut que je parle et que je fuie, ou que je meure à vos pieds; je vous aime, il est impossible que vous ne le sachiez pas. Jacques et Sylvia sont des êtres sublimes, mais ce sont des fous, et moi aussi je suis un insensé, et vous aussi, Fernande. Comment ont-ils pu, comment avons-nous pu croire que je vivrais entre Sylvia et vous, sans aimer passionnément l'une des deux? Longtemps je me suis flatté que je n'aimerais que Sylvia; mais Sylvia ne l'a pas voulu. Elle m'a repoussé avec une obstination qui m'a rebuté, et mon cœur peu à peu lui a obéi; il s'est rangé sans colère et sans effort à l'amitié, et il est certain que ce sentiment, entre elle et moi, m'a rendu bien plus heureux que l'amour. C'est ainsi que j'aurais dû l'aimer toujours, et c'est ainsi que je l'aimerai toute ma vie, avec calme, avec force, avec vénération. Mais vous, Fernande, je vous aime mille fois plus que je ne l'ai jamais aimée, je vous aime avec emportement, avec désespoir, et il faut que je parte! oh! Dieu! oh! Dieu! pourquoi vous ai-je connue?

Vous me demandez tous les jours pourquoi je suis triste, vous vous inquiétez de ma santé; vous ne comprenez donc pas que je ne suis pas votre frère et que je ne peux pas l'être? Vous ne voyez pas que je bois le poison par tous les pores, et que votre amitié me tue? Que vous ai-je fait pour que vous m'aimiez avec cette tendresse et cette douceur impitoyables? Chassez-moi, maltraitez-

moi, ou parlez-moi comme à un étranger. Je vous écris
dans l'espoir de vous irriter ; quelque chose que vous fas-
siez, quelque malheur qui m'arrive, ce sera un changement ; le calme étouffant où nous vivons m'oppresse et
me rendra fou. J'ai été longtemps heureux auprès de
vous. Votre amitié, qui m'irrite et me fait souffrir aujour-
d'hui, était, dans les premiers mois, un baume divin répandu sur les blessures d'un cœur déchiré. J'étais incertain, agité, plein d'un espoir inconnu, transporté de désirs que je ne savais pas expliquer, et dont le but me
semblait être l'éternité avec vous. J'étais si fatigué des
choses de la terre, Sylvia m'avait rendu l'amour si fâ-
cheux et si rude dans les derniers temps, et ce que j'a-
vais souffert pour la perdre, la retrouver et la perdre
encore, m'avait tellement brisé, que je n'espérais presque plus rien en ce monde, et que je me sentais dans
une disposition à me nourrir de rêves et de chimères. Il
faut que je vous dise toute ma folie ; dès que je vous vis,
je vous aimai, non d'une amitié paisible et fraternelle,
comme je m'en vantais, mais d'un amour romanesque et
enivrant. Je m'abandonnais à ce sentiment à la fois vif
et pur ; si j'avais été repoussé et contrarié, peut-être serait-il devenu dès lors une passion violente ; mais vous
m'accueillîtes avec tant de confiance et d'ingénuité ! Jacques ensuite m'appela si loyalement à partager le bonheur de vous voir tous les jours, que je m'habituai à vous
contempler sans oser vous désirer. Je pensais alors que
cela me suffirait toujours, ou je me disais du moins que
le jour où ce sentiment me ferait trop souffrir, j'aurais
toujours la force de m'en aller ; à présent, je me sens
plus volontiers la force de mourir.

Où est-il ce temps où un baiser sur votre main me
rendait si heureux? où un regard de vous me restait dans
les yeux et dans l'âme pour toute une nuit? Je me con-

fesse à vous, Fernande, je vous possédais dans mon sommeil, et cela me suffisait. L'amour encore mal éteint que j'avais eu pour Sylvia se rallumait de temps en temps, et je donnais le change à mon cœur, selon les circonstances qui me rapprochaient d'elle ou de vous plus intimement. Combien de fois j'ai pressé dans mes bras un fantôme qui avait vos traits et les siens, et dont la longue chevelure d'ébène, mêlée à des flocons de soie dorée, reposait éparse sur mon cœur et sur mes épaules! Dans le délire de ces nuits heureuses, je vous appelais tour à tour, j'invoquais l'affection de l'une de vous, et il me semblait vous voir toutes deux descendre du ciel et me donner un baiser au front; mais insensiblement les traits de Sylvia s'effacèrent, et le fantôme ne m'apparut que sous les vôtres. Quelquefois encore, par habitude, par effroi, par remords peut-être, j'appelais l'image de votre compagne, mais elle ne me répondait plus; et vous passiez sans cesse devant mes yeux, comme une révélation de mon destin, comme une prophétie obéissant à l'ordre de Dieu. Alors je m'abandonnai à ma passion, et je commençai à souffrir; mais je vous offrais ma douleur en sacrifice. Je vous voyais éprise de Jacques avec raison; j'estime et je vénère cet homme : pouvais-je désirer lui arracher le bien le plus précieux qu'il ait au monde? J'aimerais mieux l'assassiner. Longtemps cette idée de vertu et de dévouement a soutenu mon courage; je me disais bien qu'il serait plus prudent et plus facile de vous fuir que de me taire éternellement; mais il était trop tard, je ne le pouvais plus : tout me semblait supportable plutôt que de cesser de vous voir. Il y a huit mois que je me tais; j'ai supporté héroïquement ce terrible hiver passé à vos côtés, sans distraction et presque tête à tête, car vous ne pouvez pas disconvenir que nous faisons deux à nous quatre : Jacques et Sylvia font un, vous et moi

faisons un autre; ils se comprennent en tout, et nous
nous comprenons de même. Quand nous sommes tous
ensemble, nous sommes comme deux amis qui s'entretiennent de leurs plaisirs et de leurs peines, et qui se ré-
vèlent mutuellement ce qu'ils éprouvent et ce qu'ils sont.
Vous et moi nous ne nous racontons rien, nous n'avons
qu'une âme, et nous n'avons pas besoin de nous exprimer ce que nous sentons en commun. Cette impérieuse
et enivrante sympathie dont je m'abreuve en silence, j'ai
pourtant besoin de l'épancher. Ce n'est pas par des mots
que nous pouvons nous comprendre; ils sont inutiles;
nos regards et le battement de nos cœurs se répondent.
Mais il faut des embrassements et des étreintes ardentes
à ce feu qui s'allume et s'avive chaque jour de plus en
plus; car tu m'aimes, peut-être!... Ah! pardonnez-moi,
Fernande, je deviens fou. Adieu, adieu! je partirai demain. Ne me méprisez pas; j'ai fait ce que j'ai pu, mes
forces ne vont pas au delà.

LVI.

DE FERNANDE A OCTAVE.

Octave, Octave, que fais-tu? où t'égares-tu? Tu es
fou, mon ami! Tu es mon frère; tu l'as juré devant Dieu
et devant moi; tu ne peux pas te parjurer, tu ne peux
pas te souiller à ce point, toi que je connais si noble et si
pur. Est-ce que je pourrais t'aimer autrement qu'une sœur
aime son frère? Quelles pensées affreuses harcèlent ta
pauvre tête? Tu es malade. O mon cher Octave! tu souffres, je le vois; des fantômes évoqués par la fièvre trou-
blent ton sommeil; la raison, la mémoire et le jugement
t'abandonnent. Tu crois avoir de l'amour pour moi; et,

si j'y répondais, tu aurais horreur de cet amour comme
d'un forfait. Non, mon ami, tu ne m'aimes pas comme
tu le crois; tu as besoin d'aimer, et tu te méprends.
C'est Sylvia que tu aimes; et si ce n'est plus elle, c'est un
être que tu désires, et qui existe pour toi dans quelque
autre lieu où il faut aller le chercher. Oui, tu as raison,
pars, voyage; il faut distraire ta folie. Hélas! tu n'as
pu vivre ici, et je croyais que nous pouvions vieillir ensemble, et j'étais si heureuse de cette idée! Mais tu gué-
riras, et tu reviendras, Octave; tu reviendras avec une
compagne digne de toi, et notre bonheur à tous sera plus
pur et plus paisible. Tu dis que je dois avoir deviné ton
amour; j'aurais vécu mille ans ainsi, près de toi, dans
cette confiance sacrée en ta parole, sans jamais songer
qu'il te fût possible de te parjurer, même dans le secret
de ton cœur. Et aujourd'hui encore, je suis sûre que tu
t'abuses; je contemple ta douleur avec la stupeur et la
sollicitude que j'aurais si je te voyais atteint d'un mal
subit, d'une attaque de folie ou de terribles convulsions.
Que pourrais-je penser alors? Rien, sinon que ton mal
me ferait autant souffrir que toi-même. Comment pourrais-je m'en irriter ou m'en croire coupable? Je te soi-
gnerais avec tendresse, j'essaierais de te calmer par de
douces paroles, par de saintes caresses, et cela te ferait
du bien. Mon ami bien-aimé, reviens à toi, reviens à
nous; oublie cette funeste secousse. Brûlons ces deux
lettres, et qu'il n'en soit jamais question. Tout cela est
un rêve; il ne s'est rien passé. Personne n'a entendu les
paroles que tu as proférées dans le délire; elles sont en-
sevelies dans mon cœur, et n'en ont point altéré le
calme et la tendresse. Une amitié comme la nôtre peut-
elle être brisée par un instant d'erreur et de souffrance?
Pars, mon ami; mais reviens sans crainte et sans honte
aussitôt que tu seras guéri. Cet éclair n'aura pas laissé

de trace sinistre dans notre beau ciel , et tu nous retrouveras tels que tu nous laisses.

LVII.

D'OCTAVE A FERNANDE.

Tu as raison ; ma sœur bien-aimée, je suis fou ; mon cerveau et mon cœur sont malades ; il faut que j'aie du courage et que je parte. Tu es un ange, Fernande ; quel billet tu m'écris ! Ah ! tu ne sauras jamais le bien et le mal qu'il me fait. Persuade-toi que c'est une maladie, et tâche de me persuader que j'en guérirai et que je pourrai revenir, car l'idée de te quitter pour toujours est au-dessus de mes forces. Invoque ma parole et la sainteté de nos liens ; invoque le nom respecté et chéri de Jacques ; dis-moi tout ce qu'il faut me dire pour me donner la force dont j'ai besoin. Oh ! je l'aurai, Fernande ; ta douceur et ta compassion nous sauvent tous les deux. Je ne m'étais pas attendu à cette tendresse miséricordieuse avec laquelle tu me plains en me repoussant ; j'espérais que tu me repousserais durement, et que je pourrais t'aimer et t'estimer moins. Alors, malheur à toi, je serais resté, et j'aurais peut-être réussi à te perdre. Mais que puis-je faire devant une vertu si calme et si compatissante? Le dernier des lâches tomberait à genoux devant toi, et tu sais que je suis un honnête homme ; j'aurai du cœur. Adieu, Fernande ; adieu, ma sœur chérie ; adieu, mon seul et dernier amour ; je deviendrai ce qu'il plaira à Dieu ; je guérirai ou je mourrai. Il ne s'agit pas de cela ; l'important, c'est que tu restes heureuse et pure ; je partirai avec cette idée, et elle me soutiendra.

Il faut que vous me pardonniez un vol que je vous ai fait : le bracelet que vous m'avez jeté par la fenêtre, un soir que vous me prîtes pour Jacques, ne m'a jamais quitté. Celui que vous avez est une copie exacte que j'ai fait faire à Lyon, et que je vous ai rendue pour ne pas vous offenser par ma résistance. Je n'ai pas eu le courage de me séparer de ce premier gage d'une affection qui m'est devenue si nécessaire et si funeste; aujourd'hui que je sens mon cœur criminel, je n'oserais emporter ce bracelet sans votre permission. Vous ne pouvez pas me le refuser, quand je pars, peut-être pour toujours. J'accomplis le plus terrible des sacrifices; serez-vous sans pitié? Je paierai mon dévouement de ma vie peut-être, et votre générosité ne vous coûtera rien, car personne ne pourra deviner la supercherie. J'ai fait effacer de l'écusson de mon bracelet le chiffre de Jacques, qui était enlacé au vôtre, et je l'ai fait remplacer par le mien. Si, à ce moment affreux et solennel où je vous quitte, vous m'accordez ce gage d'amitié et de pardon, il me deviendra plus cher que jamais.

Je dirai ce soir que je pars demain; je trouverai un prétexte; je promettrai de revenir. Soyez tranquille, je ne me trahirai pas. Mais partirai-je sans te dire adieu, sans couvrir tes mains de mes larmes? N'évite pas de te trouver seule avec moi, comme tu fais depuis hier, Fernande; que crains-tu donc? n'es-tu pas sûre de toi? Et si j'avais un instant de faiblesse et de désespoir, ne sais-tu pas qu'avec un mot tu me verrais à tes genoux, le plus silencieux et le plus résigné des hommes? Ah! ne me fuis pas, ne me fais pas souffrir pendant ce dernier jour que je vais passer près de toi. Si mes larmes te font du mal, si mes plaintes te fatiguent, aie du courage aussi; il m'en faut bien davantage pour te quitter. Songe que ta tâche sera finie demain, et que la mienne va commencer, affreuse, éternelle! Songe que je suis sur les marches de l'échafaud, et que Dieu te tiendra compte d'une

parole de miséricorde que tu m'auras accordée en m'envoyant au martyre.

LVIII.

D'OCTAVE A FERNANDE.

O mon ange, ô ma bien-aimée, nous sommes sauvés!
que Dieu te couvre de ses bénédictions, ô la plus pure
et la plus sainte de ses créatures! Oui, tu as raison, on
a la force qu'on veut avoir, et le ciel n'abandonne point
au danger ceux qui se recommandent à lui dans la sincérité de leur cœur. Que serais-je devenu loin de toi?
Mon âme se serait souillée de regrets, de fureurs, de
projets, et peut-être d'entreprises insensées pour te retrouver et te ressaisir, au lieu que tu m'aideras à être
vertueux et tranquille comme toi. Le continuel spectacle
de ta sérénité angélique fera passer le même calme dans
mon cœur et dans mes sens. J'étais perdu si tu me reti-
rais ta main secourable; laisse-moi la coller à mes lèvres, et qu'elle me conduise où elle voudra. Je suis résigné à tous les sacrifices; je me tairai et je guérirai. Eh!
ne suis-je pas déjà guéri? n'ai-je pas fait l'essai de mes
forces durant ces heures de la nuit que tu m'as laissé
passer dans ta chambre? J'étais fou quand je me suis levé
pour t'aller dire adieu. Et ce Jacques que le hasard fait
partir précisément hier soir, au milieu du plus terrible
accès de ma fièvre et de mon égarement! Ah! c'était la
volonté de la Providence. Si tu avais refusé de me voir,
j'enfonçais ta porte; je ne savais plus ce que je faisais;
mais tu m'as ouvert, et tu as bien fait. Est-ce qu'il y a
au monde un emportement, un délire, qui puisse résister
à la sainte confiance d'un être aussi chaste, aussi divin
que toi? Tu ne dormais pas non plus, ô mon enfant

chéri ! tu n'étais pas même déshabillée, et tu priais pour
moi ! Ange du ciel, Dieu t'a exaucée ! Quand je t'ai vue
si-belle, si candide, avec ta robe blanche et tes cheveux
blonds épars sur tes épaules, avec ton sourire affectueux
sur les lèvres, et tes grands yeux encore humides des
larmes que tu avais versées pour moi, il m'a semblé voir
une vierge de l'Elysée, et je suis tombé à tes pieds comme
devant un autel. Oh ! comme tu as écouté ma douleur,
comme tu as essuyé mes larmes avec une ineffable tendresse ! et tu m'embrassais en pleurant toi-même, ô sublime imprudente ! Mais quel être immatériel es-tu donc?
et quelle puissance divine as-tu reçue d'en haut pour calmer les fureurs du désespoir avec les caresses qui de-
vraient les allumer ? Tes lèvres étaient si fraîches sur mon
front ! Il me semblait qu'un baume ineffable passait dans
toutes mes artères, et que mon sang devenait aussi pur,
aussi paisible que celui de tes enfants endormis auprès
de nous. Oh ! qu'ils sont beaux, tes enfants, et combien
je les aime ! Il y a déjà sur le visage de ta fille un reflet
de ton âme virginale. Je te l'aurais enlevée, si tu m'avais
chassé; je n'aurais pu abandonner ce berceau où je l'ai
endormie si souvent; car mon âme se brisait à l'idée de
vivre seul et abandonné, moi qui, depuis huit mois, vis
d'affections ineffables. Avec toi, mon plus précieux trésor, que de biens j'allais perdre : l'amitié de Sylvia, qui
est si grande, si éclairée, si belle ! et celle de Jacques,
que je paierais de mon sang ! Où aurais-je retrouvé des
cœurs semblables? Qui m'aurait fait une vie supportable
loin de vous tous?

Bénie sois-tu, ma Fernande ! tu n'as pas voulu mon
désespoir, et quand je t'ai demandé si tu croyais qu'il
nous fût possible de vivre l'un près de l'autre sans danger, c'est Dieu qui a dicté ta réponse. Ah! ce *oui!*
comme tu l'as dit avec enthousiasme et avec confiance!

il m'a frappé d'une commotion électrique ; je m'attendais si peu à cette parole d'encouragement et de pardon ! Un instant, un mot a suffi pour faire de moi un autre homme. Puisque tu es sûre de moi, je le suis aussi ; c'était une lâcheté de fuir quand je pouvais me vaincre ; et d'ailleurs est-ce donc si difficile? Je ne conçois plus pourquoi j'ai été en proie à ces agitations frénétiques ; c'est que le danger est toujours plus terrible de loin que de près ; c'est que, d'ailleurs, quand je croyais pouvoir succomber et t'entraîner avec moi, je ne te connaissais pas ; je te prenais pour une femme comme les autres, et tu es une divinité qu'aucune souillure humaine ne peut atteindre. Je ne pouvais m'imaginer qu'au lieu de la crainte ou de la colère, quand je t'aurais avoué mes tourments, je trouverais sur ton front cette impassible confiance, et sur tes lèvres ce miséricordieux sourire. Je croyais que tu t'arracherais de mes bras avec effroi, et quand j'approcherais mes lèvres de ton visage pour te donner, comme les autres jours, un fraternel baiser, que tu te détournerais avec indignation. Mais ton innocence brave tous les périls vulgaires et les surmonte tranquillement. Ah ! je saurai m'élever jusqu'à toi, et planer du même vol au-dessus des orages des passions terrestres, dans un ciel toujours radieux, toujours pur. Laisse-moi t'aimer, et laisse-moi donner encore le nom d'amour à ce sentiment étrange et sublime que j'éprouve ; *amitié* est un mot trop froid et trop vulgaire pour une si ardente affection ; la langue humaine n'a pas de nom pour la baptiser. Mais n'appelle-t-on pas amour aussi l'amitié des mères pour leurs enfants et l'enthousiasme de la foi religieuse? Ce que tu m'inspires participe de tout cela, mais c'est quelque chose de plus encore. Ah ! sache qu'il faut bien t'aimer, Fernande, pour éprouver ce calme qui est descendu en moi depuis six heures. Chose étrange et délicieuse! en rentrant dans ma chambre, purifié par mes résolutions, apaisé par ton chaste embrassement, je me suis endormi du plus profond et du plus bienfaisant sommeil que j'aie goûté depuis trois mois, et je viens de m'éveiller plus calme et plus joyeux que je ne l'ai été de ma vie. Oh! quel bien m'ont fait tes paroles! Écris-moi, répète-moi tout ce que tu m'as dit, afin que je le relise à genoux si quelque nuage de mélancolie vient encore à passer dans mon beau ciel, et que je retrouve ta pure lumière, ô étoile radieuse qui me conduis! Il me semble que je vois le soleil pour la première fois, tant la nature m'apparaît belle et jeune ce matin! Je viens d'entendre le premier coup de la cloche qui t'appelle au déjeuner, et j'ai tressailli comme à la voix d'un ami. Quelle belle vie! comme nous sommes heureux! Comme je demeure près de toi, Fernande! le vent d'ouest m'apporte les bruits de ta maison et les parfums de ton jardin. J'ai le temps de m'habiller et d'aller m'asseoir à la même table que toi, avant que Sylvia ait fini d'arranger méthodiquement ses livres et ses crayons dans le grand salon. Comment! je vais revoir tout cela! tout cela que j'ai cru quitter pour toujours, hier soir. Je vais encore rire et causer à cette table où il est permis de mettre les deux coudes, et d'où l'on peut se lever autant de fois qu'on veut pendant le repas? Je vais chanter encore avec toi le duo que nous aimons? Oh! quel jour de fête! Si tu savais comme la lune était belle à son coucher ce matin, quand j'ai traversé le vallon pour revenir chez moi! Comme l'herbe humide était semée de pâles diamants, et comme les premières fleurs des amandiers exhalaient une odeur fraîche et suave! Mais tu as joui de tout cela aussi, car tu étais à ta fenêtre, et je t'ai vue aussi longtemps que me l'a permis la distance. Tu me suivais des yeux, ô ma belle amie! tu m'accompagnais

de tes vœux, tu demandais à Dieu de conserver pure en
moi l'œuvre de tes pieux efforts, cette nouvelle âme que
tu m'as donnée, cette nouvelle vertu que tu m'as révélée !
Allons, allons, je plie ma lettre et je pars ; je viens de
regarder dans la lunette d'approche qui est fixée sur ma
fenêtre et braquée sur ta demeure ; j'ai vu Sylvia avec
sa robe bleue dans le jardin. Tu dors encore, mon petit
ange, ou tu habilles tes enfants ; je vais t'aider, et jouer
du hautbois pour empêcher ta fille de crier quand tu lui
mettras ses bas. Et notre Jacques ! il revient ce soir,
n'est-ce pas ? je vais l'embrasser comme si je l'avais
perdu pendant dix ans ! Toi, je ne t'embrasserai plus,
mais tu me laisseras baiser tes pieds et le bas de ta robe
tant que je voudrai.

LIX.

DE FERNANDE A OCTAVE.

Ce qu'il y avait d'affreux et d'impossible, c'était de
nous quitter. Je savais bien que vous auriez la force
d'étouffer une pensée funeste plutôt que celle de m'abandonner. Je comptais sur votre amitié quand je vous ai
dit : « Oui, tu le peux, reste Octave ; renonce à des
rêves coupables, fais un noble effort sur toi-même ; ouvre
les yeux, regarde comme tu es saintement aimé, comme
tu peux être heureux entre ces trois amis qui te chérissent à l'envi l'un de l'autre, et comme tu vas souffrir
dans la solitude avec le remords d'avoir désolé un de ces
cœurs sincères, et le regret d'avoir affligé les deux autres
par ton départ. Examine ton âme, et vois combien elle
est belle, jeune et forte ; ne peut-elle, entre deux sacrifices, choisir le plus noble et le plus généreux ? n'es-tu
pas sûr qu'elle gouvernera toujours tes passions ? veux-
tu que je croie que les sens chez toi commanderont au

cœur? ne serai-je donc pas toujours là pour relever ton
courage s'il venait à faiblir? seras-tu sourd à ma voix
quand elle t'implorera? et ces douces larmes que tu
verses maintenant, seront-elles taries quand les miennes
couleront?» O cher Octave! en te parlant ainsi, je sentais Dieu m'inspirer; une confiance, une foi miraculeuse,
descendaient en moi; j'avais comme une révélation de
ce qui allait s'opérer entre nous, et ce fut un prodige en
effet que ma résolution et ton enthousiasme en ce moment. Tu ne sais pas comme tu devins beau en tombant
à genoux et en levant les bras vers le ciel pour le prendre
à témoin de tes serments; comme ton visage pâle devint
vermeil et animé; comme tes yeux fatigués et presque
éteints s'illuminèrent d'une flamme sublime. Ce rayon
du ciel a laissé son reflet sur ta figure, et depuis hier
tu as une autre expression, une autre beauté que je ne
te connaissais pas. Ta voix aussi a changé; elle a quelque chose qui me pénètre comme une musique délicieuse,
et quand tu lis tout haut, je n'écoute pas les mots, je ne
comprends pas le sens des choses que tu dis; la seule
harmonie de ta voix m'émeut et me donne envie de
pleurer. Moi-même je me sens toute changée; j'ai des
facultés nouvelles, je comprends mille choses que je ne
comprenais pas hier; mon cœur est plus chaud et plus riche; j'aime mon mari, ma sœur Sylvia et mes enfants plus
que jamais; et pour toi, Octave, je ressens une affection
à laquelle je ne chercherai point de nom, mais que Dieu
m'inspire et que Dieu bénit. Ah! que tu es grand et pur,
mon ami! que tu es différent des autres hommes, et
combien peu d'entre eux sont capables de te comprendre!

Que serais-je devenue si tu nous avais quittés? La
seule pensée de te perdre me fait encore tressaillir dou-
loureusement. Sais-tu, mon ami, combien tu nous es
nécessaire, et à moi surtout? Ce que tu m'écrivais l'au-

tre jour est bien vrai : nous ne faisons qu'un. Jamais
deux caractères ne se sont convenus, jamais deux cœurs
ne se sont compris comme les nôtres. Jacques et Sylvia
se ressemblent et ne nous ressemblent pas, et c'est pour
cela que nous les aimons tant ; voilà pourquoi nous avons
pu avoir de l'amour pour eux, mais nous ne pouvons en
avoir l'un pour l'autre. Pour alimenter l'amour, il faut,
je crois, des différences de goûts et d'opinions, de petites souffrances, des pardons, des larmes, tout ce qui
peut exciter la sensibilité et réveiller la sollicitude journalière. L'amitié, l'amour fraternel, si tu veux, est plus
heureux et plus également pur ; c'est un refuge contre
tous les maux de la vie, c'est une consolation suprême
aux douleurs que cause l'amour. Avant de te connaître,
j'avais une amie dans le sein de laquelle je versais toutes
mes douleurs, et quoiqu'elle fût bien âcre et bien sévère
dans ses réponses, la seule habitude de lui écrire tous
les petits événements de ma vie me soulageait d'un grand
poids. Tu as lu ses lettres, et tu as conclu en me conju-
rant de destituer cette confidente et de t'accorder ses
fonctions. Je ne sais pas si elle était, comme tu le prétends, une fausse et mauvaise amie, mais elle était bien
certainement au-dessous de toi, mon cher et bon Octave.
Oh! qu'elle était loin, cette Clémence, d'avoir ta douceur
et ta sensibilité ! Elle m'effrayait, et tu me persuades ;
elle me menaçait de maux inévitables, et tu m'apprends
à m'en préserver ; car tu as au moins autant de raison
et de jugement qu'elle, et, de plus, tu sais comment il
faut me parler et me convaincre. Depuis que tu es ici,
et que je me suis habituée à t'ouvrir mon cœur à chaque
instant, je me suis guérie des petites maladies morales
et corrigée des nombreux défauts qui compromettaient
et troublaient mon bonheur. Tu m'as appris à accepter
les souffrances de la vie journalière, à tolérer les imper-

fections de l'amour, à ne demander que ce qui est possible au cœur humain; tu m'as enseigné la justice, et tu m'as appris à aimer Jacques comme il faut l'aimer pour le rendre heureux. Mon bonheur et le sien sont donc ton ouvrage, ô mon cher ami! et je suis si accoutumée à avoir recours à toi en tout, que ma félicité serait ruinée du jour où je te perdrais; je retomberais peut-être dans mes anciens torts, et je perdrais le fruit de tes conseils. Reste donc, et ne parle jamais de t'éloigner. Notre vie sera plus belle encore qu'elle ne l'a été jusqu'ici. Mes enfants grandiront sous tes yeux, et nous les élèverons; nous prendrons de leur intelligence le même soin que nous prenons aujourd'hui de leurs petites personnes. Après eux et après Jacques, tu seras ce que j'aurai de plus cher au monde; car je t'aime encore mieux que Sylvia, et pourtant je regarde et je chéris Sylvia comme ma sœur. Mais ton caractère a bien plus de rapport avec le mien, et je me sens bien plus de confiance et d'entraînement vers toi; à présent surtout, il me semble que nous avons reçu un nouveau baptême, et que Dieu nous abandonnerait si nous l'invoquions séparément.

Garde mon bracelet, à une condition : c'est que tu y feras remettre le chiffre de Jacques, sans effacer le tien; qu'ils soient tous deux enlacés au mien, et que ton cœur ne me sépare jamais ni de lui ni de toi.

LX.

DE JACQUES A SYLVIA.

De la ferme de Blosse.

Tu me demandais hier pourquoi je viens si souvent à Blosse, et tu me reprochais de chercher la solitude depuis quelque temps. Il est vrai que jamais je n'ai senti

si vivement le besoin d'être seul et de réfléchir. Ce lieu
désert et plein d'aspects sauvages me plaît et me fait du
bien. Je sens comme une main inexorable, mais paternelle encore dans sa rigueur, qui m'attire au fond de ces
bois silencieux pour m'y enseigner la résignation. Je
viens m'asseoir au pied de ces chênes séculaires que
ronge la mousse, et j'y résume ma vie. Cela me calme.

Est-ce que tu ne sais pas ce que j'ai? Est-ce que tu ne
t'es pas aperçue qu'Octave aime ma femme? Cet amour
a été romanesque et innocent pendant bien longtemps;
mais il prend de la violence, et si Fernande ne le voit
pas encore, elle ne peut tarder à le voir. Nous avons été
imprudents; les laisser ainsi ensemble! ils sont si jeunes!
Mais que pouvions-nous faire? Tu ne pouvais pas feindre
de revendiquer un amour que tu avais repoussé. Ta
fierté se refusait à tout ce qui aurait eu l'apparence d'une
ignoble jalousie et d'une vanité blessée. Pour moi, c'était
bien pis; j'avais d'abord accusé injustement ces pauvres
jeunes fous; je sentais que j'avais beaucoup à réparer
envers eux, et la crainte de me tromper encore me for-
çait à fermer les yeux. Je t'avoue que, malgré l'évidence,
j'hésite encore à croire qu'Octave soit amoureux d'elle.
Il semblait si sûr de lui dans les commencements, et
toute l'année dernière il a été si heureux auprès de nous!
Mais depuis l'hiver il a été de plus en plus agité et distrait; à présent il est réellement malade de chagrin.
C'est un honnête homme, il est devenu froid et sec avec
moi. Il ne sait pas me dissimuler la gêne et le trouble
que je lui cause; pourtant il m'aime sincèrement. Hier
soir, quand je suis monté à cheval, il est venu avec moi,
et il m'a parlé d'un voyage qu'il compte faire bientôt à
Genève. J'ai compris qu'il voulait s'éloigner de Fernande;
j'ai pressé sa main sans rien dire, et il s'est jeté dans
mes bras en s'écriant: « Ah! mon brave Jacques!... »

puis il s'est arrêté brusquement et m'a parlé de mon
cheval. Pauvre Octave! il est malheureux, et c'est par
notre faute; nous l'avons trop abandonné aux périls de
la jeunesse. Mais où ne les aurait-il pas rencontrés? et
où les eût-il combattus avec autant de vertu?

Il partira, j'en suis sûr, et peut-être à l'heure où je
t'écris il est déjà parti. Il y avait sur sa figure quelque
chose d'extraordinaire, comme s'il eût pris une résolution pénible mais ferme. Ce qui m'a fait partir sur-le-
champ moi-même pour la ferme, c'est la grande altération que j'ai vue sur la figure de ma femme à l'heure du
dîner; jusque-là j'étais convaincu qu'elle n'avait pas la
plus légère idée de l'amour d'Octave; depuis ce moment
je ne sais que penser. Il est vrai qu'elle est souffrante
depuis quelque temps; le sevrage de ses enfants la fatigue, et l'abondance de son lait l'incommode encore
souvent. Je n'ai pas voulu l'observer attentivement, cela
me faisait peur; quoi qu'il pût s'être passé entre eux,
du moment qu'Octave avait le courage de partir, je ne
devais pas lui rendre plus amer le dernier jour peut-être
qu'il avait à vivre auprès d'elle. Je suis sûr maintenant
de la raison et de la prudence de Fernande; elle l'éloi-
gnera sans l'offenser et sans irriter sa passion par d'inutiles démonstrations de force. J'ai vu que je devais la
laisser agir, et que ma confiance aveugle était la meilleure garantie possible de leur vertu.

Je n'ai aucune inquiétude, mais je suis triste et profondément las de moi. J'avais un ami sincère, aimable,
dévoué, et il faut qu'il parte désespéré parce que je suis
au monde! Vous aviez une belle vie, intime, riante et
pure comme vos cœurs, et voilà qu'elle est gâtée, dé-
rangée, empoisonnée, parce que je suis M. Jacques, le
mari de Fernande! J'espère si peu en moi et en mon
avenir, que je voudrais plutôt mourir et vous laisser tous

heureux, que de conserver mon bonheur au prix de celui de l'un de vous. Mon bonheur! sera-t-il possible désormais, si Fernande a dans le cœur un regret profond?
Et comment ne l'aurait-elle pas! Voilà ce qui m'a consterné hier. Elle l'aime peut-être... si cela est, elle ne le
sait pas encore elle-même; mais l'absence et la douleur
le lui apprendront. Et pourquoi partirait-il, s'il faut qu'elle
le pleure et qu'elle me haïsse?

Non, elle ne me haïra pas, elle est si bonne et si
douce! et moi je serai bon et doux avec elle; mais elle
sera malheureuse, malheureuse par nos liens indisso-
lubles... J'ai beaucoup pensé à cela avant que nous fus-
sions mariés, et depuis quelque temps j'y pense encore;
je verrai. Ne me parle pas, ne m'apprends rien sans que
je t'interroge. Je crains que la première fois tu ne m'aies
beaucoup trop rassuré sur leur amitié : ils étaient purs
alors, et ils le sont encore; mais ils pouvaient se séparer
aisément, et aujourd'hui il faut que leurs cœurs se bri-
sent. Que Dieu nous pardonne, nous n'avons rien fait à
mauvaise et coupable intention. Je retournerai demain
au château; si Octave n'est point parti, je songerai à ce
que je dois ou à ce que je puis faire.

L X I.

D'OCTAVE A FERNANDE.

Voici un mois bien étrange que nous passons ensemble,
mon amie. Depuis le jour où vous m'avez commandé
d'étouffer mon amour, je l'ai tellement couvert de cen-
dres que j'ai cru parfois avoir réussi à l'éteindre. Je
suis plus tranquille que je ne l'étais cet hiver, bien certainement; mais ce transport d'enthousiasme qui m'a
fait tout promettre et tout sacrifier, vous auriez dû
prendre un peu plus de soin pour le ranimer de temps

en temps. Votre cœur semble m'avoir abandonné; et je
tombe dans une tristesse chaque jour plus profonde.
Est-ce que vous craignez de me trouver indocile à vos
leçons? pourquoi me les avez-vous déjà retirées? Peut-
être ma mélancolie vous fatigue ; peut-être craignez-vous
l'ennui que vous causeraient mes plaintes. Et pourtant
il vous serait si facile de me consoler avec quelques mots
de confiance ou de compassion ! Ne connaissez-vous pas
votre pouvoir sur moi? quand s'est-il trouvé en défaut?
Vous êtes quelquefois cruelle sans vous en douter, et
vous me faites un mal horrible sans daigner vous en
apercevoir. Ne pourriez-vous, par exemple, me cacher
un peu l'amour que vous avez pour votre mari? Votre
âme est si généreuse et si délicate dans tout le reste!
mais, en ceci, vous mettez une sorte d'ostentation à me
faire souffrir : laissez cette vaine parade aux femmes qui
doutent d'elles-mêmes. Vous aviez eu tant d'esprit, au
milieu de votre miséricorde, dans les premiers jours!
vous saviez si bien me dire les choses qui pouvaient me
consoler, ou du moins adoucir ma peine ! Quand vous
parliez de votre mari, sans blasphémer un mérite que
personne n'apprécie mieux que moi, sans nier une affection que je ne voudrais pas lui arracher, vous aviez le
secret ineffable de me persuader que ma part était aussi
belle que la sienne, quoique différente. A présent vous
avez le talent inutile et cruel de me montrer combien sa
part est magnifique et la mienne ridicule. Ne pouviez-
vous me cacher ce tripotage d'enfants et de berceaux?
me comprenez-vous? Je ne sais comment m'expliquer,
et je crains d'être brutal; car je suis aujourd'hui d'une
singulière âcreté. Enfin, vous avez fait emporter vos enfants de votre chambre, n'est-ce pas? A la bonne heure.
Vous êtes jeune, vous avez des sens; votre mari vous
persécutait pour hâter ce sevrage. Eh bien! tant mieux!

vous avez bien fait : vous êtes moins belle ce matin , et vous me semblez moins pure. Je vous respectais dans ma pensée jusqu'à la vénération , et en vous voyant si jeune, avec vos enfants dans vos bras , je vous comparais à la Vierge mère, à la blanche et chaste madone de Raphaël caressant son fils et celui d'Élisabeth. Dans les plus ardents transports de ma passion, la vue de votre sein d'ivoire, distillant un lait pur sur les lèvres de votre fille, me frappait d'un respect inconnu, et je détournais mon regard de peur de profaner, par un désir égoïste, un des plus saints mystères de la nature providente. A présent, cachez bien votre sein, vous êtes redevenue femme; vous n'êtes plus mère; vous n'avez plus de droit à ce respect naïf que j'avais hier, et qui me remplissait de piété et de mélancolie. Je me sens plus indifférent et plus hardi. Ce sont là de mauvais moyens avec un homme aussi rustiquement candide que je le suis : vous pouviez bien rendre à votre mari le droit d'entrer la nuit dans votre chambre, sans le faire savoir à toute la maison, et à moi surtout.

LXII.

DE JACQUES A SYLVIA.

De la ferme de Blosse.

Il va falloir que je voyage, je ne sais pour combien de temps, mais il est nécessaire que je m'éloigne ; je deviens antipathique, et c'est ce qu'il y a de pire au monde. Fernande aime Octave : cela est maintenant hors de doute pour moi. Hier, quand j'obtins qu'elle fît emporter ses enfants, dont les cris l'empêchent de dormir et la rendent réellement malade, je ne sais si tu remarquas la singulière contestation qui s'éleva entre Octave et elle.

« Est-ce que vous êtes sûre que vos enfants se passeront
de vous toute une nuit! disait-il. — Il faut qu'ils s'y ha-
bituent, répondait-elle; il est temps de les sevrer. — Ils
me paraissent bien jeunes pour cela. — Ils ont un an
bientôt. — Mais on les soignera mal. A qui une mère
peut-elle remettre le soin de veiller sur ses enfants la
nuit? — Je puis remettre sans inquiétude ce soin à Sylvia. » Il fit alors un geste d'impatience extrême, et partit
sans dire bonsoir à personne.

Je ne compris pas d'abord le sens de cette conduite;
mais, en y réfléchissant, elle me parut fort claire. J'examinai Fernande : elle était bien pâle depuis quelque
temps! elle me sembla plus triste que malade. Je résolus
de savoir à quoi m'en tenir, et j'entrai dans sa chambre
à minuit.

Le ciel m'est témoin qu'en faisant emporter les enfants
je n'avais pas les intentions qu'Octave m'a supposées. Il
y a plus d'un an que je n'ai endormi ma femme sur mon
cœur, et ce serait pour moi une joie aussi vive et aussi
pure aujourd'hui que le premier jour de notre union, si
cette joie était réciproque; mais il y a un mois que je
doute, et ce mois où j'aurais pu, sans la faire manquer
aux saints devoirs de la maternité, la presser dans mes
bras, a été pour moi une angoisse perpétuelle. Elle est
sombre et silencieuse, l'as-tu remarqué, Sylvia? Octave
est triste, et quelquefois désespéré. Ils luttent, ils résistent, les infortunés! mais ils s'aiment et ils souffrent.
En vain j'avais tour à tour accueilli et repoussé la conviction de cet amour réciproque; elle m'arrivait de plus
en plus. Je me décidai enfin hier à l'accepter, quelque
rude qu'elle fût, et à paraître odieux un instant, afin de
n'être plus jamais exposé à le devenir. Je m'approchai
de son lit, et je vis qu'elle feignait de dormir, espérant,
la pauvre femme, se soustraire ainsi à mes importunités;

je la baisai au front, elle ouvrit les yeux et me tendit la
main ; mais je crus remarquer un imperceptible frisson
d'effroi et de répugnance. Je lui parlai comme autrefois
de mon amour, elle m'appela son cher Jacques, son ami
et son ange protecteur ; mais le nom d'amour était oublié ; et quand je cherchais à attirer ses lèvres sur les
miennes, sa figure prenait une singulière expression d'a-
battement et de résignation. Une douceur angélique ré-
sidait sur son front, et son regard avait la sérénité d'une
conscience pure ; mais sa bouche était pâle et froide, ses
bras languissants. Je jugeai l'épreuve assez forte ; il
m'eût été impossible de trouver du plaisir à la tourmenter. J'avais horreur du droit dont je suis investi, et dont
elle me croyait capable d'user contre son gré. Je lui
baisai les mains, et lui demandai de me dire sincèrement
si elle avait quelque chagrin, et si quelque chose manquait à son bonheur. « Comment pourrais-je trouver que
je ne suis point heureuse, me répondit-elle, quand tu
n'es occupé qu'à me rendre la vie agréable, et à éloigner
de moi les moindres contrariétés ? Quelle femme il faudrait être pour se plaindre de toi ! — Quand tu voudras
changer ta vie, lui dis-je, habiter un autre pays, t'entourer d'une société plus nombreuse, tu sais qu'il te suffira de me dire un mot pour que je mette ma plus grande
joie à te satisfaire ; si c'est l'ennui qui te rend malade et mélancolique, pourquoi ne me l'avoues-tu pas ?
—Non, ce n'est pas l'ennui, me répondit-elle avec un
soupir. » Et je vis qu'elle était tentée de m'ouvrir son
cœur. Elle l'eût fait certainement si son secret n'eût
appartenu qu'à elle ; mais elle ne devait pas me faire la
confession d'un autre. Je l'aidai à la renfermer dans son
sein, et je la quittai en lui disant : « Souviens-toi que je
suis ton père, et que je te porterai dans mes bras pour
t'empêcher de marcher sur les épines. Dis-moi seulement

quand tu seras lasse de marcher seule ; et, dans quelque
circonstance que nous nous trouvions, Fernande, ne me
crains jamais. — Tu es un ange! un ange! » me dit-elle
à plusieurs reprises ; et son visage me remercia malgré
elle de ce que je m'en allais. Je rentrai dans ma chambre,
et je tombai désolé sur mon lit ; je venais de franchir,
pour la dernière fois de ma vie, le seuil de la sienne.

C'en est donc fait irrévocablement ; elle ne m'aime
plus ! Hélas ! ne le sais-je pas depuis longtemps, et avais-
je besoin d'une épreuve décisive pour m'en assurer? N'y
a-t-il pas bien des mois qu'elle aime Octave sans le savoir ? Cette paisible affection qu'elle me témoigne désormais, est-ce autre chose que de l'amitié? Elle est heureuse avec moi maintenant, et elle commence à souffrir
par lui ; car l'amour est chez elle une souffrance. La
voilà en proie à toutes les terreurs et à toutes les difficultés de la vie sociale. Dieu sait combien de remords
exagérés déchirent son cœur ; mais que dois-je faire?
L'éloignerai-je du danger et tâcherai-je de lui faire oublier Octave ? Si je la lance au milieu du monde, impres-
sionnable et ingénue comme elle l'est, elle cherchera à
aimer encore et elle fera un mauvais choix ; car elle est
trop supérieure à ces poupées de salon qu'on appelle
femmes du monde, pour prendre goût à leur existence
vide et à leurs imbéciles plaisirs. Elle pourra en être
étonnée, étourdie pour quelque temps, et se distraire de
sa passion ; mais bientôt le besoin d'aimer qui est en elle
se fera sentir plus vivement, et l'amour se réveillera
dans son cœur, soit pour Octave, soit pour un autre qui
ne le vaudra pas et qui la perdra. Et alors elle me haïra
avec raison pour l'avoir arrachée à une affection qui
était innocente encore, et qui l'aurait peut-être été toujours, et pour l'avoir précipitée dans un abîme de déceptions et de douleurs. Mais si je la laisse ici, un matin elle

se trouvera criminelle à ses propres yeux ; elle se noiera dans ses larmes et m'accusera de l'avoir abandonnée au danger avec une lâche indifférence, ou avec une confiance stupide. Elle haïra peut-être son amant pour lui avoir fait souffrir ces agitations et ces remords ; elle me méprisera pour ne l'avoir pas préservée.

Je suis aussi incertain et aussi peu avancé qu'un homme qui n'aurait jamais prévu ce qui lui arrive. Pourtant voilà bientôt deux ans que j'emploie à retourner sous toutes les faces possibles l'avenir qui s'accomplit ; mais il y a cent mille manières de perdre l'amour d'une femme, et la seule qu'on n'ait pas prévue est précisément celle qui se réalise. Il est absurde de se prescrire une règle de conduite, quand le hasard seul se charge de vous éclairer sur le meilleur parti à prendre. Voilà pourquoi les sociétés ne peuvent exister qu'au moyen de lois arbitraires, bonnes pour les masses, horribles et stupides pour les individus. Comment peut-on créer un code de vertu pour les hommes, quand un homme ne peut s'en faire un pour lui seul, et quand les circonstances le forcent à en changer dix fois dans sa vie ? L'année dernière, quand j'accusai Fernande de me tromper effrontément, j'allais partir, j'allais l'abandonner sans remords et sans compassion. Qu'est-ce qui change si étrangement ma conduite et mes dispositions aujourd'hui ? Elle aime Octave, comme je supposais qu'elle l'aimait alors ; ce sont les mêmes êtres, les mêmes lieux, la même position sociale ; mais ce n'est pas le même sentiment. Je la croyais grossièrement amoureuse d'un homme dans ce temps-là, et aujourd'hui, je vois qu'elle aime, en tremblant et malgré elle, une âme qui la comprend. Elle pâlit, elle frissonne, elle pleure, à présent ! Voilà toute la différence extérieure ; mais cette différence, c'est tout ; c'est celle d'une femme sans cœur à une femme noble et sincère. Je ne peux pas me consoler par le mépris, maintenant. Qu'a-t-elle fait pour perdre mon estime? Rien, en vérité ; et quand même elle se serait abandonnée aux transports de son amant, elle n'aurait fait que céder à l'entraînement d'une destinée inévitable. Elle n'a plus d'amour pour moi, et elle a dix-neuf ans, et elle est belle comme un ange. Ce n'est ni sa faute, ni la mienne, si je ne lui inspire plus que de l'amitié ; puis-je demander plus de sacrifices, de dévouement et d'affection qu'elle n'en montre, en se combattant comme elle fait? Puis-je exiger que son cœur se dessèche, et que sa vie finisse avec notre amour?

Je serais un insensé et un monstre si je pouvais concevoir contre elle une pensée de colère ; mais je suis horriblement malheureux, car mon amour est encore vivant. Elle n'a rien fait pour l'éteindre ; elle m'a fait souffrir ; mais elle ne m'a ni offensé ni avili. Je suis vieux, et ne puis pas comme elle ouvrir mon cœur à un amour nouveau. Le moment de souffrir est venu ; il n'y a plus à espérer de le retarder ou de l'éviter. Du moins j'ai contre la souffrance un bouclier qu'aucune espèce de trait ne peut traverser ; c'est le silence. Tais-toi aussi, ma sœur! Je me soulage en t'écrivant ; mais que ces discours ne viennent jamais sur nos lèvres.

LXIII.

DE FERNANDE A JACQUES.

Mon ami, puisque tu ne reviens que demain, je veux t'écrire aujourd'hui, et te faire une demande qui me coûte beaucoup ; mais tu m'as parlé hier soir avec tant de bonté et d'affection que cela m'encourage. Tu m'as dit que, si j'éprouvais quelque ennui dans ce pays-ci, tu te ferais un plaisir de me procurer toutes les distractions

que je pourrais désirer. Je n'ai pas accepté sur-le-champ,
parce que je ne savais comment t'expliquer ce que j'é-
prouve, et je ne sais pas encore comment je vais te le
dire. De l'ennui? auprès de toi, et dans un si beau lieu,
avec mes enfants et deux amis comme ceux que nous
avons, il est impossible que je connaisse l'ennui; rien
ne manque à mon bonheur, ô mon cher Jacques! et tu
es le meilleur et le plus parfait des amis et des époux.
Mais que te dirai-je? Je suis triste parce que je souffre,
et je souffre sans savoir de quoi. J'ai des idées sombres,
je ne dors pas, tout m'agite et me fatigue; j'ai peut-être
une maladie de nerfs; je m'imagine que je vais mourir
et que l'air que je respire m'étouffe et m'empoisonne.
Enfin je sens, non pas le désir, mais le besoin de changer
de lieu. C'est peut-être une fantaisie, mais c'est une fantaisie de malade, dont tu auras compassion. Éloigne-moi
d'ici pour quelque temps; j'imagine que je serai guérie,
et que je pourrai revenir avant peu. Tu me disais l'autre
jour que M. Borel t'engageait beaucoup à acheter les
terres de M. Raoul, et tu me lisais une lettre où Eugénie
se joignait à lui pour te supplier de venir examiner
cette propriété et de m'amener passer l'été chez elle;
j'ai comme un vague désir de prendre la distraction de
ce voyage et de revoir ces bons amis. Engage notre chère
Sylvia à nous accompagner; je ne saurais me séparer
d'elle sans une douleur au-dessus de mes forces. Réponds-moi par le retour du domestique que je t'envoie.
Épargne-moi l'embarras de m'expliquer davantage sur
un caprice dont je sens le ridicule, mais que je ne puis
surmonter. Traite-moi avec cette indulgence et cette
divine douceur à laquelle tu m'as accoutumée. Bonjour,
mon bien-aimé Jacques. Nos enfants se portent bien.

LXIV.

DE JACQUES A FERNANDE.

Tes désirs sont des ordres, ma douce petite malade; partons, allons où tu voudras; prépare et commande le départ pour la semaine prochaine, pour demain si tu veux; je n'ai pas d'affaire dans la vie plus importante que ta santé et ton bien-être. J'écris à l'instant même à Borel pour lui dire que j'accepte son obligeante proposition. Précisément j'ai des fonds à déplacer, et il me sera agréable de les porter en Touraine, sous les yeux d'un ami qui en surveillera le revenu. Il m'eût été cruel de faire sans toi ce voyage; je ne sais pas si notre Sylvia pourra nous accompagner. Cela présente plus de difficultés et d'inconvénients que tu ne penses; j'en parlerai avec elle, et si la chose n'est pas impossible absolument, elle ne te quittera pas. Nous partirons donc pour aussi longtemps que tu voudras, ma bonne fille chérie; mais souviens-toi que si tu t'ennuies et te déplais à Cerisy, fût-ce le lendemain de notre arrivée, je serai tout prêt à te conduire ailleurs, ou à te ramener ici. Ne crains pas de me paraître fantasque : je sais que tu souffres, et je donnerais ma vie pour alléger ton mal. Adieu. Un baiser pour moi à Sylvia, et mille à nos enfants.

LXV.

D'OCTAVE A FERNANDE.

Ainsi, vous partez! Je vous ai offensée, et vous m'abandonnez au désespoir, pour ne pas entendre les inutiles lamentations d'un importun. Vous avez raison; mais cela vous ôte beaucoup de votre mérite à mes yeux. Vous

étiez bien plus grande quand vous me disiez que vous ne
m'aimiez pas mais que vous aviez pitié de moi, et que
vous me supporteriez auprès de vous tant que j'aurais
besoin de vos consolations et de votre appui. A présent,
vous ne dites plus rien. Je vous parle de mon amour dans
le délire de la fièvre, et vous avez la charité de ne pas
me répondre, pour ne pas me désespérer, apparemment; mais vous n'avez pas la patience de m'entendre
davantage, et vous partez! Vous vous êtes lassée trop
tôt, Fernande, du rôle sublime dont vous aviez conçu
l'idée, mais que vous n'avez pas eu la force de remplir.
Mon amour n'a pas eu le temps de guérir; mais il s'est
aigri, et la plaie est plus âcre et plus envenimée qu'auparavant.

Votre conduite est fort prudente. Je ne vous aurais jamais crue si ingénieuse : vous avez arrangé tout cela en
un clin d'œil, et vous avez surmonté tous les obstacles
avec toute l'habileté et tout le sang-froid du tacticien le
plus expérimenté. Cela est bien beau pour votre âge!
Sylvia était brutale et franche; elle partait en me laissant des billets où elle m'apprenait sans façon qu'elle ne
m'aimait pas. Vous êtes plus politique; vous savez profiter des occasions et les saisir au vol; vous arrangez tout
d'une manière si savante et si vraisemblable, qu'on jure-
rait que c'est votre mari qui vous entraîne, tandis que
son cœur généreux et brave hésite, s'étonne et se soumet
sans savoir ce qui vous passe par l'esprit. Sylvia se soucie médiocrement d'aller s'installer chez des gens qu'elle
ne connaît pas, et qui la traiteront peut-être fort leste-
ment; mais vous ne tenez compte de rien. Vous me com-
blez devant eux d'hypocrites témoignages de regret et
d'attachement, et vous évitez si bien de vous trouver
seule un instant avec moi, que, si je n'étais furieux, je
serais désespéré. Soyez tranquille; j'ai autant d'orgueil

qu'un autre quand on m'irrite par le mépris. Vous auriez
dû me témoigner le vôtre dès le jour où j'ai eu l'insolence
de vous parler d'amour : je serais parti sur-le-champ, et
vous seriez débarrassée de moi depuis longtemps. Pourquoi prendre tant de peine aujourd'hui? pourquoi quitter
votre maison et déplacer toute votre famille, quand vous
n'avez qu'un mot à dire pour me renvoyer en Suisse?
Croyez-vous que je veuille m'attacher à vos pas et vous
fatiguer de mes poursuites? Vous avez choisi pour refuge
la maison Borel, pensant que c'était le seul lieu du monde
où je n'oserais pas vous suivre : eh! mon Dieu, c'est
trop de soin; restez et vivez en paix; je pars dans un
quart d'heure. Défaites vos malles; dites à votre mari que
vous avez changé d'idée : je vous ai vue ce matin pour
la dernière fois de ma vie. Adieu, Madame.

LXVI.

DE FERNANDE A OCTAVE.

Vous vous trompez absolument sur les causes de mon
départ et de ma conduite avec vous. J'exige que vous
restiez jusqu'à demain, à moins que vous ne vouliez faire
deviner à mon mari un secret qui peut compromettre son
bonheur et mon repos. Ce soir, à neuf heures, nous partirons, après nous être pressé la main. Allez au grand
ormeau, vous trouverez sous la pierre mon dernier billet, mon dernier adieu.

DE FERNANDE A OCTAVE.

(Billet placé sous la pierre de l'ormeau.)

Je pars parce que je vous aime; vous le dire et résister
à vos transports m'eût été impossible. Partir sans vous le
dire est également au-dessus de mes forces. Je suis un

être faible et souffrant; je ne puis commander à mon
cœur; j'aime mes devoirs et je veux sincèrement les remplir. Ce que j'entends par mes devoirs, ce ne sont pas les
seules lois de la société; la société châtie sévèrement
ceux qui lui désobéissent; mais Dieu est plus indulgent
qu'elle, et il pardonne. Je saurais braver pour vous le ridicule et le blâme qui s'attachent aux fautes d'une femme;
mais ce que je ne puis vous immoler, le sacrifice que vous
refuseriez, c'est le bonheur de Jacques. Que n'est-il moins
parfait! que n'a-t-il eu envers moi quelque tort qui m'autorise à disposer de mon honneur et de mon repos comme
je l'entendrais! Mais, quand toute sa conduite est sublime envers moi et envers vous, que pouvons-nous faire?
Nous soumettre, nous fuir, et mourir de chagrin plutôt
que d'abuser de sa confiance.

Je ne sais pas quand j'ai commencé à vous aimer. Peut-
être est-ce dès le premier jour que je vous ai vu; peut-
être Clémence avait-elle tristement raison en m'écrivant
que je réussissais à donner le change à ma conscience,
mais que j'étais déjà perdue lorsque je croyais travailler
à votre réconciliation avec Sylvia. Je ne sais plus maintenant apprécier au juste ce qui s'est passé dans ma pauvre tête depuis un an; je suis brisée de fatigue, de combats, d'émotions. Il est temps que je parte; je ne sais
plus ce que je fais; je suis comme vous étiez il y a un
mois. Alors je me sentais encore de la force; d'ailleurs,
la crainte de vous perdre m'en donnait. Que n'aurais-je
pas imaginé, que ne me serais-je pas persuadé, que n'aurais-je pas juré à Dieu et aux hommes, plutôt que de renoncer à vous voir? Cette idée était trop affreuse, je ne
pouvais l'accueillir; mais la victoire que nous nous flat-
tions de remporter était au-dessus des forces humaines;
à peine vous vis-je au point d'enthousiasme et de courage
où je vous priais d'atteindre, que mon âme se brisa

comme une corde trop tendue ; je tombai dans une tristesse inexplicable, et quand j'en sortais pour contempler avec admiration votre dévouement et votre vertu, je sentais qu'il fallait vous fuir ou me perdre avec vous. Que Dieu nous protége ! A présent le sacrifice est consommé ; si je succombe, souvenez-vous de moi pour me plaindre et pour me pardonner ce que je vous ai fait souffrir.

Si vous voulez m'accorder une grâce, restez encore quelques jours à Saint-Léon ; et puisque Silvia n'a pu se décider à me suivre, profitez de cette sainte amitié que la Providence vous offre comme une consolation. Elle est triste aussi ; j'ignore ce qu'elle a ; peut-être devine-t-elle que je suis malheureuse. Elle se dévoue à mes enfants ; elle leur servira de mère. Voyez-les, ces pauvres enfants que j'abandonne aussi, pour fuir tout ce que j'ai de plus cher au monde à la fois ; leur vue vous rappellera mes devoirs et les vôtres ; vous souffrirez moins pendant ces premiers jours. Si, au lieu de vous plonger dans la solitude, vous vous nourrissez l'âme du témoignage de notre honnête amitié et du spectacle de ces lieux, où tout vous parlera des graves et augustes devoirs de la famille et de l'honneur, vous vous souviendrez d'y avoir été heureux par la vertu, et vous vous réjouirez de n'avoir pas souillé la pureté de ce souvenir.

LXVII.

DE SYLVIA A JACQUES.

Saint-Léon.

Vous avez bien fait de me laisser vos enfants; ce voyage eût fait beaucoup de mal à ta fille, qui n'est pas bien portante. Son indisposition ne sera rien, j'espère ; elle serait devenue sérieuse dans une voiture, loin des

mille petits soins qui lui sont nécessaires. Ne parle pas à
ta femme de cette indisposition, qui sera guérie sans
doute quand tu recevras ma lettre. C'est une grande terreur pour moi que la moindre souffrance de tes enfants,
surtout à présent que je suis seule. Je tremble de voir
leur santé s'altérer par ma faute ; je ne les quitte pourtant pas d'une minute, et je ne goûterai pas un instant de
sommeil que notre chère petite ne soit tout à fait bien.

Je suis heureuse d'apprendre que vous avez fait un bon
voyage, et que vous avez reçu le plus aimable accueil ;
mais je m'afflige et m'effraie de la tristesse épouvantable
où tu me dis que Fernande est plongée. Pauvre chère enfant ! Peut-être as-tu mal fait de céder si vite à son désir ;
il eût fallu lui donner le temps de réfléchir et de se ra-
viser. Il m'a semblé qu'au moment de partir, elle était au
désespoir, et que, sans la crainte de te déplaire, elle eût
renoncé à ce voyage. Je n'augure rien de bon de cette
séparation. Octave est comme fou. J'ai réussi à le retenir
jusqu'à présent, mais je désespère de le calmer. J'ai essayé de le faire parler ; j'espérais qu'en ouvrant son cœur
et en l'épanchant dans le mien, il se calmerait ou se pé-
nétrerait davantage de la nécessité d'être fort ; mais la
force n'est pas dans l'organisation d'Octave ; et quand
même j'obtiendrais quelques nobles promesses, sa résolution serait l'enthousiasme de quelques heures. Je le
connais, et le voyant aussi sérieusement épris de Fernande, j'espère peu à présent qu'il la seconde dans ses
généreux projets. Il est dans une agitation effrayante ; sa
souffrance paraît si vive et si profonde, que j'en suis
émue de compassion et que je pleure sur lui du fond de
mon âme. Sois indulgent et miséricordieux, ô mon Jacques ! car ils sont bien à plaindre. Je n'ai jamais été dans
cette situation, et je ne sais vraiment pas ce que je ferais
à leur place. Ma position indépendante, mon isolement de

toute considération sociale, de tout devoir de famille,
sont cause que je me suis livrée à mon cœur lorsqu'il a
parlé. Si j'ai de la force, ce n'est pas à me combattre
que je l'ai acquise; car je n'en ai jamais eu l'occasion.
L'idée de sacrifier une passion réelle et profonde à ce
monde que je hais me paraît si horrible, que je ne m'en
crois pas capable. Il est vrai que les seuls devoirs réels
de Fernande sont envers toi; et ta conduite en impose de
tels à tous ceux qui t'aiment, qu'il ne doit plus y avoir
un instant de bonheur pour ceux qui te trahissent. Aide-
la donc avec douceur à accomplir cet holocauste de son
amour; j'essaierai d'obtenir quelque chose de la vertu
d'Octave; mais il me ferme l'accès de son cœur, et je ne
puis vaincre la répugnance que j'éprouve à forcer la confiance d'une âme qui souffre, fût-ce avec l'espoir de la
guérir.

LXVIII.

D'OCTAVE A HERBERT.

Je suis dans un état déplorable, mon cher Herbert;
plains-moi et n'essaie pas de me conseiller; je suis hors
d'état d'écouter quoi que ce soit. Elle a tout gâté en me
disant qu'elle m'aime; jusque-là, je me croyais méprisé;
le dépit m'aurait donné des forces; mais, en me quittant,
elle me dit qu'elle m'aime, et elle espère que je me rési-
gnerai à la perdre! Non, c'est impossible; qu'ils disent
ce qu'ils voudront, ces trois êtres étranges parmi lesquels
je viens de passer un an qui m'apparaît comme un rêve,
comme une excursion de mon âme dans un monde imaginaire! Qu'est-ce que la vertu dont ils parlent sans cesse?
La vraie force est-elle d'étouffer ses passions ou de les satisfaire? Dieu nous les a-t-il données pour les abjurer? et
celui qui les éprouve assez vivement pour braver tous les

devoirs, tous les malheurs, tous les remords, tous les dangers, n'est-il pas plus hardi et plus fort que celui dont la prudence et la raison gouvernent et arrêtent tous les élans? Qu'est-ce donc que cette fièvre que je sens dans mon cerveau? Qu'est-ce donc que ce feu qui me dévore la poitrine, ce bouillonnement de mon sang qui me pousse, qui m'entraîne vers Fernande? Est-là les sensations d'un être faible? Ils se croient forts parce qu'ils sont froids. D'ailleurs, qui sait le fond de leurs pensées? qui peut deviner leurs intentions réelles? Ce Jacques qui m'abandonne et me livre au danger pendant un an, et qui, malgré sa pénétration exquise en toute autre chose, ne s'aperçoit pas que je deviens fou sous ses yeux; cette Sylvia qui redouble d'affection pour moi, à mesure que je me console de ses dédains et que je les brave en aimant une autre femme, sont-ils sublimes ou imbéciles? Avons-nous affaire à de froids raisonneurs qui contemplent notre souffrance avec la tranquillité de l'analyse philosophique, et qui assisteront à notre défaite avec la superbe indifférence d'une sagesse égoïste? à des héros de miséricorde, à des apôtres de la morale du Christ qui acceptent le martyre de leurs affections et de leur orgueil? A présent que j'ai perdu l'aimant qui m'attachait à eux, je ne les connais plus; je ne sais plus s'ils me raillent, s'ils me pardonnent ou s'ils me trompent. Peut-être qu'ils me méprisent; peut-être qu'ils s'applaudissent de leur ascendant sur Fernande, et de la facilité avec laquelle ils m'ont séparé d'elle au moment où elle allait être à moi. Oh! s'il en était ainsi, malheur à eux! Vingt fois par jour je suis au moment de partir pour la Touraine.

Mais cette Sylvia m'arrête et me fait hésiter. Maudite soit-elle! Elle exerce encore sur moi une influence qui a quelque chose d'irrésistible et de fatal. Toi qui crois au magnétisme, tu aurais ici beau jeu pour expliquer le

pouvoir qu'elle a encore sur moi après que mon amour
pour elle est éteint, et quand nos caractères s'accordent
et se ressemblent si peu. Quand Fernande était ici, j'é-
tais si heureux, si enivré au milieu de toutes mes souffrances, que je pensais tout ce qu'elle disait. Sylvia était
mon amie, ma sœur chérie, comme elle était l'amie et
la sœur chérie de Fernande. A présent, elle m'étonne et
m'inspire de la méfiance. Je ne peux pas croire qu'elle
ne soit pas mon ennemie, et la pitié qu'elle me marque
m'humilie comme le plus superbe témoignage de mépris
qu'une femme puisse donner à un ancien amant. Ah ! si
je pouvais me livrer à elle, pleurer dans son sein, lui
dire ce que je souffre, et si j'étais sûr qu'elle y compatît !

Mais à quoi cela me mènerait-il ? elle est la sœur de
Jacques, ou du moins il a en elle une amie si intime, qu'elle
ne peut que blâmer et contrarier mon amour. Quand
même elle serait assez généreuse pour désirer de me voir
heureux avec une autre qu'elle, Fernande est précisément la seule femme qu'elle ne peut pas m'aider à obtenir. Ah ! si elle me méprise, elle a bien raison, car je
suis un homme sans caractère et sans conviction. Je sens
que je ne suis ni méchant, ni vicieux, ni lâche ; mais je
me laisse aller à tous les flots qui me ballottent, à tous
les vents qui me poussent. J'ai eu dans ma vie des moments de folle et sainte exaltation, puis des décourage-
ments affreux, puis des doutes cruels et un profond dégoût des gens et des choses qui m'avaient paru sublimes
la veille. J'ai aimé Sylvia avec ferveur ; j'ai cru pouvoir
m'élever jusqu'à elle, qui me paraissait à demi cachée
dans les cieux ; puis je l'ai méprisée jusqu'à la soupçonner d'être une courtisane ; puis je l'ai estimée au point
de vivre son ami après avoir été repoussé comme amant ;
maintenant elle me fait peur et j'ai comme une sorte de
haine contre elle ; et pourtant je ne puis m'arracher en-

core aux lieux qu'elle habite ; il me semble qu'elle a à
me dire quelque parole qui pourra me sauver.

Mais pourquoi suis-je ainsi ? pourquoi ne puis-je ni rien
croire, ni rien nier décidément ? Oh ! j'ai eu une belle
nuit avec Fernande ! j'ai versé à ses pieds des larmes qui
m'ont semblé descendre du ciel ; mais peut-être n'était-ce
qu'une comédie que je jouais vis-à-vis de moi-même, et
dont j'étais à la fois l'acteur inspiré et le spectateur niai-
sement émerveillé ! Qui sait, qui peut dire ce qu'il est ?
Et à quoi sert de se chauffer le cerveau jusqu'à ce qu'il
éclate ? à quoi mène cette exaltation qui tombe d'elle-
même comme la flamme ? Fernande était sincère dans
ses résolutions, dans sa confiance, la pauvre enfant ; et
tout en jurant à Dieu qu'elle ne m'aimerait point, elle
m'aimait déjà en secret. Elle s'arrache au danger de me
le dire, et elle me l'écrit naïvement ! Oh ! c'est cela qui
me la fait aimer ! c'est cette faiblesse adorable qui met
son cœur au niveau du mien ! D'elle, au moins, je n'ai
jamais douté ; je sens ce que j'ai senti dès le premier
jour : c'est que nous sommes faits l'un pour l'autre, et
que son être est de la même nature que le mien. Ah ! je
n'ai jamais aimé Sylvia, c'est impossible, nous nous res-
semblons si peu ! Presser Fernande dans mes bras, c'est
presser une femme, la femme de mon choix et de mon
amour ! et on s'imagine que j'y renoncerai ? Mais qu'ar-
rivera-t-il ? Que m'importe ? si on la rend malheureuse,
je l'enlèverai avec sa fille, que j'adore, et nous irons vivre
au fond de quelque vallée de ma patrie. Tu me donneras
bien un asile ? Ah ! ne me sermonne pas, Herbert ; je sais
bien que je me rends malheureux, et que je fais folie sur
folie ; je sais bien que, si j'avais une profession, je ne
serais pas oisif ; que, si j'étais comme toi, ingénieur des
ponts et chaussées, je ne serais pas amoureux ; mais que
veux-tu que j'y fasse ? je ne suis propre à aucun métier ;

je ne puis me plier à aucune règle, à aucune contrainte. L'amour m'enivre comme le vin; si je pouvais, comme toi, porter deux bouteilles de vin du Rhin sans extravaguer, j'aurais pu passer un an entre deux femmes charmantes sans être amoureux de l'une ni de l'autre.

Adieu; ne m'écris pas, car je ne sais pas où je vais. Je fais mon portemanteau vingt fois par jour; tantôt je veux aller à Genève oublier Fernande, Jacques et Sylvia, et me consoler avec mon fusil et mes chiens; tantôt je veux aller me cacher à Tours, dans quelque auberge d'où je serai à portée d'écrire à Fernande et de recevoir ses réponses; tantôt je ris de pitié en me voyant si absurde; tantôt je pleure de rage d'être si malheureux.

LXIX.

DE JACQUES A SYLVIA.

Ce que tu me mandes de ma fille m'effraie extrêmement; c'est la première fois qu'elle est malade, et, dans l'ordre des choses, elle aurait dû et devra l'être souvent; mais je ne puis commander à mon inquiétude quand il s'agit de mes enfants, parce qu'ils sont jumeaux, et que leur existence est plus précaire que celle des autres. La petite est bien plus délicate que son frère, et cela justifie la croyance générale qu'un des deux vit toujours aux dépens de l'autre dans le sein de la mère. Si elle va plus mal, écris-le-moi sans hésiter. J'irai te rejoindre, non pour aider à tes soins, qui ne peuvent être que parfaits, mais pour te soulager de la terrible responsabilité qui pèse sur toi. J'ai caché et je cacherai cette nouvelle à Fernande aussi longtemps que je pourrai; sa santé est réellement très-altérée, le chagrin et l'inquiétude aggraveraient son mal. Elle est entourée ici de soins, d'amitiés et de distractions; mais rien n'y fait. Elle est d'une

tristesse qui me consterne, et ses nerfs sont dans un état
d'irritation qui change entièrement son caractère. Tu as
raison, Sylvia, cette séparation n'a produit rien de bon.
Il y a peu d'âmes qui soient organisées assez vigoureu-
sement pour se maintenir dans le calme d'une forte résolution ; toutes les consciences honnêtes sont capables
de la générosité d'un jour, mais presque toutes succom-
bent le lendemain à l'effort du sacrifice. J'ai cru qu'il
était de mon devoir de consentir à celui de Fernande et
même de le seconder ; ce n'est pas que j'en aie espéré
un résultat heureux pour moi. Quand l'amour est éteint,
rien ne le rallume ; et en m'arrachant à notre Dauphiné,
je n'avais pas certainement sur le visage l'imbécile joie
d'un mari dont la vanité triomphe. Je n'avais pas non
plus dans le cœur l'imprudent espoir d'un amant qui se
flatte de retrouver son bonheur dans l'immolation du
bonheur d'autrui. Je savais bien que Fernande aimerait
Octave absent d'un amour plus acharné, et que je la
dérobais seulement au danger dont sa pudeur eût peut-
être suffi pour la préserver. Je savais que le trait s'en-
foncerait dans son cœur à mesure qu'elle s'efforcerait de
le retirer. Tous les hommes oublient ce qu'ils ont éprouvé,
et feignent de ne plus savoir ce que c'est que l'amour
quand on leur retire celui qu'ils croyaient posséder. Il
faut voir alors par quels stupides arguments ils essaient
de prouver que la femme qui les quitte est coupable envers eux. Pour moi, je n'accuserais Fernande que dans
le cas où elle recevrait mes caresses d'un front serein,
avec un sourire trompeur sur les lèvres. Mais sa conduite
est noble ; sa tristesse protesterait contre ma tyrannie,
si j'étais assez grossier pour l'exercer. Dans l'espèce d'a-
version qu'elle me témoigne malgré elle de temps en
temps, il y a une violence de sincérité que je préfère à
une hypocrite douceur. Pauvre enfant ! pauvre chère en-

fant! comme tu dis, elle fait ce qu'elle peut. Dans de
certains moments elle se jette à mon cou en sanglotant,
dans d'autres elle me repousse avec horreur. Ah! que
peut-elle craindre de moi? Je lui proposerai bientôt de
revenir si son état ne s'améliore pas; car je ne veux
pas qu'elle soit malheureuse et qu'elle me haïsse. Tous
les chagrins, tous les affronts sur moi plutôt que celui-là!
J'attends encore quelques jours; l'excitation où elle est
s'apaisera peut-être comme le redoublement d'une maladie. J'ai dû consentir à l'amener ici, même avec la conviction que cela ne servirait à rien; j'ai dû lui laisser la
faculté de faire un noble effort, et de mettre dans sa vie
le souvenir d'un jour de vertu; ce sera un remords de
moins pour l'avenir, un droit de plus à mon respect.
Quand elle sera lasse de combattre, je ne lèverai point le
bras pour l'achever, mais je le lui offrirai pour s'y reposer.
Hélas! si elle savait combien je l'aime! Mais je me tais
désormais; mon amour serait un reproche, et je respecte
sa souffrance. Insensé que je suis! il y a des instants où
je me flatte qu'elle va revenir à moi, et qu'un miracle va
s'accomplir pour me récompenser de tout ce que j'ai dé-
voré de douleurs dans le cours de ma triste vie!

LXX.

DE SYLVIA A JACQUES.

Il faut que tu viennes me trouver; ta fille tombe dans
un état de marasme qui fait des progrès effrayants;
amène quelque médecin plus habile que ceux que nous
avons ici. Si Fernande est réellement aussi malade et
aussi triste que tu le dis, cache-lui l'état de sa fille; et
pourtant comment lui annoncerons-nous plus tard la vérité, si mes craintes se justifient? Fais ce que tu jugeras
le plus prudent. La laisseras-tu ainsi sans toi chez ces

Borel? La soigneront-ils bien? Il est vrai que sa mère va
arriver au Tilly; à ce qu'elle me mande, et qu'elle ira
chez elle si elle veut; mais d'après tout ce que tu m'as dit
de sa mère, c'est une mauvaise amie et un triste appui
pour Fernande. Ah! pourquoi nous sommes-nous quittés?
cela nous a porté malheur.

Octave est parti pour Genève; il a accompli aussi son
sacrifice; que peut-on lui demander de plus? J'ai vainement essayé d'adoucir son chagrin par mon amitié; je
me suis convaincue plus que jamais que son âme n'est
point grande, et que les petitesses de la vanité ou de
l'égoïsme, je ne sais lequel des deux, en ferment l'entrée
aux idées élevées et aux nobles sentiments. Croirais-tu
qu'il a longtemps hésité à savoir si j'avais l'intention de
découvrir ses secrets pour en abuser, ou si j'étais sincère
dans mon désir de le réconcilier avec lui-même? Croirais-
tu qu'il a eu l'idée ridicule que je lui faisais des coquet-
teries pour le ramener à mes pieds? Il me suppose ce vil
et sot amour-propre; il me croit occupée à ces calculs
petits et méprisables, quand mon cœur est brisé de la
douleur de Fernande et de la sienne, quand je donnerais
mon sang pour les guérir en les divisant, ou pour les envoyer vivre heureux dans quelque monde où tu n'aurais
jamais mis le pied, et où leur bonheur ne toucherait point
à ton existence. Pauvre Octave! son plus grand malheur
est de comprendre par l'intelligence ce que c'est que la
grandeur, mais d'avoir le cœur trop froid ou le caractère
trop faible pour y atteindre. Il croit que Fernande est son
égale, et il se trompe : Fernande est très-au-dessus de
lui, et Dieu fasse qu'elle puisse l'oublier, car l'amour
d'Octave ne la rendrait peut-être que plus malheureuse.
Enfin il est parti en me jurant qu'il allait en Suisse. Attendons le destin, et, quel qu'il soit, dévouons-nous à
ceux qui n'ont pas la force de se dévouer.

LXXI.

D'OCTAVE A FERNANDE.

Votre mari est en Dauphiné et moi je suis à Tours ; vous m'aimez et je vous aime, voilà tout ce que je sais. Je trouverai moyen de vous voir et de vous parler, n'en doutez pas. N'essayez pas de me fuir encore, je vous suivrais jusqu'au bout de la terre. Ne craignez pas que je vous compromette, je serai prudent ; mais ne me réduisez pas au désespoir, et ne déjouez pas par une inutile et folle résistance les moyens que je prendrai pour arriver à vous sans que personne s'en doute. Que craignez-vous de moi ? quels sont ces dangers qui vous épouvantent ? Pensez-vous que je veuille d'un bonheur qui vous coûterait des larmes ? M'estimez-vous assez peu pour croire que je vous demanderai des sacrifices ? Je ne veux que vous voir, vous dire que je vous aime, et vous décider à retourner à Saint-Léon. Là nous reprendrons notre ancienne vie, vous resterez aussi pure que vous l'êtes, et je serai aussi malheureux que vous voudrez. Je puis tout promettre et tout accepter pourvu qu'on ne me sépare pas de vous ; cela seul est impossible.

J'ai déjà fait le tour du château et des jardins de Cerisy, j'ai déjà gagné le jardinier et apprivoisé les chiens. Cette nuit je suis passé sous vos fenêtres, il était deux heures du matin, et il y avait de la lumière dans votre chambre ; demain je vous écrirai comment nous pouvons nous voir sans le moindre danger. Je sais que vous êtes malade, et, s'il faut répéter l'expression de ceux qui parlent de vous, un secret chagrin vous tue. Et tu crois que je t'abandonnerai quand ton mari te laisse pour aller serrer ses foins et philosopher avec Sylvia, tout en comptant ses denrées et son argent ? Pauvre Fernande ! ton mari est

une mauvaise copie de M. de Wolmar; mais certainement Sylvia ne se pique pas d'imiter le désintéressement
et la délicatesse de Claire; c'est une coquette froide et
très-éloquente, rien de plus. Cesse de mettre ces deux
êtres de glace au-dessus de tout, cesse de leur sacrifier
ton bonheur et le mien; jette-toi dans les bras de celui
qui t'aime, réfugie-toi dans le seul cœur qui t'ait comprise. Impose-moi tous les sacrifices que tu voudras, mais
laisse-moi pleurer à tes genoux encore une fois, et te dire
combien je t'aime, et que j'entende ce mot sortir de ta
bouche.

LXXII.

D'OCTAVE A HERBERT.

Je suis à Tours depuis un grand mois, comptant les
jours le plus patiemment que je peux, et attendant les
rares instants où il m'est permis de la voir. Encore ai-je
perdu quinze jours à demander et à obtenir cette faveur.
L'imprudente! elle ne sait pas combien sa résistance, ses
scrupules et ses larmes m'attachent à elle et donnent de
force à ma passion. Rien n'irrite mon désir, rien ne m'é-
veille de mon indolence naturelle comme les obstacles et
les refus. J'ai eu assez à combattre sa terreur d'être découverte et compromise, j'ai été fort occupé. Tu dis que
je n'ai pas d'emploi; je t'assure qu'il n'y a pas de profession plus active et plus assujettissante que celle de
pénétrer auprès des femmes que le monde et la vertu se
chargent de garder. J'ai eu à lutter contre madame de
Luxeuil (cette Clémence dont je t'ai parlé une fois), le
philosophe le plus pédant et le plus insupportable de la
terre, la femme la plus sèche, la plus froide, la plus jalouse du bonheur d'autrui. Je l'avais parfaitement jugée
d'après ses lettres. J'ai eu occasion de faire parler d'elle

un mien ami qui est à Tours, et qui la connaît fort bien,
parce qu'elle y vient souvent. Je sais maintenant que
c'est ce qu'on appelle une personne distinguée, un de ces
êtres qui ne peuvent ni aimer ni se faire aimer, et qui
donnent leur malédiction à tout ce qui aime sur la terre;
pédagogues femelles qui ont le triste avantage de voir
clairement le malheur des autres, et de le prédire avec
une joie malicieuse pour se consoler d'être étrangers aux
biens et aux maux des vivants; momies qui ont des sentences écrites sur parchemin à la place du cœur, et qui
mettent leur gloire à étaler leur fatal bon sens et leur
raison impitoyable à défaut d'affection et de bonté. Sachant que Fernande était à Cerisy, et qu'au dire des voisins tourangeaux elle se mourait d'une maladie de langueur, elle est venue la voir et se repaître de sa tristesse,
comme un corbeau qui attend le dernier soupir d'un
mourant sur le champ de bataille. Je ne sais même pas
si elle n'a pas indisposé contre la pauvre Fernande madame Borel, leur compagne commune de couvent. Fernande trouve que tout le monde lui bat froid, et ne peut
s'empêcher de regretter Saint-Léon. Elle y retournera, je
l'y déciderai, et là je vaincrai ses scrupules et les miens:
oui, les miens; car je t'avoue, Herbert, que je suis le plus
misérable séducteur qu'il y ait jamais eu. Je ne suis un
héros ni dans la vertu ni dans le vice: c'est peut-être pour
cela que je suis toujours ennuyé, agité et malheureux les
trois quarts du temps. J'aime trop Fernande pour renoncer à elle; je préfère commettre tous les crimes et supporter tous les malheurs; mais cet amour est trop vrai
pour que je veuille la persécuter et l'effrayer par des
transports qu'elle ne partage pas encore. Elle les parta-
gera, Dieu et la nature le veulent. Quelle digue peut s'opposer à l'amour de deux êtres qui s'entendent et dont les
brûlantes aspirations s'appellent et se répondent à toute

heure? Je conçois les joies extatiques de l'amour intellectuel chez des amants jeunes et pleins de vie, qui retardent voluptueusement l'étreinte de leurs bras pour s'embrasser longtemps avec l'âme. Chez les captifs ou les impuissants, c'est une vaine parade d'abnégation qu'expient en secret le spleen et la misanthropie. Je divague donc avec Fernande, et je m'élève dans les régions du platonisme tant qu'elle veut. Je suis sûr de redescendre sur la terre et de l'y entraîner avec moi quand je voudrai.

Tu dois t'étonner de la vie que je mène : moi aussi ; mais, au bout du compte, cet abandon de moi-même au hasard ou au destin, cette soumission de mes actions à mes passions est la seule chose qui me convienne. Je suis un vrai jeune homme, je le sais, au moins je l'avoue, et seul peut-être parmi tous ceux que je vois, je ne joue point de rôle. Je me laisse aller au gré de ma nature, et je n'en rougis pas. Les uns se drapent, les autres se fardent ; il en est qui se plâtrent et veulent se changer en statues majestueuses. Il en est d'autres qui attachent des ailes de papillon à des organisations de tortue. En général, les vieux se font jeunes, et les jeunes affectent la sagesse et la gravité de l'âge mûr. Moi, je suis tout ce qui me passe par la tête et ne m'occupe en aucune façon des spectateurs. J'écoutais dernièrement deux hommes se dépeindre l'un à l'autre. L'un se disait bilieux et vindicatif, l'autre indolent et apathique. Quand nous nous séparâmes en quittant la diligence, tous deux s'étaient déjà révélés : le prétendu bilieux s'était laissé provoquer avec le plus grand sang-froid par l'apathique, lequel n'avait pu supporter une contradiction très-légère sur une question politique. Le besoin de l'affectation est si grand chez les hommes, qu'ils se vantent des défauts qu'ils n'ont pas, plus volontiers que des qualités qu'ils peuvent avoir.

Moi, je cours après l'aimant qui m'attire, et ne tourne les yeux ni à droite ni à gauche pour savoir ce qu'on dit de ma démarche. Quelquefois je me regarde au miroir, et je ris de moi-même ; mais je ne change rien à ma manière d'être, cela me donnerait trop de peine. Avec ce caractère-là, j'attends sans trop d'ennui ni de désespoir ce que le destin va faire de moi ; j'occupe mes instants le plus paisiblement du monde ; la pensée de mon amour suffit pour réchauffer ma tête et entretenir mon espérance. Enfermé dans ma petite chambre d'auberge assez fraîche et sombre, j'emploie à dessiner ou à lire des romans (tu sais que j'ai la passion des romans) les heures les plus chaudes de la journée. Personne ici ne me connaît que deux ou trois jeunes gens de Paris qui n'ont aucun rapport avec les Borel. D'ailleurs, les Borel ne connaissent ni mon nom ni ma figure, et mon séjour ici ne peut compromettre Fernande auprès de personne. Jacques lui écrit toujours qu'il reviendra la chercher la semaine prochaine ; mais il est clair comme le jour qu'il n'y pense guère ou qu'il est plus occupé des soins de son exploitation que de sa femme. Il est vrai qu'il ne tient qu'à elle de demander des chevaux de poste, de monter dans sa voiture avec Rosette et d'aller le rejoindre. C'est à quoi je travaille à la décider, car je partirais aussitôt pour mon ermitage, et j'arriverais à quelques jours de distance, en disant à Jacques et à Sylvia que j'ai été faire un tour en Suisse. Ou ils ne se doutent de rien, ou ils veulent ne rien voir. Cette dernière opinion est celle à laquelle je m'abandonne le plus volontiers ; elle apaise beaucoup un reste de remords qui me revient à l'esprit lorsque Fernande, avec ses grands yeux humides d'amour, et ses grands mots de sacrifice et de vertu, me replonge dans les incertitudes du désir et de la timidité. Moi, timide ! c'est pourtant vrai. J'escaladerais les murailles de Babel, et je braverais tous les gardiens de la beauté, eunuques, chiens et gardes-chasse; mais un mot de la femme que j'aime me fait tomber à genoux. Heureusement les prières d'un amant sont plus impérieuses que les menaces de toute la terre, et même que les terreurs de la conscience. Je verrai Fernande ce soir. Elle vient quelquefois au bal des officiers de la garnison avec madame Eugénie Borel; je la fais danser sans avoir l'air de la connaître, si ce n'est comme une figure de bal, et je trouve le moyen de lui dire quelques mots. Madame Borel a ici une grande vieille maison déserte, une espèce de pied-à-terre dont on n'ouvre les volets et les portes qu'une fois par semaine. Il doit être facile d'y pénétrer et d'y donner rendez-vous à Fernande. Elle ne veut plus que j'aille rôder dans le parc de Cerisy. J'aime pourtant bien l'amour espagnol; mais la poltronne n'est plus du même avis.

LXXIII.

DE M. BOREL A JACQUES.

Mon vieux camarade,

Ta fille se meurt, c'est fort bien; mais ta femme se perd, c'est autre chose. Tu ne peux empêcher l'un, et tu dois t'opposer à l'autre. Laisse donc tes enfants à quelque personne sûre, et reviens chercher madame Fernande. Je me chargerais bien de te la reconduire si tu m'avais donné le droit de lui commander. Mais je n'ai eu de toi à ton départ que cette parole : « Mon ami, je te confie ma femme. » Je ne sais pas bien ce que tu entendais par là, toi qui es un philosophe, et dont les idées diffèrent beaucoup des nôtres; moi, je suis un vieux militaire et ne connais que le code du régiment. Or, dans mon temps,

voilà comme cela se passait, et, dans mon intérieur,
voici comment cela se passe encore. Quand un ami, un
frère d'armes me recommande sa femme ou sa maîtresse,
sa sœur ou sa fille, je me crois investi des droits, ou, pour
parler plus juste, chargé des devoirs suivants : 1° souf-
fleter ou bâtonner tout impertinent qui s'adresse à elle
avec l'intention évidente de porter atteinte à l'honneur de
mon ami, sauf à rendre raison de ma manière de procé-
der au souffleté ou au bâtonné, si telle est son humeur.
Ce premier point sera fidèlement exécuté, tu peux y
compter, si le larron de ton honneur me tombe sous la
main ; mais jusqu'ici il est aussi insaisissable que la
flamme et le vent. 2° Je me crois obligé, quand la femme
de mon ami est récalcitrante ou sourde aux bons conseils
que je tâche de lui donner d'abord, d'avertir mon ami,
afin qu'il mette ordre lui-même à sa conduite, car je n'ai
point le droit de la corriger comme je ferais de la mienne
en pareille circonstance. Voilà ce dont je m'acquitte, mon
cher Jacques, avec beaucoup de chagrin et de répugnance,
comme tu peux croire ; mais enfin il le faut. Ce n'est pas
une petite responsabilité que d'avoir à garder intacte la
vertu d'une femme jeune et jolie comme la tienne. J'ai
fait de mon mieux, mais je ne puis empêcher qu'on se
moque de moi ; une femme en sait plus long qu'un homme
sous ce rapport. Me taire serait tolérer et encourager le
mal, et prêter ma maison à un commerce dont ma femme
et moi semblerions complices. Je te transmets donc les
faits tels qu'ils sont, tu en feras l'usage que tu voudras.

Il y a quinze jours, ou pour mieux dire quinze nuits,
j'entendis passer et repasser quelqu'un sous ma fenêtre
à deux heures du matin. Mon grand lévrier, qui dort
toujours au pied de mon lit, s'élança en hurlant vers la
croisée entr'ouverte, et, à ma grande surprise, ce fut le
seul chien de la maison qui prit la chose en mauvaise

part. Tous les autres, bien qu'accoutumés à faire leur
devoir, ne disaient mot, et je pensai que c'était quelqu'un
de la maison. J'appelai, je criai *qui vive?* plusieurs fois,
personne ne répondit ; je pris une simple canne à épée
et je sortis, mais je ne trouvai personne, et madame Fernande, qui était à sa fenêtre, m'assura n'avoir rien vu et
rien entendu. Cela me parut singulier et invraisemblable ;
mais je n'en témoignai rien, et je me tins sur mes gardes
les nuits suivantes. Deux nuits après j'entendis très-dis-
tinctement les mêmes pas, mon lévrier fit le même tapage ;
mais je l'apaisai et je descendis dans le jardin sans faire
de bruit. Je vis fuir d'un côté un homme, et de l'autre
une femme qui n'était ni plus ni moins que la tienne. Je
ne me montrai pas à elle dans cet instant ; mais le lendemain, au déjeuner, j'essayai de lui faire entendre que
je m'étais aperçu de quelque chose ; elle ne voulut pas
comprendre. Néanmoins le galant ne revint plus. J'avais
eu d'abord l'intention d'avoir une explication formelle
avec ta femme ; mais la mienne m'en empêcha, elle s'en
était déjà chargée ; et pour ne pas affliger Fernande,
comme les femmes entre elles connaissent mieux les petits ménagements, elle lui avait dit qu'elle seule avait découvert son intrigue. Madame Fernande avait répondu,
avec force larmes et attaques de nerfs, qu'elle avait en effet
inspiré une violente passion à un pauvre jeune fou pour
lequel elle n'avait que de l'amitié, et qu'elle avait écouté
par compassion au moment de l'éloigner d'elle pour toujours. Je te répète les paroles dont ma femme, qui n'est
pas mal romanesque non plus dans son genre, s'est servie en me racontant le fait. Tu croiras de cette prétendue
amitié tout ce qu'il te plaira ; pour moi, je n'en crois pas
un mot ; mais comme Fernande jurait à Eugénie que le
monsieur était parti au moins pour l'Amérique, comme
il ne se passait plus rien depuis plusieurs jours, je re-

nonçai de bon cœur à la tâche désagréable que je rem·
plis aujourd'hui.

L'affaire en était là quand le colonel de la garde royale
nous invita à ses bals. Je n'aime guère ces freluquets de
la nouvelle armée, qui portent des talons rouges au lieu
de cicatrices, et des ordres étrangers au lieu de notre
vieille croix ; mais, au bout du compte, le colonel est un
aimable homme. Quelques-uns de ces messieurs sont d'anciens militaires que la nécessité d'avoir un état a forcés
de retourner leur casaque ; on boit de bon vin à leurs
soupers et on joue gros jeu. Tu sais que je ne suis pas
un saint ; ma femme aime la danse comme une vraie
folle ; après avoir un peu grogné, je consentis à la mettre
dans sa calèche, à prendre les rênes et à la conduire
à Tours avec madame Fernande, qui s'avouait beaucoup
mieux portante, et madame Clémence, cette bégueule
que je n'aime guère, et qui, grâce à Dieu, prit congé de
nous en arrivant à la ville. Ta femme se fit belle comme
un ange pour aller au bal ; et vraiment on n'eût pas dit,
en la voyant, qu'elle fût si malade qu'elle prétend l'être.
Je m'en allai avec ceux qui ne dansent pas, et je laissai
ces dames avec ceux qui n'ont pas eu les pieds gelés en
Russie ; je recommandai seulement à Eugénie de sur·
veiller de près sa compagne, et de m'avertir sur-le-champ
si elle dansait plusieurs fois ou si elle causait trop souvent
avec quelqu'un. Je revins moi-même trois ou quatre fois
donner un coup d'œil à leur manière d'être. Tout se passa
fort bien en apparence, et à moins que ma femme ne soit
d'accord avec la tienne, ce dont je la crois incapable, il
faut que le cavalier soit très-adroit et moins *insensé* que
Fernande ne l'avait dépeint. Il faut aussi qu'elle ait été de
très-bon accord avec lui pour ne pas me le faire connaître;
car il m'est impossible d'imaginer lequel, de ceux qui
l'ont fait danser durant deux bals, a pris avec elle les

mesures qu'elle a su si bien exécuter. Je poursuis mon récit.

Le lendemain du dernier bal, quand nous fûmes de retour à Cerisy, elle nous dit qu'elle avait oublié une emplette, et qu'elle s'amuserait à monter à cheval *un de ces jours* pour faire cette course. Je lui répondis qu'au jour et à l'heure qu'elle choisirait, je serais prêt à l'accompagner avec ma femme, ou sans ma femme, si cette dernière était occupée. Je lui proposai le lendemain ou le surlendemain. Elle me dit que cela dépendrait de l'état de sa santé, et qu'elle m'avertirait le premier matin où elle se sentirait bien. Le lendemain, vers midi, ne la voyant point descendre au salon, je craignis qu'elle ne fût plus malade qu'à l'ordinaire, et j'envoyai savoir de ses nouvelles; mais sa femme de chambre nous répondit qu'elle était partie à six heures du matin, à cheval et suivie d'un domestique. Cela m'étonna un peu, et j'allai prendre des informations à l'écurie. Je savais que la jument d'Eugénie et l'autre petite bête que monte ta femme ordinairement étaient allées chez le maréchal ferrant, à deux lieues d'ici. Fernande avait donc été obligée de monter mon cheval, qui est beaucoup trop vigoureux pour une femme aussi poltronne qu'elle; cela me sembla trahir un singulier empressement d'aller à Tours, et me jeta dans une double inquiétude. Je craignais qu'elle ne se rompît le cou, et, ma foi! c'eût été bien autre chose que tout le reste. J'allai l'attendre à la grille du parc, et je la vis bientôt arriver au triple galop, couverte de sueur et de poussière. Elle fut assez déconcertée en m'apercevant; elle espérait sans doute rentrer et se dépouiller de cet accoutrement de marche forcée sans être remarquée; mais elle reprit courage et me dit avec assez d'aplomb: « Ne trouvez-vous pas que je suis bien matinale et bien brave? — Oui, lui dis-je; je vous fais compliment d'être changée

à ce point depuis le départ de Jacques. — Et vous voyez
comme je mène bien votre cheval, ajouta-t-elle en feignant de ne pas comprendre. Je me porte vraiment bien
aujourd'hui ; je me suis levée avec le jour, et, voyant un
si beau temps, je n'ai pu résister à la fantaisie de faire
cette expédition. — C'est très-joli de votre part, repris-je ;
mais Jacques vous laisse-t-il courir les champs toute seule
de la sorte ? — Jacques me laisse faire tout ce que je
veux, » répondit-elle d'un petit ton sec ; et elle partit au
galop sans ajouter un mot de plus. J'essayai de la faire
sermonner par ma femme ; mais les femmes se soutiennent entre elles comme les larrons ; je ne sais ce
qu'elles se dirent. Eugénie me pria de ne pas me mêler
de cette affaire, et voulut me prouver que je n'avais pas
le droit de faire des leçons à une personne qui n'était ni
ma sœur ni ma fille ; que mes épigrammes étaient brutales et blessaient Fernande, ce qui était contraire aux
égards que nous devions à son isolement et aux devoirs
de l'hospitalité. Que sais-je ! elle me raisonna si bien, que
je me tus encore et que ta femme retourna à Tours de la
même façon deux jours après, c'est-à-dire hier. Que pouvais-je lui dire pour l'en empêcher, après tout ? Et qui
l'empêchait de me répondre qu'elle allait tout simplement
acheter des gants et des souliers blancs ? Eugénie le
croyait ou feignait de le croire ; or, voici le dénoûment.

Tu sais aussi bien que moi que dans les villes de province
tout se remarque, tout s'interprète et tout se découvre. La
jolie figure de ta femme avait fait trop de sensation dans
les bals pour que les officiers de la garnison ne cher-
chassent pas à lui faire la cour ; et, comme il n'y a pas
de meilleures prudes que les femmes qui cachent un
petit secret, ils étaient tous repoussés avec perte. Ils la
virent passer le premier matin et la suivirent de loin
jusqu'à notre *maison de ville,* comme ma femme appelle

son pied-à-terre ; ils la virent entrer et sortir, remarquè-
rent le temps qu'elle y passa, s'informèrent, surent qu'il
n'y avait personne dans la maison, et se demandèrent
naturellement si c'était pour dormir ou pour prier Dieu
qu'elle venait s'enfermer là pendant deux heures. Oisifs
comme des officiers en garnison, et malicieux comme
de vrais sous-lieutenants, cinq ou six d'entre eux firent
si bonne enquête, qu'ils découvrirent une certaine issue
de derrière par laquelle sortit, quelque temps après que
Fernande fut partie, un jeune homme que l'on ne connaît pas par son nom, mais qu'on a vu à l'auberge de la
Boule-d'Or depuis quelque temps. Hier, lorsque la pauvre
Fernande retourna au rendez-vous, on attendit que le
compère se fût introduit de son côté, et on lui ferma la
retraite sans qu'il s'en aperçût ; puis on monta la garde
autour de la maison, et on laissa sortir Fernande sans
l'effaroucher par aucune démonstration hostile ; ces messieurs sont tous gens de bonne famille et trop bien éle-
vés pour adresser la parole à une dame en pareille occasion. De mon temps, nous n'aurions pas été si respec-
tueux ; mais autre temps, autres mœurs, heureusement
pour ta femme. Ces messieurs n'en voulaient qu'à l'heureux rival qu'elle leur préférait. Elle monta à cheval
dans la cour après avoir pris la clef du rez-de-chaussée,
qu'elle avait demandée à ma femme sous prétexte de
prendre un instant de repos dans le salon, pendant qu'on
briderait son cheval pour repartir ; elle remit cette clef
dans sa poche, non sans avoir bien barricadé son amant
pour qu'il ne fût dérangé dans sa retraite par aucun curieux, et le domestique qui l'accompagnait, et qui était
ou n'était pas dans le secret, emporta également la clef
de la cour. Fernande partit au milieu d'une haie de spectateurs qui feignaient de fumer leur pipe en parlant de
leurs affaires, mais qui se portèrent aussitôt après en

embuscade à la fenêtre du grenier par où l'amant était entré d'une maison voisine. Ils contemplèrent avec grand plaisir les inutiles efforts qu'il fit pour sortir; ils le tinrent longtemps prisonnier, et voulaient, dit-on, le forcer à parlementer en répondant à de certaines questions, moyennant quoi on l'aurait mis en liberté. Il resta muet à tous les appels, à toutes les plaisanteries, et se tint tout le jour tranquille comme s'il eût été mort. Les vauriens d'assiégeants décidèrent qu'on le prendrait par la famine, et qu'on monterait la garde toute la nuit; on posa des postes autour de la maison, et on les releva d'heure en heure comme des factions militaires. Mais le captif, désespéré, fit une sortie à laquelle on ne s'attendait pas, et s'évada par les toits d'une manière qu'on dit miraculeuse de hardiesse et de bonheur. On le vit passer comme une ombre dans les airs, mais on ne put le joindre; et ce matin il a quitté la ville sans qu'on sache quelle route il a prise. Ton ancien camarade Lorrain, qui est aujourd'hui chef d'escadron dans les chasseurs de la garde royale, est venu dîner avec nous, et m'a raconté toute l'affaire non sans un certain plaisir, car il ne t'aime pas infiniment. Je suis monté chez ta femme aussitôt qu'il a été parti; elle s'était donnée pour malade toute la journée et n'avait pas quitté sa chambre. Je lui ai fait une scène de tous les diables, et elle s'est mise en colère comme un petit démon. Au lieu de me prier de me taire, elle m'a défié de t'informer de sa conduite, et m'a déclaré que je n'avais pas le droit de lui parler ainsi; que j'étais *un butor*, et qu'elle ne souffrirait pas de toi-même les reproches que je lui faisais. S'il en est ainsi, fais comme tu voudras, je m'en lave les mains; mais ma conscience m'ordonne de te dire ce qu'il en est.

Elle m'a chassé de sa chambre, et voulait envoyer chercher sur-le-champ des chevaux de poste et quitter

une maison où elle se disait insultée et opprimée. Eugénie s'est efforcée de la calmer, et une violente attaque
de nerfs qui cette fois est, je crois, bien réelle, est venue
terminer le différend. Elle est au lit maintenant, et Eugénie passera la nuit auprès d'elle ; moi je me hâte de
t'écrire, parce que je crains que demain la force et la volonté ne lui reviennent de partir, et je ne veux pas la
laisser s'en aller ainsi toute seule avec cette petite soubrette, qui m'a l'air, par parenthèse, d'une sournoise
très-rouée. Je ferai mon possible pour lui persuader de
t'attendre ; mais, pour Dieu ! tire-moi bien vite de cet
embarras. Ne me fais pas de reproches, car tu vois que
j'ai agi pour le mieux, et que je ne suis pas responsable
de ce qui arrivera désormais ; si elle veut partir, faire
quelque folie, se laisser enlever, que sais-je ? puis-je la
mettre sous les verrous ? Je ne te cache pas qu'elle a la
tête perdue ; dans l'indignation que m'inspirait sa résistance à mes avis, il m'est échappé qu'elle ferait mieux
d'aller soigner sa fille qui se meurt, que de s'occuper
d'un amour extravagant qui la livre déjà à la risée de
toute une province et de tout un régiment. J'ai été fâché
aussitôt d'avoir trahi le secret que tu m'avais recommandé, car elle est tombée dans des convulsions qui
m'ont prouvé que cette nouvelle lui fait beaucoup de mal,
et qu'elle n'a pas oublié l'amour maternel. Je termine en te
priant d'avoir de l'indulgence envers elle. Je connais ton
sang-froid, et compte sur la prudence de ta conduite,
mais joins-y un peu de pitié pour cette pauvre égarée.
Elle est bien jeune, elle pourra se ranger et se repentir.
Il y a de bien bonnes mères de famille qui ont eu leurs
jours d'égarement. Elle a, je crois, un bon cœur, du
moins avant son mariage elle était charmante ; je ne l'ai
plus reconnue quand tu nous l'as ramenée avec des caprices, des convulsions et des violences dont je ne l'au-

rais jamais crue capable autrefois. Tu m'as paru être un
mari bien débonnaire, je ne te le cache pas; tu vois ce
que c'est que d'être trop amoureux de sa femme. D'autres disent que tu as quelques torts à te reprocher, et que
tu vis là-bas dans une intimité un peu trop tendre avec une
espèce de parente qui est venue te trouver après ton
mariage, on ne sait pas d'où. Je sais bien que lorsqu'une
femme est enceinte ou nourrice, on est excusable d'avoir
quelque fantaisie; mais il ne faut pas que cela se passe
sous le toit conjugal; c'est une grande imprudence, et
voilà comme elles s'en vengent. Ne te fâche pas de ce que
je te dis, c'est le propos d'un commis voyageur qui, entendant raconter l'aventure de Fernande ce matin dans
un café, a dit que tu méritais un peu ton sort; c'est peut-
être un mensonge. Quoi qu'il en soit, viens, ne fût-ce
que pour découvrir la retraite de ton rival et le traiter
comme il le mérite; je t'aiderai. Je ferme ma lettre, il
est minuit. Ta femme vient de s'endormir, c'est-à-dire
qu'elle va mieux. Je lui ferai des excuses demain.

LXXIV.

DE FERNANDE A OCTAVE.

Tilly, près Tours.

Je suis chez ma mère : offensée et presque insultée par
M. Borel, je suis venue me réfugier, non dans le sein
d'une protectrice et d'une amie, mais sous le toit d'une
personne dont les leçons, quelque dures qu'elles soient,
ne seront point des usurpations de pouvoir. Je puis entendre sortir de sa bouche bien des paroles qui me révol-
taient dans celle de ce soldat brutal et grossier. Je pars
demain pour Saint-Léon; ma mère m'y conduit. Elle sait
notre misérable aventure; qui ne la sait pas! mais elle

a été moins cruelle pour moi que je ne m'y attendais. Elle rejette tout le blâme sur mon mari, et, malgré tout ce que je puis dire, s'obstine à croire que Sylvia est sa maîtresse, et qu'il m'abandonne pour vivre avec elle. Je ne sais pas qui a répandu dans le pays cet infâme mensonge; tout le monde l'accueille avec l'empressement qu'on met à croire le mal. Hélas! ce n'était donc pas assez que je le rendisse ridicule par ma folle conduite, je ne puis empêcher qu'on le calomnie! Sa bonté, sa confiance envers moi, seront attribuées à des motifs odieux! Je suis sûre que Rosette nous trahit et vend nos secrets; je l'ai rencontrée tout à l'heure comme elle sortait de chez ma mère, et elle s'est beaucoup troublée en me voyant. Un instant après, ma mère est venue me parler de mon ménage, de mon imprudent amour, et j'ai vu qu'elle était informée des plus petits détails de notre histoire; mais informée de quelle manière! Les faits, en passant par la bouche de cette servante, étaient salis et dénaturés, comme vous pouvez penser : nos premiers rendez-vous au grand ormeau, alors que je croyais me livrer à un sentiment si pur et si peu dangereux, ont été présentés comme une intrigue effrontée; l'accueil que Jacques vous fit alors a été traité d'infâme complaisance; et notre double amitié, si longtemps paisible et toujours si pure, est condamnée sans appel comme un double commerce de galanterie. Que puis-je répondre à de telles accusations? Je n'ai pas la force de me débattre contre une destinée si déplorable; je me laisse accabler, humilier, salir. Je pense à ma fille qui se meurt, et que je trouverai peut-être morte dans trois jours. Il semble que le ciel soit en colère contre moi; j'ai donc commis un grand crime en vous aimant? Votre lettre me fait autant de bien qu'il m'est possible d'en ressentir; mais que pouvez-vous réparer désormais? Je sais que vous souffrez autant que moi de mes maux, je sais que vous donneriez votre vie pour m'en préserver ; mais il est trop tard. Je ne vous ferai point de reproches ; je suis perdue, à quoi servirait de me plaindre ?

Je ne sais pas comment m'est parvenue votre lettre ; mais je vois, au moyen que vous m'indiquez pour recevoir ma réponse, que vous n'êtes pas loin, et que vous pénétrez presque dans la maison. Octave ! Octave ! vous m'êtes funeste, vous m'avez perdue par la conduite où vous persévérez obstinément. A quoi serviront cette sollicitude et ces poursuites passionnées qui exposent votre vie et qui ruinent mon honneur? Pourquoi voulez-vous me disputer ainsi à une société qui rit de nos efforts, et pour qui notre affection est un sujet de scandale et de moquerie? Sous quelque déguisement et avec quelque précaution que vous approchiez de moi, vous serez encore découvert. La maison est petite, je suis gardée à vue, et Rosette vous connaît : vous voyez où mènent le secours et le dévouement de ces gens-là ; pour un louis ils vous secondent, pour deux ils vous vendent. A quoi vous servira de me voir ? vous ne pouvez rien pour moi. Il faut que mon mari sache tout, et que j'obtienne son pardon. Ce ne sera pas difficile, je connais trop bien Jacques pour craindre aucun mauvais traitement de sa part; mais son estime me sera retirée à jamais, il n'aura plus pour moi que de la compassion, et sa bonté m'humiliera comme un affront perpétuel. Pour vous, si vous vous obstinez à me voir encore, vous paierez peut-être cette obstination de votre vie; car Jacques se réveillera enfin du sommeil où la confiance plonge son orgueil. Je ne puis vous empêcher de chercher l'accomplissement de votre fatale destinée ; vous ne pouvez augmenter le mal que vous m'avez fait, qu'en trouvant la mort dans les conséquences de votre amour. Eh bien! soit. Tout ce qui pourra hâter la mienne sera un bienfait de Dieu : qu'il m'enlève ma fille et qu'il vous frappe, je vous suivrai de près.

LXXV.

D'OCTAVE A FERNANDE.

Je t'ai perdue, tu es désespérée, et tu crois que je t'abandonnerai? Tu crois que je tiendrai compte des dangers auxquels ma vie peut être exposée, quand la tienne est compromise et désolée par ma faute? Me prends-tu pour un lâche? Ah! c'est bien assez d'être un fou que Dieu maudit, et dont la fatalité déjoue toutes les espérances et traverse toutes les entreprises. N'importe, ce n'est point le moment des plaintes et du découragement; songe que je ne puis plus te compromettre maintenant; le mal est fait, rien ne m'en consolera, et mon cœur saignera éternellement pour ma faute. Mais si le passé n'est pas réparable, du moins l'avenir nous appartient, et je ne supporte pas l'idée qu'il doive être pour toi un châtiment implacable et éternel. Pauvre infortunée! Dieu ne veut pas que tu te résignes à souffrir toute ta vie d'une faute que tu n'as pas commise; s'il veut punir, il faudra qu'il commence par moi; mais va, Dieu est indulgent, et il protége ceux que le monde abandonne. Il te préservera, lui seul sait de quelle façon ; du moins il te rendra ta fille. Ce misérable Borel aura exagéré son mal pour se venger de la juste fierté avec laquelle tu repoussais ses insolentes réprimandes. Quand j'ai quitté Saint-Léon, elle était très-légèrement indisposée, et sa constitution annonçait une force capable de résister aux maladies inévitables de l'enfance. Tu la retrouveras guérie, ou, du moins, elle guérira en dormant sur ton sein. Tout le mal est venu, à elle comme à nous, de ton départ. Nous étions une heureuse famille, croyant les uns aux autres, et une même vie semblait nous animer ; tu as voulu rompre cet accord que le ciel ordonnait. Il te poussait dans mes bras ; Jacques l'aurait ignoré ou toléré, et Sylvia n'aurait osé s'en offenser. A présent, le monde a parlé, il a jeté sa hideuse malédiction sur nos amours, il faut les laver avec du sang. Laisse faire, j'offrirai le mien à Jacques jusqu'à la dernière goutte. Ne sais-tu pas que je serais le dernier des lâches si j'agissais autrement ? S'il doit s'apaiser en prenant ma vie et te rendre le bonheur, je mourrai consolé et purifié de mon crime ; mais s'il te maltraite, s'il te menace, s'il t'humilie seulement, malheur à lui ! Je t'ai jetée dans le précipice, je saurai t'en retirer. Crois-tu que je m'inquiète du monde ? J'ai cru autrefois que c'était un maître sévère et juste ; j'ai rompu avec lui du jour où il m'a défendu de t'aimer. A présent, je brave ses anathèmes ; je te prendrai dans mes bras et je t'emporterai au bout de la terre. J'enlèverai tes enfants, ta fille au moins avec toi, et nous vivrons au fond de quelque solitude où les clameurs insensées de la société ne nous atteindront pas. Je n'ai pas, comme Jacques, une grande fortune à t'offrir ; mais ce que je possède t'appartiendra ; je me vêtirai en paysan, et je travaillerai pour que ta fille ait une robe de soie, et pour que tu n'aies rien à faire qu'à jouer avec elle. Le sort que je te ferai sera moins brillant que celui dont tu jouis ; mais il te prouvera plus d'amour et de dévouement que tous les dons de ton mari. Relève donc ton courage et hâte-toi d'aller à Saint-Léon. Si je ne craignais d'augmenter sa colère, je viendrais te prendre ce soir dans une chaise de poste et je te conduirais moi-même à ton mari ; mais il croirait peut-être, dans le premier moment, que je viens pour le braver, et telle n'est pas mon intention. Je vais m'offrir à lui, et lui donner la réparation qu'il voudra. Il me mépriserait avec raison si je

fuyais dans un pareil moment. Je suis entré dans le petit
jardin de ta mère ce matin, et je l'ai vue en grand conci-
liabule avec Rosette ; chasse cette fille le plus tôt possible. Je t'ai vue aussi, dans quel état de pâleur et d'abattement ! J'ai senti toutes les tortures du remords et du
désespoir. J'étais habillé en paysan, et c'est moi qui ai
vendu à ton domestique les fleurs où tu as dû trouver
mon premier billet. Je te porterai moi-même celui-ci ce
soir au moment de ton départ, et je ferai le voyage à
deux pas derrière toi. Prends courage, Fernande ; je
t'aime de toutes les forces de mon âme ; plus nous serons malheureux, et plus je t'aimerai.

LXXVI.

D'OCTAVE A HERBERT.

J'ai bien des choses à te raconter. Je suis reparti pour
le Dauphiné, le 15 au soir, avec Fernande et madame de
Theursan ; la mère était bien loin de se douter qu'un
des deux postillons qui la conduisaient n'était autre que
l'amant à qui elle se flattait d'enlever sa fille. Cette madame de Theursan, qui est du reste une méchante femme,
est prudente et amie des mesures sages et adroites ; elle
avait, dans la journée, congédié Rosette, et l'avait fait
partir pour Paris avec une somme assez forte et une lettre de recommandation pour une personne qui doit la
placer avantageusement. J'ai rencontré la soubrette dans
une auberge du village voisin où elle prenait la diligence ;
j'avais envie de la cravacher ; mais j'ai pensé que, dans
l'intérêt de Fernande, je devais faire tout le contraire.
J'ai donc doublé le présent de madame de Theursan, et
je l'ai vue partir pour Paris. Là, du moins, les méchan-
cetés de sa langue seront perdues dans le grand orage
des voix qui planent sur l'abîme où tout s'engloutit pêle-

mêle, fautes et blâme. Au moment du 'départ de Fernande, j'ai vu avec plaisir madame Borel lui donner des
témoignages d'amitié qui ont dû répandre quelque consolation dans son cœur brisé. A l'approche du premier
relais, après avoir échangé un regard, une poignée de
main et un billet à la portière avec Fernande, j'ai quitté
mon costume, et j'ai couru la poste à franc-étrier toute
la nuit derrière sa voiture ; à chaque relais je m'appro-
chais d'elle, et je voyais, à la lueur mystérieuse de quelque lanterne, un peu d'espoir et de plaisir dans ses yeux.
Au jour, pendant qu'elle déjeunait dans une auberge,
j'ai loué une chaise et j'ai continué ainsi mon voyage. A
propos, envoie-moi vite de l'argent, car, si j'avais quelque nouvelle expédition à faire, je ne saurais comment
m'en tirer.

Madame de Theursan a bien remarqué ma figure sur
la route ; mais elle ne m'avait jamais vu, et j'avais l'air
d'un voyageur de commerce si indifférent à elle et à sa
fille, qu'elle ne pouvait deviner mon dessein. Je me suis
arrêté sur la route, à l'entrée du vallon de Saint-Léon,
et je l'ai laissée s'engager dans la plaine ; j'ai envoyé
alors mon équipage au presbytère en disant au postillon
d'aller lentement, et, en une demi-heure, par le sentier
des Collines, je suis arrivé à travers bois jusqu'au château ; je suis entré sans voir personne, et je me suis
assis dans le salon derrière le paravent où l'on met parfois les enfants pendant le jour. Il y avait un berceau
vide, un seul ; mon cœur se serra ; je devinai que la petite fille était morte, et je répandis des larmes amères en
songeant au surcroît de douleur qui attendait mon infortunée Fernande.

J'étais là depuis un quart d'heure, absorbé et comme
accablé de cette combinaison de malheurs implacables,
lorsque j'entendis marcher plusieurs personnes ; c'était

Jacques avec Fernande et sa mère qui venaient d'arriver.
« Où est ma fille? disait Fernande à son mari; fais-moi
voir ma fille. » L'accent de sa voix était déchirant. Celle
de Jacques eut quelque chose d'étrangement cruel en lui
répondant par cette question : *Où est Octave?*... Je me
levai aussitôt, et je me présentai en disant d'un ton résolu : « Me voici. » Il resta quelques instants immobile, et
regarda madame de Theursan, dont le visage exprimait
la surprise que tu peux imaginer. Jacques, alors, me tendit la main en me disant : *C'est bien*. Ce fut la première
et la dernière explication que nous eûmes ensemble.

Fernande était partagée entre l'inquiétude de savoir
ce qu'était devenue sa fille et celle de voir la conduite
de Jacques envers moi; pâle et tremblante, elle tomba
sur une chaise en disant d'une voix étouffée : « Jacques,
dis-moi que ma fille est morte et que tu as reçu une
lettre de M. Borel. — Je n'ai reçu aucune lettre, répondit Jacques, et ton arrivée est pour moi un bonheur inattendu. » Il fit cette réponse avec tant de calme, que
Fernande dut s'y tromper. J'y aurais été pris moi-même,
si je ne savais par Rosette, qui était au courant de tous les
secrets de Cerisy, que M. Borel a écrit et qu'il a tout raconté. Fernande se leva vivement, et un éclair de joie
brilla sur son visage; mais elle retomba sur son siége,
en disant : « Ma fille est morte, du moins! — Je vois, dit
Jacques en se penchant vers elle avec affection, que Borel aura eu l'imprudence de te dire les motifs qui m'ont
retenu loin de toi. C'est une triste justification que j'ai à
t'offrir, ma pauvre Fernande; mais tu l'accepteras, et
nous pleurerons ensemble. » Sylvia entra en cet instant
avec le fils de Fernande dans ses bras; elle courut le
mettre dans ceux de l'infortunée en la couvrant de baisers et de larmes. *Seul!* dit Fernande en embrassant son
fils, et elle s'évanouit.

« Monsieur, dit alors madame de Theursan en prenant le bras de Jacques, laissez ma fille aux soins de deux personnes que j'ai la surprise de voir ici, et accordez-moi sur-le-champ un moment d'entretien dans une autre pièce. — Non, Madame, répondit Jacques d'un ton sec et hautain; laissez-moi secourir ma femme moi-même, vous direz ensuite tout ce que vous voudrez devant les deux personnes que voici. Fernande, dit-il en s'adressant à sa femme, qui commençait à revenir un peu, prends courage; c'est tout ce que je te demande en récompense de la tendresse inaltérable que j'ai pour toi. Soigne-toi, conserve-toi pour cet enfant qui nous reste; vois comme il te sourit, notre pauvre fils unique! Tu dois tenir à la vie, tu es encore entourée d'êtres qui te chérissent; Sylvia est là qui attend un effort de ton amitié pour lui rendre ses caresses; je suis à tes pieds pour te conjurer de résister à ta douleur... et... voici Octave. » Il prononça ce dernier mot avec un effort visible. Fernande se jeta dans ses bras, occupée seulement de sa douleur; il avait sur le visage deux grosses larmes, et il me regarda avec un singulier mélange de reproche et de pardon. L'homme étrange! j'eus envie un instant de me jeter à ses pieds.

Nous passâmes près d'une heure dans les larmes. Jacques était si bon et si délicat envers sa femme, qu'elle se rassura au moins sur un des deux malheurs qu'elle avait redoutés; elle pensa qu'il ne savait rien encore, et prit courage au point de me tendre la main, à moi le dernier, après avoir donné mille témoignages d'affection à son fils, à son mari et à Sylvia. « Tu vois, lui dis-je à voix basse, pendant un moment où je me trouvais seul près d'elle, que tous les coups ne frappent pas en même temps, et que je suis encore à tes pieds. » Je rencontrai les yeux de madame de Theursan, qui m'observait d'un air d'indignation. Jacques rentra avec Sylvia; ils obtin-

rent de Fernande qu'elle prendrait un peu de nourriture,
et nous la conduisîmes à table. Le déjeuner fut triste et
silencieux ; mais nos soins semblaient rappeler peu à peu
Fernande à la vie. Personne ne parlait à madame de
Theursan, qui paraissait fort insensible à l'infortune de
sa fille, et qui n'était occupée qu'à regarder alternativement Sylvia et moi, nous remerciant, avec une affectation de politesse ironique, des rares attentions que nous
avions pour elle. Jacques, de son côté, affectait de n'en
avoir aucune. Quand nous rentrâmes au salon, madame
de Theursan, s'adressant à Jacques, lui dit d'un ton insolent : « Ainsi, Monsieur, vous refusez de me donner
une explication particulière ? — Absolument, Madame,
répondit Jacques. — Fernande, dit-elle ; vous enten-
dez comme on traite votre mère chez vous ; je suis
venue ici pour vous défendre et vous protéger ; mon intention était de vous réconcilier, autant que possible,
avec votre mari, et d'employer la politesse et la raison
pour l'engager à abjurer ses torts en pardonnant les vôtres. Mais on m'insulte avant même que j'aie dit un mot
en votre faveur ; c'est à vous de savoir comment vous
voulez que j'agisse désormais. — Je vous supplie, maman, dit Fernande, troublée et épouvantée, de remettre
à un autre moment toute explication avec qui que ce
soit. — Est-ce que tu penses, Fernande, lui dit Jacques,
que nous aurons jamais besoin d'intermédiaire pour nous
expliquer ? Est-ce que tu as prié ta mère de venir te
protéger et te défendre contre moi ? — Non, non, jamais !
s'écria Fernande en cachant sa tête dans le sein de Jacques, ne le crois pas ! tout cela arrive malgré moi ;
n'écoute pas, ne réponds pas... Ma mère, ayez pitié de
moi et taisez-vous. — Me taire serait une bassesse, reprit madame de Theursan, si ce que j'aurais à dire pouvait servir à quelque chose ; mais je vois que ce serait

prendre une peine inutile. Si tout le monde est content
ici, je n'ai plus qu'à me retirer. Mais songez, Fernande,
que nous nous voyons pour la dernière fois ; la vie honteuse à laquelle j'espérais vous soustraire et où vous voulez vous plonger plus avant m'interdit désormais toute
relation avec vous. J'aurais l'air, aux yeux du monde,
d'approuver le scandale de votre conduite, et d'imiter la
honteuse complaisance de votre mari. » Fernande, plus
pâle que la mort, tomba sur le sofa en disant : « Mon
Dieu, épargnez-moi ! » Jacques était aussi pâle qu'elle,
mais sa colère ne se révélait que par un petit fronce-
ment de sourcil que Fernande m'a appris à observer, et
dont madame de Theursan était loin de connaître l'importance. « Madame, dit-il d'une voix très-légèrement
altérée, personne au monde, excepté moi, n'a de droits
sur ma femme ; vous avez renoncé aux vôtres en la ma-
riant. Je vous défends donc, au nom de mon autorité et
de mon affection pour elle, de lui adresser des reproches et des injures, qui, dans l'état où vous la voyez,
peuvent lui devenir funestes. Je savais bien que, pour
avoir le plaisir de m'offenser, vous ne marchanderiez pas
avec la vie de votre fille ; mais si c'est à moi que vous
en avez, parlez, j'ai de quoi vous répondre ; il me suffira de vous dire que je vous connais. » Madame de
Theursan changea de visage ; mais la colère l'emportant
sur la peur que cette espèce de menace avait semblé lui
faire, elle se leva, prit Fernande par le bras, et, l'atti-
rant vers moi d'une manière brutale, elle la jeta presque
sur mes genoux en disant : « Si c'est là votre choix,
Fernande, restez au sein de la honte où votre mari vous
a précipitée ; je ne saurais relever une âme avilie. Pour
vous, Mademoiselle, dit-elle à Sylvia, je vous fais mon
compliment du rôle que vous jouez ici, et j'admire l'habileté avec laquelle vous avez fourni un amant à votre

rivale, pour la supplanter plus facilement auprès de son mari. Maintenant je pars ; j'ai rempli le devoir qui m'était imposé en offrant à ma fille l'appui qu'elle aurait dû implorer et qu'elle repousse. Que Dieu lui pardonne, car moi je la maudis! » Fernande jeta un cri d'effroi. Je la pressai involontairement sur mon cœur. Sylvia dit à madame de Theursan, avec un dédain glacial, qu'elle ne comprenait rien à son apostrophe et qu'elle ne répondait point aux énigmes. « Je vais t'expliquer celle-ci, dit Jacques avec amertume. Madame n'a pas de fortune; et elle sait que j'ai fait à sa fille un douaire qui, en cas de veuvage ou de séparation, assurerait à celle-ci une existence brillante; elle cherche à nous brouiller, afin que sa fille, en allant vivre sous sa tutelle, lui donne à gouverner cinquante mille livres de rente : voilà toute l'énigme. » Madame de Theursan était verte de fureur; mais la haine lui déliant merveilleusement la langue, elle accabla Jacques et Sylvia d'injures si poignantes, que Jacques perdit patience, et fronça le sourcil tout à fait; alors il ouvrit son portefeuille, et montra à madame de Theursan quelques mots écrits sur un petit papier, avec une image coupée en deux, en s'écriant d'une voix forte, *Connaissez-vous cela?* Elle fit un mouvement de rage pour la saisir, en répondant avec égarement qu'elle ne savait point ce que cela signifiait; mais Jacques, la repoussant, alla ôter du cou de Sylvia une espèce de scapulaire qu'elle porte toujours. Il déchira le sachet de satin noir, en tira une autre moitié d'image qu'il montra à madame de Theursan, et répéta de la même voix tonnante, que je n'avais jamais entendue sortir de sa poitrine : *Et cela, le connaissez-vous?* La malheureuse femme s'évanouit presque de honte; puis elle se releva en criant avec le désespoir de la haine : « Elle n'en est pas moins votre maîtresse, car vous savez bien que ce

n'est pas votre sœur ! — Ce n'est pas ta sœur, Jacques?
dit Fernande, qui, ne comprenant pas plus que nous cette
scène étrange et mystérieuse, s'était approchée de sa
mère pour la secourir. — Non, c'est sa maîtresse, criait
madame de Theursan avec égarement, en s'efforçant
d'entraîner sa fille. Fuyons cette maison, c'est un lieu
de prostitution; partons, Fernande; tu ne peux pas rester sous le même toit que la maîtresse de ton mari. » La
pauvre Fernande, brisée par tant d'émotions et comme
frappée d'étourdissement devant tant de surprises, restait indécise et consternée, tandis que sa mère la secouait et la poussait vers la porte dans une sorte de
délire. Jacques la délivra de cette torture, et la condui-
sant vers Sylvia : « Si ce n'est pas ma sœur, lui dit-il,
c'est du moins la tienne; embrasse-la, et oublie ta mère,
qui vient de se perdre par sa faute. »

Madame de Theursan tomba dans d'affreuses convulsions. On l'emporta dans la chambre de sa fille; mais
au moment de suivre Fernande, qui était sortie pour aller
soigner sa mère, Sylvia s'arrêta entre Jacques et moi,
en nous prenant chacun par un bras : « Jacques, dit-elle,
tu as été trop loin, et tu n'aurais pas dû dire cela devant
Fernande et devant moi. Je suis bien fâchée de savoir
que c'est là ma mère; j'espérais que celle qui m'a abandonnée en me donnant le jour, était morte. Heureusement Fernande n'a dû rien comprendre à cette scène, et
il sera facile de lui faire croire qu'en m'appelant sa sœur
vous faisiez simplement un appel à mon amitié. — Qu'elle
en pense ce qu'elle pourra, il ne convient à personne ici
de lui expliquer ces tristes secrets. Octave les gardera
religieusement. — D'autant plus volontiers, lui dis-je,
que je ne sais rien, et que je ne devine pas plus que
Fernande. » Nous nous séparâmes, et Sylvia passa le
reste de la journée dans la chambre de madame de

Theursan. Fernande, malade elle-même, avait été forcée
d'aller se mettre au lit aussitôt qu'elle avait vu sa mère
un peu calmée. Sylvia les a soignées alternativement
avec un zèle admirable. Après tout, c'est une grande et
noble créature que Sylvia. Je ne sais ce qui s'est passé
entre elle et madame de Theursan; mais lorsque celle-ci
repartit le lendemain matin sans consentir à voir personne, elle se laissa accompagner par Sylvia jusqu'à sa
voiture. Je les vis passer dans le parc, d'un endroit où
elles ne pouvaient m'apercevoir. Madame de Theursan
semblait être accablée, et n'avoir plus de forces pour la
colère et le ressentiment. Au moment de quitter Sylvia,
pour aller rejoindre sa voiture qui l'attendait à la grille,
elle lui tendit la main; puis, après un instant d'hésita-
tion, elle se jeta dans ses bras en sanglotant. J'entendis
Sylvia lui offrir de l'accompagner pendant une partie
de la route, pour la soigner. « Non, dit madame de
Theursan, votre vue me fait trop de mal; mais si je vous
appelle à ma dernière heure, promettez-moi de venir me
fermer les yeux. — Je vous le jure, répondit Sylvia; et
je vous jure aussi que Fernande ne saura jamais votre
secret. — Et ce *jeune homme* le gardera? ajouta madame de Theursan en parlant de moi; pardonnez-moi,
car je suis bien malheureuse! — J'ai quelque chose à
vous remettre, reprit Sylvia; c'est les trois lignes écrites
que Jacques vous a montrées hier, les seules preuves
qui existent de ma naissance : vous pouvez et vous devez
les anéantir. Voici encore la moitié de l'image, laissez-
moi l'autre; elle ne peut rien apprendre à personne, et
j'y tiens à cause de Jacques. —Bonne, bonne personne! »
s'écria madame de Theursan, en acceptant avec transport le papier que Sylvia lui offrait : ce fut toute l'expression de sa reconnaissance. Dans ce mauvais cœur, la
joie d'être débarrassée d'une crainte personnelle l'em-

porta sur le repentir et la confusion d'une conscience
coupable : elle partit précipitamment.

Sylvia resta longtemps immobile à la regarder ; quand
celle-ci eut disparu derrière la grille, elle croisa ses bras
sur sa poitrine, et j'entendis ce mot expirer à demi sur
ses lèvres pâles : « Ma mère ! — Explique-moi ce mystère, Sylvia, lui dis-je en l'abordant, et en lui baisant la
main avec une sorte de vénération irrésistible ; comment
cette femme est-elle ta mère, lorsque tu te croyais la
sœur de Jacques ? » Son visage prit une expression de
recueillement indéfinissable, et elle me répondit : « Il
n'y a au monde que cette femme qui puisse savoir de qui
je suis fille, et elle ne le sait pas ! c'est là ma mère. —
Elle a donc été aimée du père de Jacques ? — Oui, dit-
elle, et d'un autre en même temps. — Mais qu'y avait-il
sur ce papier ? — Quatre ou cinq mots de la main du
père de Jacques, attestant que j'étais la fille de madame
de Theursan, mais déclarant qu'il n'était point sûr d'être
mon père, et que, dans le doute, il n'avait pas voulu se
charger de moi. Cette image, dont j'ai la moitié, c'est
lui qui me la mit au cou en m'envoyant à l'hospice des
Orphelins. — Quelle destinée que la tienne, Sylvia ! lui
dis-je ; Dieu savait bien pourquoi il te douait d'un si
grand cœur. — Mes peines ne sont rien, répondit-elle
en faisant un geste comme pour éloigner une préoccupation personnelle ; ce sont les vôtres qui me font du mal,
celles de Fernande, celles de Jacques surtout. — Et n'as-
tu pas de compassion aussi pour les miennes ? lui dis-je
tristement. — C'est toi que je plains le plus, me dit-elle,
parce que c'est toi qui es le plus faible. Cependant il y
a une chose qui me réconcilie, c'est que tu sois venu ;
cela est d'un homme. » Je voulus m'expliquer avec elle
sur nos communes douleurs ; je me sentais en ce moment disposé à une confiance et à une estime que je ne

retrouverai peut-être jamais dans mon cœur. Je venais
de lui voir faire une noble action, je lui aurais livré toutes
mes pensées ; mais elle me punit de mes méfiances passées en me fermant l'accès de son âme. « Cela regarde
Jacques, me dit-elle, et je ne sais ce qui se passe en lui.
Ton devoir est d'attendre qu'il prenne un parti ; sois bien
sûr qu'il sait tout, mais que son premier et unique soin,
dans ce moment, est de rassurer et de consoler Fernande. »

Elle me quitta pour s'enfoncer seule dans une autre
allée du parc. J'allai m'informer de la santé de Fernande ;
son mari était dans sa chambre, et lisait pendant qu'elle
sommeillait. Quelle position que la mienne, Herbert !
Agir avec cette famille comme auparavant, quand il s'est
passé entre nous des choses qui doivent nous avoir rendus irréconciliables ! Comprends-tu ce qu'il me faut de
courage pour aller frapper à cette porte que Jacques
vient m'ouvrir, et ce que je souffre quand il sort en me
disant avec son calme impénétrable : « Obtenez qu'elle
ait le courage de vivre. » Que cache donc l'impassible
générosité de cet homme ? Est-ce par l'effort d'un
amour sublime qu'il sacrifie ainsi toutes ses fureurs et
toutes ses souffrances ? Il y a des instants où je le
crois ; et pourtant cela est trop contraire à l'humanité pour que j'y ajoute foi sincèrement. S'il n'avait
donné de sa bravoure et de son mépris de la vie des
preuves que je n'aurai peut-être jamais l'occasion de
donner, on pourrait dire qu'il a peur de se battre avec
moi ; mais à moi, qui l'ai vu jour par jour depuis un an,
et qui sais sa vie tout entière par Sylvia, cette explication ne peut présenter aucun sens. L'opinion à laquelle
je dois m'arrêter, c'est que son cœur est bon sans être
ardent, ses affections nobles sans être passionnées. Il
s'est imposé le stoïcisme pour faire comme tous les

hommes, pour jouer un rôle ; et il s'est tellement iden-
tifié avec quelque type de l'antiquité, qu'il est devenu
lui-même une espèce de héros antique, à la fois ridicule
et admirable dans ce siècle-ci. Que lui conseillera son
rêve de grandeur ? jusqu'où ira cette étrange magnani-
mité ? Attend-il que sa femme soit guérie pour rompre
avec elle, ou pour me demander raison ? Il semble à la
fois confondu et satisfait de l'audace de ma conduite, et
il lui arrive de me regarder avec des yeux où brille la
soif de mon sang. Couve-t-il sa vengeance, ou en fera-t-il
un holocauste ? J'attends. Il y a trois jours que nous en
sommes au même point. Fernande a été réellement mal,
et nous n'avons pas été sans inquiétude pendant une nuit.
Jacques et Sylvia m'ont permis de veiller dans sa chambre
avec eux ; quel que soit le fond de leurs âmes, je les en
remercie du fond de la mienne. J'espère que dans peu
Fernande sera guérie ; sa jeunesse, sa bonne constitution, et le soin qu'on prend d'éloigner d'elle la pensée
d'un chagrin nouveau, feront encore plus, j'espère, que
le secours d'un très-bon médecin qui était venu pour
soigner sa fille, et qui est resté pour elle. Adieu, mon
ami. Brûle cette lettre ; elle contient un secret que j'ai
juré de garder, et que je n'ai pas trahi en le racontant à
un autre moi-même.

LXXVII.

DE JACQUES A M. BOREL.

Mon vieux camarade, je te remercie de ta lettre, et
des excellentes intentions de ton amitié. Je sais que tu
te serais battu de grand cœur pour défendre ma femme
d'une insulte, et pour me rendre même un moindre service. J'espère que tu regardes ce dévouement comme
réciproque, et que, si tu as jamais occasion de faire un

appel sérieux à l'amitié, tu ne t'adresseras pas à un autre
que moi. Remercie aussi pour moi ta bonne Eugénie des
soins qu'elle a eus pour Fernande, et prie-la, si elle lui
écrit, de ne point lui faire savoir que j'ai reçu la lettre
où tu m'informais de tout ce qui s'est passé. Adieu, mon
brave; compte sur moi, à la vie et à la mort.

LXXVIII.

DE JACQUES A OCTAVE.

Je veux vous épargner l'embarras d'une explication
verbale; elle ne pourrait être que difficile et pénible
entre nous; nous nous entendrons plus vite et plus froidement par écrit. J'ai plusieurs questions à vous adresser,
et j'espère que vous ne me contesterez pas le droit de
vous interroger sur certaines choses qui m'intéressent
pour le moins autant que vous.

1º Croyez-vous que j'ignore ce qui s'est passé entre
vous et une personne qu'il n'est pas besoin de nommer?

2º En revenant ici, ces jours derniers, en même temps
qu'elle, et en vous présentant à moi avec assurance,
quelle a été votre intention?

3º Avez-vous pour cette personne un attachement véritable? Vous chargeriez-vous d'elle, et répondriez-vous
de lui consacrer votre vie, si son mari l'abandonnait?

Répondez à ces trois questions; et si vous respectez le
repos et la vie de cette personne, gardez-moi le secret
auprès d'elle sur le sujet de cette lettre; en le trahis-
sant, vous rendriez son salut et son bonheur futur impossibles.

LXXIX.

D'OCTAVE A JACQUES.

Je répondrai à vos questions avec la franchise et la confiance d'un homme sûr de lui :

1° Je savais, en quittant la Touraine, que vous étiez informé de ce qui s'est passé entre *elle* et moi ;

2° Je suis venu ici pour vous offrir ma vie en réparation de l'outrage et du tort que je vous ai fait ; si vous êtes généreux envers *elle*, je découvrirai ma poitrine, et je vous prierai de tirer sur moi ou de me frapper avec l'épée, moi les mains vides ; mais si vous devez vous venger sur *elle*, je vous disputerai ma vie et je tâcherai de vous tuer ;

3° J'ai pour *elle* un attachement si profond et si vrai, que, si vous devez l'abandonner soit par la mort, soit par le ressentiment, je fais serment de lui consacrer ma vie tout entière, et de réparer ainsi, autant que possible, le mal que je lui ai fait.

Adieu, Jacques. Je suis malheureux, mais je ne peux pas vous dire ce que je souffre à cause de vous ; si vous voulez vous venger de moi, vous devez désirer de me trouver debout. Je serais un lâche si je vous implorais ; je serais un impudent si je vous bravais ; mais je dois vous attendre, et je vous attends. Décidez-vous.

LXXX.

D'OCTAVE A HERBERT.

Jacques est parti ; où va-t-il, et quand reviendra-t-il ? reviendra-t-il jamais ? Tout cela est encore un mystère

pour moi ; cet homme a la manie d'être impénétrable.
J'aimerais mieux vingt coups d'épée que ce dédaigneux
silence. De quoi puis-je l'accuser, pourtant ? Sa conduite
jusqu'ici est sublime envers sa femme ; mais sa miséricorde envers moi m'humilie ou sa lenteur à se venger
m'impatiente. Ce n'est pas vivre que d'être ainsi dans le
doute du présent et dans l'incertitude de l'avenir.

Je t'ai envoyé copie du billet qu'il m'a écrit de Saint-
Léon, et de la réponse que je lui ai faite du presbytère,
le tout entre le déjeuner et le dîner qui nous rassemblent
tous les jours comme autrefois ; car il est bon de te dire
qu'il y a quelques jours Fernande me pria de reprendre
notre ancienne manière de vivre, et qu'elle était auto-
risée par Jacques à me faire cette invitation. C'était le
premier jour depuis sa maladie qu'elle redescendait au
salon, et ce fut le lendemain que Jacques m'envoya ce
message par son groom. J'eus l'aplomb d'aller dîner
comme la veille, et Jacques me reçut comme les autres
jours, c'est-à-dire avec une poignée de main et une conte-
nance grave. Cette poignée de main, qu'il ne me donne
point quand nous nous rencontrons seuls, est évidemment une démonstration extérieure pour rassurer sa
femme, et la perte de leur enfant autorise assez son silence et sa réserve, qu'elle peut prendre pour de la tristesse. Seulement, après le dîner, il me suivit dans le
jardin, et me dit : « Vos dispositions sont telles que je
les supposais, il suffit. Vous êtes un ami sans foi, mais
vous n'êtes pas un homme sans cœur. Je n'exige plus
qu'une chose : votre parole d'honneur que vous cacherez
à Fernande l'explication que nous avons eue ensemble,
et que dans aucun moment de votre vie, fussé-je à cent
lieues, fussé-je mort, vous ne lui apprendrez que j'ai su
la vérité. » Je lui donnai ma parole, et il ajouta : « Êtes-
vous bien pénétré de l'importance du serment que vous

me faites? — Je pense que oui, répondis-je. — Songez, me dit-il, que c'est la première et la principale réparation que je vous demande du mal que vous nous avez fait; songez que vous frapperiez Fernande d'une blessure mortelle le jour où vous lui feriez savoir que je lui ai pardonné. Vous concevez sans doute qu'en de certaines circonstances la reconnaissance est une humiliation et un tourment : on souffre quand on ne peut remercier sans rougir, et vous savez que Fernande est fière. — O Jacques! lui dis-je avec effusion, je sais que tu es sublime envers elle! — Ne me remercie pas, dit-il d'une voix altérée, je ne puis l'être envers toi. » Et il s'éloigna précipitamment.

Hier, je trouvai Fernande triste et inquiète. « Jacques va encore nous quitter, me dit-elle; il prétend avoir des affaires indispensables qui l'appellent à Paris; mais, dans la situation où nous sommes, tout m'effraie. Peut-être a-t-il reçu enfin cette funeste lettre de Borel qu'un hasard aura retardée à la poste; peut-être me trompe-t-il par une feinte douceur que lui dicte la compassion. Je tremble qu'il ne soit instruit, et qu'il n'ait le projet de m'abandonner tout à fait sans me rien dire. » Je la rassurai en lui disant que, dans ce cas-là, Jacques aurait eu certainement une explication avec moi, et je la trompai en lui assurant qu'il m'avait, au contraire, témoigné une amitié plus vive que jamais. Fernande est bien facile à abuser; elle est si peu habituée au raisonnement et si peu capable d'observation, qu'elle ne connaît jamais les gens qui l'entourent, et ne comprend pas sa propre vie. C'est une douce et naïve créature, toujours gouvernée par l'instinct d'aimer, par le besoin de croire, et trop pieusement crédule dans l'affection d'autrui pour être susceptible de pénétration. Jacques rentra et parla de ses affaires d'une manière si vraisemblable, Sylvia eut

tellement l'air d'y croire, et nous fûmes en apparence si
bons amis, qu'elle me dit le soir : « Oh! quelle confiance
héroïque de la part de Jacques! il nous laisse encore
ensemble! Songez, Octave, que vous seriez un monstre
si vous en abusiez, et que de ce moment je serais forcée
de vous haïr. » Jacques est parti ce matin, calme, et me
témoignant une affection vraiment stoïque ; mais que
pense-t-il? Il doit croire que sa femme est ma maîtresse,
et pourtant elle ne l'est point. Elle s'est courageusement
refusée à moi, et j'ai eu la force de me soumettre, même
dans les occasions où la crainte de la perdre et le trouble
de mes passions auraient dû triompher de tous les scrupules. Peut-être que si Jacques savait cela, il agirait autrement; peut-être aurais-je dû le lui dire. C'eût été un
autre genre d'héroïsme que de le faire rester en lui disant : « Ta femme est pure, reprends-la, et je pars. »
Mais il est écrit que je ne serai jamais un héros, cela
m'est impossible, et j'ai une antipathie insurmontable
pour les scènes de déclamation. Je me connais trop bien :
je serais parti par la porte, et au bout de huit jours je
serais rentré par la fenêtre; j'aurais avoué que depuis
un an je suis le plus niais des séducteurs, et je serais
devenu criminel aussitôt après cette belle confession.
D'ailleurs, Jacques aurait-il ajouté foi à ma parole, soit
pour le passé, soit pour l'avenir? Je ne peux plus le croire
aveugle. Il y a des instants où toute cette pompe de générosité m'en impose tellement, que je me livre à l'admiration avec une sensibilité puérile; et puis ma raison
reprend le dessus, et je me dis qu'après tout, la vie est
une comédie à laquelle ne se laissent pas prendre ceux
qui la jouent; qu'après les tirades et les scènes à effet,
chacun essuie son fard, ôte son costume, et se met à
manger ou à dormir. Jacques serait ce qu'il croit être, si
la nature l'avait doué comme moi de passions vives. S'il

aimait Fernande comme je l'aime, et s'il y renonçait
comme il fait, je m'inclinerais devant lui. Mais je sais
bien que lorsqu'on est épris comme je le suis, on n'est
pas capable de tels sacrifices. Il aime le genre héroïque,
et sa paisible nature, ses passions refroidies par l'habitude du raisonnement ou par l'âge, le secondent merveilleusement. Qu'on lui mette mon cœur dans la poitrine
pendant un quart d'heure, et tout cet échafaudage tombera. Il ne demande pas mieux que de s'éloigner de sa
femme : il aime la solitude et les voyages comme Childe-
Harold ; il est plus content d'avoir à pratiquer la théorie
qu'il s'est faite du *renoncement*, que de jouir de tous
les biens de la vie, et son orgueil est plus satisfait de
pouvoir me faire grâce, qu'il ne le serait de me tuer en
duel. Il songe à l'admiration qu'il m'impose, et il se croit
plus vengé par mon repentir que par ma mort. Ne pense
pas que je veuille nier ce qu'il y a de beau dans son caractère et dans sa conduite : vraiment, je le crois capable
de l'action de Régulus. Mais si Régulus avait vécu sous
mes yeux, j'aurais trouvé, j'en suis sûr, dans sa vie
privée mille occasions de douter et de sourire. Les héros
sont des hommes qui se donnent à eux-mêmes pour des
demi-dieux, et qui finissent par l'être en de certains
moments, à force de mépriser et de combattre l'humanité. A quoi cela sert-il, après tout? A se faire une postérité de séides et d'imitateurs ; mais de quoi jouit-on au
fond de la tombe?

Je m'efforce en vain de chercher mon bonheur en cette
vie dans les joies de l'orgueil ; la vérité les efface avec
un éclair de son miroir, et je me retrouve seul et impuis-
sant, avec mon désir et ma passion dans le cœur. Hier,
quand Jacques partait, mille folies me passaient par l'esprit : j'avais envie d'aller dire adieu à Fernande et de
partir avec lui ; que sais-je? Mais quand il fut parti, et

que Fernande tout en larmes me laissa baiser ses mains
humides, et peu à peu son cou de neige et ses beaux
cheveux, dont le contact me fait frissonner de bonheur,
je me sentis très-content d'être seul avec elle, et malgré
moi je remerciai Dieu d'avoir inspiré à Jacques la fantaisie de s'en aller. Quand je me serais torturé l'esprit pour
me prouver que la reconnaissance et l'admiration devaient me guérir de l'amour, le bouillonnement de mon
sang et les élans de mon cœur auraient victorieusement
démenti cette vaine affectation et cette vertu pédan-
tesque.

Fernande est encore tout émue et toute pénétrée de
ce départ; l'excellente enfant croit à son mari comme en
Dieu, et je serais bien fâché à présent de combattre cette
vénération. Il est vrai qu'elle le suppose imbécile, en
croyant fermement qu'il n'a pas le moindre soupçon de
notre amour; voilà ce que c'est que le sentiment de l'admiration. C'est comme la foi aux miracles : c'est un travail de l'imagination pour exciter le cœur et paralyser le
raisonnement.

Elle commence à se porter tout à fait bien ; mais son
fils maigrit et pâlit à vue d'œil. Elle ne s'en aperçoit pas
encore ; mais je crains qu'elle n'ait bientôt un nouveau
sujet de larmes, et que ni l'un ni l'autre de ses enfants
ne soient nés avec une bonne organisation. Tous les malheurs qui pourront la frapper m'attacheront à elle ; je
ne suis pas un grand homme, mais je l'aime, et je n'ai
pas joué de rôle quand j'ai juré de lui consacrer ma vie.
Sylvia est d'une tristesse dont je ne la croyais pas capable ; elle la dissimule devant Fernande, et se conduit
comme un ange avec elle ; mais son visage trahit une
souffrance secrète et une préoccupation tout à fait étrangère à son caractère méthodique et grave. Il me vient à
l'esprit, depuis quelque temps, une idée singulière sur

Sylvia : je te la dirai si elle prend de la consistance.

P. S. Fernande vient de recevoir une lettre de madame Borel qui lui annonce que la lettre de son mari à Jacques n'est jamais partie, par la raison qu'elle-même s'est chargée de la déchirer au lieu de la mettre à la poste. Jacques aura encore arrangé cela. On ne peut se dissimuler que cet homme ne soit ingénieux et magnifique dans la manière dont il remplit sa tâche.

LXXXI.

DE JACQUES A SYLVIA.

Paris.

Tu me pleures, pauvre Sylvia! Oublie-moi comme on oublie les morts. C'en est fait de moi. Étends entre nous un drap mortuaire, et tâche de vivre avec les vivants. J'ai rempli ma tâche, j'ai bien assez vécu, j'ai bien assez souffert. A présent, je puis me laisser tomber et me rouler dans la poussière trempée de mes larmes. En te quittant, j'ai pleuré, et mes yeux ne se sont pas séchés depuis trois jours. Je vois bien que je suis un homme fini, car jamais je n'ai vu mon cœur se briser et s'anéantir ainsi. Je le sens qui fond dans ma poitrine. Dieu me retire la force, parce qu'elle m'est désormais inutile. Je n'ai plus à souffrir, je n'ai plus à aimer; mon rôle est achevé parmi les hommes.

Laisse-la me croire aveugle, sourd et indolent. Maintiens-la dans cette confiance, et qu'elle ne se doute jamais que je meurs de sa main. Elle pleurerait, et je ne veux pas qu'elle souffre davantage pour moi. C'est bien assez comme cela. Elle a trop appris ce que c'est d'entrer dans ma destinée, et quelle malédiction foudroie tout ce qui s'attache à moi. Elle a été comme un instru-

ment de mort dans la main d'Azraël ; mais ce n'est pas
sa faute si l'exterminateur s'est servi de son amour,
comme d'une flèche empoisonnée, pour me percer le
cœur. A présent, la colère de Dieu va s'apaiser, j'espère.
Il n'y a plus sur moi de place vivante à frapper. Vous
allez tous vous reposer et vous guérir de m'avoir aimé.

Sa santé m'inquiète, et j'attends avec impatience que
tu me dises si mon départ et l'émotion qu'elle a éprou-
vée en me disant adieu ne l'ont pas rendue plus malade.
J'aurais peut-être dû rester encore quelques jours et
attendre qu'elle fût plus forte ; mais je n'y pouvais plus
tenir. Je suis un homme et non pas un héros ; je sentais dans mon sein toutes les tortures de la jalousie, et
je craignais de me laisser aller à quelque mouvement
odieux d'égoïsme et de vengeance. Fernande n'est pas
coupable de mes souffrances ; elle les ignore ; elle me
croit étranger aux passions humaines. Octave lui-même
s'imagine peut-être que je supporte tranquillement mon
malheur, et que j'obéis sans efforts à un devoir que je
me suis imposé... Qu'il en soit ainsi, et qu'ils soient heureux ! Leur compassion me rendrait furieux, et je ne
puis renoncer encore à la cruelle satisfaction de laisser
le doute et l'attente de ma vengeance suspendus comme
une épée sur la tête de cet homme. Ah ! je n'en puis
plus ! Tu vois si mon âme est stoïque. Non, elle ne l'est
pas. C'est toi, Sylvia, qui es héroïque et qui me juge
d'après toi-même. Mais moi, je suis un homme comme
les autres ; mes passions me transportent comme le vent
et me rongent comme le feu. Je ne me suis point créé un
ordre de vertus au-dessus de la nature ; seulement je
ressens l'affection avec une telle plénitude, que je suis
forcé de lui sacrifier tout ce qui m'appartient, jusqu'à
mon cœur, quand je n'ai plus rien à lui offrir. Je n'ai jamais étudié qu'une chose au monde, c'est l'amour. A force

de faire l'expérience de tout ce qui le contriste et l'empoisonne, j'ai compris combien c'était un sentiment noble
et difficile à conserver ; combien il fallait accomplir de
dévouements et de sacrifices avant de pouvoir se glorifier de l'avoir connu. Si je n'avais pas eu d'amour pour
Fernande, je me serais peut-être mal conduit. Je ne sais
si j'aurais commandé à mon dépit et à la haine que m'inspire l'homme qui l'a exposée à la risée d'autrui, par ses
imprudences et ses folies égoïstes. Mais elle l'aime, et
parce que je suis lié à elle par une éternelle affection, la
vie de son amant me devient sacrée. Pour résister à la
tentation de me défaire de lui, je pars, et Dieu seul saura
ce que me coûte de désespoirs et de tourments chacun des
jours que je lui laisse.

Si j'ai quelque autre vertu que mon amour, c'est peut-
être une justice naturelle, une rectitude de jugement,
sur lesquelles aucun préjugé social, aucune considération personnelle, n'ont jamais eu de prise. Il me serait
impossible de conquérir un bonheur quelconque par la
violence ou la perfidie, sans être aussitôt dégoûté de ma
conquête. Il me semblerait avoir volé un trésor, et je le
jetterais par terre pour m'aller pendre comme Judas.
Cela me paraît le résultat d'une logique si inflexible et
si absolue, que je ne saurais me glorifier de n'être pas
une brute semblable aux trois quarts des hommes que je
vois. Borel, à ma place, aurait tranquillement battu sa
femme, et il n'eût peut-être pas rougi ensuite de la recevoir dans son lit, tout avilie de ses coups et de ses
baisers. Il y a des hommes qui égorgent sans façon leur
femme infidèle, à la manière des Orientaux, parce qu'ils
la considèrent comme une propriété légale. D'autres se
battent avec leur rival, le tuent ou l'éloignent, et vont
solliciter les baisers de la femme qu'ils prétendent aimer,
et qui se retire d'eux avec horreur ou se résigne avec

désespoir. Ce sont là, en cas d'amour conjugal, les plus communes manières d'agir, et je dis que l'amour des pourceaux est moins vil et moins grossier que celui de ces hommes-là. Que la haine succède à l'affection, que la perfidie de la femme fasse éclore le ressentiment de son mari, que certaines bassesses de celle qui le trompe lui donnent jusqu'à un certain point le droit de se venger, et je conçois la violence et la fureur ; mais que doit faire celui qui aime ?

Je ne peux pas me persuader (ce que beaucoup sans doute penseront de moi) que je sois un esprit faible et un caractère imbécile, pour avoir persévéré dans mon amour. Mon cœur n'est pas vil, et mon jugement n'est pas altéré. Si Fernande était indigne de cet amour, je ne l'éprouverais plus. Une heure de mépris suffirait pour m'en guérir. Je me rappelle bien ce que j'ai senti pendant trois jours que je la crus infâme. Mais aujourd'hui elle cède à une passion qu'un an de combats et de résistance a enracinée dans son cœur ; je suis forcé de l'admirer, car je pourrais l'aimer encore, y cût-elle cédé au bout d'un mois. Nulle créature humaine ne peut commander à l'amour, et nul n'est coupable pour le ressentir et pour le perdre. Ce qui avilit la femme, c'est le mensonge. Ce qui constitue l'adultère, ce n'est pas l'heure qu'elle accorde à son amant, c'est la nuit qu'elle va passer ensuite dans les bras de son mari. Oh ! je haïrais la mienne, et j'aurais pu devenir féroce, si elle eût offert à mes lèvres des lèvres chaudes encore des baisers d'un autre, et apporté dans mes bras un corps humide de sa sueur. Elle serait devenue hideuse pour moi ce jour-là, et je l'aurais écrasée comme une chenille que j'aurais trouvée dans mon lit. Mais, telle qu'elle est, pâle, abattue, souffrant toutes les angoisses d'une conscience timorée, incapable de mentir, et toujours prête à se confesser à moi

26

de sa faute involontaire, je ne puis que la plaindre et la
regretter. N'ai-je pas vu, depuis son retour, que ma confiance apparente lui faisait un mal affreux, et que ses
genoux pliaient sans cesse pour me demander pardon?
Combien il m'a fallu d'adresse et de précaution pour retenir sur ses lèvres l'aveu toujours prêt à s'en échapper!

Tu m'as demandé pourquoi je n'avais pas accepté la
confession et le sacrifice que si souvent elle a désiré me
faire. C'est parce que je crois la confession inutile et le
sacrifice impossible. Tu n'aimes pas qu'on doute de la
vertu d'autrui, et tu m'as reproché de ne plus vouloir me
fier à l'héroïsme dont Fernande eût été peut-être capable
encore. Eh quoi! cette dernière épreuve, ce fatal voyage
en Touraine, n'a-t-il pas suffi à mesurer la force de Fernande? Je la connais bien, je sais jusqu'où va sa vertu,
comme je sais où elle finit. Sa chasteté naturelle est la
meilleure sauvegarde qui puisse la protéger, et sans
doute elle l'a protégée longtemps. Mais la résolution de
perdre à jamais Octave ne peut se soutenir dans cette
âme puérilement sensible, que la plus petite souffrance
épouvante, et qui succombe sous un véritable malheur.
Est-ce sa faute? Ne serions-nous pas des insensés et des
bourreaux, si nous exigions d'elle ce qu'elle ne peut accorder, si nous la frappions pour marcher quand ses
jambes se dérobent sous elle? N'a-t-elle pas failli mourir parce qu'elle a perdu sa fille? Pauvre créature souffrante! sensitive qui se crispe au souffle de l'air! comment aurais-je le courage brutal de te tourmenter, et
l'orgueil stupide de te mépriser parce que Dieu t'a faite
si faible et si douce! Oh! je t'ai aimée, simple fleur que
le vent brisait sur sa tige, pour ta beauté délicate et
pure, et je t'ai cueillie, espérant garder pour moi seul
ton suave parfum, qui s'exhalait à l'ombre et dans la solitude; mais la brise me l'a emporté en passant, et ton

sein n'a pu le retenir! Est-ce une raison pour que je te
haïsse et te foule aux pieds? Non! je te reposerai doucement dans la rosée où je t'ai prise, et je te dirai adieu,
parce que mon souffle ne peut plus te faire vivre, et
qu'il en est un autre dans ton atmosphère qui doit te
relever et te ranimer. Refleuris donc, ô mon beau lis! je
ne te toucherai plus.

LXXXII.

DE JACQUES A SYLVIA.

Tours.

Je suis revenu ici. C'est une idée étrange qui m'est
passée par la tête, et que je t'expliquerai dans quelques
jours. J'ai reçu ta lettre; on me l'a renvoyée exactement
de Paris avec celle de Fernande, qui est bien affectueuse
et bien laconique. Oui, je conçois ce qu'elle souffre en
m'écrivant. Hélas! elle ne pourra même pas m'aimer
d'amitié! Mon souvenir sera un tourment pour elle, et
mon spectre lui apparaîtra comme un remords!

Je te remercie de m'assurer qu'elle se porte tout à
fait bien, que les belles couleurs de la santé reviennent
à ses joues, et qu'elle pleure sa fille moins souvent et
moins amèrement. Oui, voilà ce qu'il faut me dire pour
me donner du courage. Du courage! à quoi bon? Il m'en
a fallu, et j'en ai eu. Mais qu'en ferais-je désormais? Tu
as beau dire, Sylvia, je n'ai plus rien à faire sur la terre.
Tu sais ce que le médecin, pressé par mes questions,
m'a dit de mon fils. J'ai compris à demi-mot ce que je
devais craindre et ce que je pouvais espérer. Le plus
riant espoir qui me reste, c'est de le voir survivre d'un
an à sa sœur. Il a le même défaut d'organisation. Je ne
suis donc pas nécessaire à cet enfant, et je dois travailler
à m'en détacher comme d'un espoir anéanti. Je vivrais

encore pour Fernande, si elle avait besoin de moi. Mais,
au cas où celui qu'elle aime l'abandonnerait un jour, tu
es sa sœur, sa vraie sœur par l'affection et par le sang;
tu me remplacerais auprès d'elle, Sylvia, et ton amitié
lui serait moins pesante et plus efficace que la mienne.
Ma mort ne peut que lui faire du bien. Je sais que son
cœur est trop délicat pour s'en réjouir; mais, malgré
elle, elle sentirait l'amélioration de son sort. Elle pourrait
épouser Octave par la suite, et le scandale malheureux que leurs amours ont fait ici serait à jamais terminé.

Tu me dis précisément qu'elle s'afflige beaucoup de
l'idée de ce scandale; que ce souvenir, effacé longtemps
par la douleur plus vive encore de la mort de sa fille, et
par la crainte de perdre mon affection, s'est réveillé en
elle depuis qu'elle est un peu résignée à l'une et un peu
rassurée sur l'autre. Tu me dis qu'elle demande à toute
heure s'il est possible que cette aventure ne m'arrive pas
à Paris, et que, lorsqu'on a réussi à la tranquilliser sur
ce point par des raisons qu'on n'oserait donner à un
enfant, elle tremble à l'idée d'être couverte de ridicule,
et de servir de sujet aux plaisanteries de café d'une province et aux récits de chambrée d'un régiment. C'est là
l'ouvrage d'Octave, et elle le lui pardonne! Elle l'aime
donc bien!

Sur ce dernier point de souffrance et d'inquiétude, tu
peux la rassurer par des raisonnements assez plausibles.
Je suis bien aise qu'elle te parle de tout cela avec abandon; cette confiance la soulage d'autant, et tu es à même
plus que personne, d'adoucir sa tristesse par une amitié
éclairée. Ces sortes de scandales sont bien moins importants pour une jeune femme qu'elle ne se l'imagine.
Beaucoup seraient vaines de l'espèce de célébrité qui en
résulte, et de l'attrait que leur attention et leurs bonnes

grâces ont désormais pour les hommes. Une coquette partirait de là pour se faire une brillante carrière d'audace et de triomphes. Fernande n'est pas de ce caractère ; elle ne songe qu'à rougir et à se cacher. Qu'elle se retire au fond de cette vie tranquille et heureuse que j'ai tâché de lui faire et de lui laisser ; mais qu'elle ne perde pas son temps à pleurer sur un accident qui sera l'anecdote d'un jour, et qu'on oubliera le lendemain pour une autre. Il y a des événements ridicules et honteux dont on a peine à se laver, mais de tels événements ne peuvent se rencontrer dans la vie d'une femme comme Fernande. Que peut-on dire? Qu'elle est belle, qu'elle a inspiré une passion ; qu'un homme s'est exposé, pour ne pas la compromettre, à se rompre le cou en fuyant sur les toits. Il n'y a rien de laid ni d'avilissant dans tout cela. Si Octave eût parlementé avec les mauvais plaisants qui l'assiégeaient, c'eût été bien différent. L'amour d'un lâche déshonore une femme, si noble qu'elle soit. Mais Octave s'est bien conduit. Tout le monde sait qu'il l'a escortée en voyage jusque chez elle, tant les grands mystères et les grandes combinaisons de ce fou réussissent ! Heureusement il a du cœur, et l'on peut découvrir tous ses puérils secrets sans trouver un sujet de mépris dans sa conduite. Le ridicule et l'odieux de tout cela retombent sur moi. On m'accuse d'avoir une maîtresse dans ma maison. On dit même, tant l'espionnage imbécile et les interprétations erronées font vite le tour du monde, que j'ai essayé de la faire passer pour ma sœur, mais que madame de Theursan est venue démasquer l'imposture. C'est quelque servante, c'est peut-être madame de Theursan elle-même qui répand ce bruit ! Voilà le parti que les cœurs vils tirent de la patience et de la générosité des autres. En un mot, je suis bafoué à Tours. M. Lorrain, un ancien officier de mon régiment à qui j'ai eu affaire il

y a vingt ans, s'amuse à mes dépens le plus qu'il peut.
Mais tout cela me regarde, et je m'en charge.

Tu ne prononces pas le nom d'Octave, je devine que
tu crois me devoir ce ménagement; mais ne crains rien.
Il est bien vrai que je ne puis lire et tracer ce nom fatal
sans un frémissement de haine de la tête aux pieds;
mais il faut bien que je m'y accoutume. Il faut que je
sache tout ce qui se passe là-bas, s'il l'aime, s'il la rend
heureuse. Adieu, Sylvia, qui, seule entre tous, ne m'as
jamais fait de mal. Je n'ai pas besoin de te dire qu'il faut
cacher à Fernande ma présence à Tours.

LXXXIII.

DE SYLVIA A JACQUES.

Mon Dieu! que fais-tu donc à Tours? cela m'épouvante. Songes-tu à te venger des calomnies qu'on répand
sur nous? Si je te connaissais moins, je me le persua-
derais. Pourtant, j'ai beau me rappeler l'horreur que tu
as pour le duel, je tremble encore que tu ne sois engagé
dans quelque affaire de ce genre; ce ne serait pas la première fois que tu te serais cru forcé de manquer à tes
principes et de faire une chose antipathique à ton caractère. Je ne vois cependant pas qu'en cette occasion tu
doives jouer ta vie contre celle d'un autre. En quoi cela
réparera-t-il le tort fait à Fernande? Un autre homme
que toi répondrait qu'il a son affront personnel à venger;
mais es-tu capable de commettre ce que tu considères
comme un crime pour satisfaire une vengeance personnelle? Tu m'as raconté ton premier duel, c'était précisément avec ce Lorrain; tu cédais bien alors à une considération de ce genre, mais la nécessité était urgente;
vous étiez tous les jours en présence l'un de l'autre sous

les yeux d'une assemblée, et vous étiez tous deux militaires. Il importait peu que le canon ou l'épée emportât
l'un de vous un jour plus tôt ou plus tard; qu'était-ce
que la vie pour vous dans ce temps-là? Aujourd'hui que
ta position est si différente, comment serait-il possible
que tu fisses tout ce voyage pour te laver de calomnies
qui ne t'atteignent pas, et te venger d'insultes qu'on
n'ose t'adresser que de loin? En vain tu t'efforces de me
prouver que ta vie n'est utile désormais à personne, tu
te trompes. Oh! ne laisse pas le courage t'abandonner
ainsi! c'est un calcul de la paresse, qui veut se croiser
les bras, que de se persuader que la tâche est finie. Pourquoi condamnes-tu ton fils avec ce désespoir? le médecin ne t'a-t-il pas dit que la nature opérait des miracles
au-dessus de toutes les prévisions de la science, et qu'avec
des soins assidus et un régime sévère, ton enfant pouvait
se fortifier? Je maintiens ce régime scrupuleusement, et
depuis quelques jours notre cher petit est réellement
bien. Si je mourais moi-même, qui le soignerait? Fernande ignore son mal, et d'ailleurs sa sollicitude est presque toujours inhabile. Qui m'impose donc la vie quand
tu te démets si facilement de la tienne. Crois-tu qu'elle
soit bien belle, celle que tu me laisses?

Et Fernande, n'a-t-elle plus besoin de toi? que savons-
nous d'Octave, quand il ne sait rien de lui-même, et se
pique de ne résister à aucun des caprices qui lui viennent? Il se dit sûr d'aimer toujours Fernande; c'est peut-
être vrai, c'est peut-être faux. Il s'est bien conduit depuis qu'il l'a compromise; mais quel homme est-ce là
pour te succéder et pour remplir un cœur où tu as régné?
Pourra-t-elle l'aimer longtemps? n'aura-t-elle pas besoin
un jour qu'on la délivre de lui?

Tu veux que je te dise exactement la vérité sur leur
compte, et je sens que je dois le faire; dans ce moment

ils sont heureux, ils s'aiment avec emportement, ils sont aveugles, sourds et insensibles. Fernande a des moments de réveil et de désespoir, Octave a des instants d'effroi et d'incertitude ; mais ils ne peuvent résister au torrent qui les entraîne. Octave cherche à rassurer sa conscience en rabaissant ta vertu ; il n'oserait en douter, mais il tâche de l'expliquer par des motifs qui en diminuent le mérite ; pour se dispenser de t'admirer et pour se consoler d'être moins grand que toi, il tâche de saper le piédestal où tu as mérité de monter. Tu as deviné juste, il nie tes passions, afin de nier ton sacrifice. Fernande te défend avec plus de vigueur que tu ne penses, et sa vénération résiste à toutes les atteintes. Elle dit que tu l'aimes au point de rester aveugle éternellement ; elle dit qu'en cela tu es sublime : et alors elle pleure si amèrement que je suis forcée de la consoler et de la relever à ses propres yeux. Ma pauvre sœur ! il y a des instants où je lui en veux de t'avoir fait tant de mal. Quand je vois son visage serein et sa main dans celle d'Octave, je fuis, je me cache au fond des bois, ou je vais pleurer auprès du berceau de ton fils, pour exhaler mon indignation sans les faire souffrir. Mais quand je la vois torturée de remords, je la plains et je souffre avec elle. Je pense, comme toi, que son aventure est moins grave que la pruderie de beaucoup de femmes ne voudra le faire croire. Je vois qu'elle ne lui a point aliéné l'amitié de madame Borel, qui me paraît une personne généreuse et sensée. Sa vie pourrait être encore bien belle, si Octave voulait ; elle retournerait à toi, j'en suis sûre, si elle avait à se plaindre de lui, ou s'il lui inspirait le courage qu'au contraire il cherche à lui ôter. Pourrait-elle rougir d'accepter son pardon d'une âme aussi noble que la tienne, et souffrirais-tu en le lui accordant? Oh ! combien tu l'aimes encore, et quel amour que le tien ! Tu n'es occupé, au sein de cet océan de douleurs, qu'à lui épargner la centième partie de celles que tu ressens.

J'ai reçu de madame de Theursan l'étrange envoi de quelques centaines de francs; ce n'est pas, comme tu penses, la modicité du présent qui me l'a fait refuser; je sais qu'elle n'a pas de fortune et que ce présent est libéral eu égard à ses moyens; mais j'admire cette réparation de l'abandon de toute ma vie. Cela ressemble à une dérision; j'ai pourtant remercié et n'ai motivé mon refus que sur l'absence de besoins. Peut-être devrais-je être reconnaissante de l'intention, je ne puis; je ne lui pardonnerai jamais de m'avoir mise au monde.

LXXXIV.

DE JACQUES A SYLVIA.

Que veux-tu que je te dise? ce Lorrain était un méchant homme, et je l'ai tué. Il a tiré sur moi le premier, je l'avais provoqué; il m'a manqué. Je savais que je n'avais qu'à vouloir pour l'abattre, et j'ai voulu. Est-ce un crime que j'ai commis? Certainement; mais que m'importe? je ne suis pas capable de savoir ce que c'est que le remords dans ce moment-ci. Il y a tant d'autres choses qui bouillonnent en moi, et qui me transportent hors de moi-même! Dieu me le pardonnera. Ce n'est plus moi qui agis: Jacques est mort; l'être qui lui succède est un malheureux que Dieu n'a pas béni, et dont il ne s'occupe pas. J'aurais pu être bon, si mon destin s'était prêté à mes sentiments; mais tout a échoué, tout m'abandonne; l'homme physique reprend le dessus, et cet homme a un instinct de tigre comme tous les autres. Je sentais la soif du sang me brûler; ce meurtre m'a un peu soulagé. En expirant, le malheureux m'a dit : « Jac-

ques, il était écrit que je mourrais de ta main ; sans cela
tu ne m'aurais pas estropié pour une caricature, et tu ne
me tuerais pas aujourd'hui pour te venger d'être... » Il
est mort en m'adressant cette grossièreté qui semblait le
consoler. Je suis resté longtemps immobile à contempler
l'expression d'ironie qui restait sur la face de ce cadavre :
ses yeux fixes semblaient me braver, son sourire semblait nier ma vengeance ; j'aurais voulu le tuer une seconde fois. Il faudra que j'en tue un autre, n'importe
lequel ; cela me soulage, et cela fait du bien à Fernande :
rien ne réhabilite une femme comme la vengeance des
affronts qu'elle a reçus. On dit ici que je suis fou ; peu
m'importe ! on ne dira plus que je suis lâche, et que je
souffre l'infidélité de ma femme parce que je ne sais pas
me battre ; on dira que j'ai pour elle une passion qui
me fait perdre l'esprit. Eh bien ! on pensera du moins
que c'est une femme digne d'amour que celle qui exerce
un tel empire sur l'époux qu'elle n'aime plus ; les autres
femmes envieront cette espèce de trône où, dans mon
délire, je l'aurai placée, et Octave enviera mon rôle un
instant ; car il n'y a que moi qui aie le droit de me battre
pour elle, et il est obligé de me laisser réparer le mal
qu'il a commis.

Adieu. Ne t'inquiète pas de moi, je vivrai ; je sens que
c'est mon destin, et que dans ce moment mon corps est
invulnérable. Il y a une main invisible qui me couvre, et
qui se réserve de me frapper. Non, ma vie n'est au pouvoir d'aucun homme : j'en ai l'intime révélation ; j'en ai
fait le sacrifice, et il m'est absolument indifférent de la
perdre ou de la conserver. L'ange qui protége Fernande
est venu près de moi, et il me parle d'elle dans mon sommeil ; il étend ses ailes sur moi quand je me bats pour
elle ; quand je ne serai plus nécessaire à personne, lui
aussi m'abandonnera. J'ai fait mon testament à Paris ; en

cas de mort de mon fils, je laisse les deux tiers de mon
bien à ma femme, et à toi le reste ; mais ne crains rien ,
mon heure n'est pas venue.

LXXXV.

DE M. BOREL AU CAPITAINE JEAN.

Cerisy.

Mon camarade, il faut que vous alliez me remplacer à
Tours, sur-le-champ , auprès de Jacques, qui se bat encore ce soir. Je ne puis ni lui servir de témoin, ni même
aller vous investir de mes fonctions ; j'ai une attaque de
goutte si bien conditionnée , qu'il me serait impossible
de faire une lieue en voiture. Jacques vient de m'envoyer chercher ; allez tout de suite , par la traverse , lui
offrir mes excuses et vos services ; ces choses-là ne se
refusent pas. Je vais tâcher de vous mettre en trois mots
au courant de l'affaire. A peine reposé d'avoir tué hier
Lorrain, à qui Dieu fasse paix, Jacques s'en va au café
comme si de rien n'était ; et, avec cette manière glaciale
que vous lui connaissez quand il est en colère , il fume
sa pipe et prend sa demi-tasse en présence de plus de
cent paires de moustaches jeunes et vieilles qui l'exami-
naient non sans un peu de curiosité, comme vous pensez. Les jeunes officiers qui ont fait la farce que vous
savez à l'amant de sa femme, se sont crus insultés ou au
moins provoqués par sa présence et par sa figure ; ils ont
affecté de parler à haute voix des maris trompés en général, et de répéter, à une table voisine de la sienne, le
mot qui pouvait flatter le moins les oreilles de Jacques.
Comme il restait impassible, ils ont parlé un peu plus
clairement de sa femme, et ils ont fini par la désigner si
bien, que Jacques s'est levé en disant : « Vous en avez

menti, » du ton dont il aurait dit : « Je suis votre serviteur. » Deux de ces messieurs, qui avaient parlé en dernier, se levèrent en demandant à qui s'adressait le démenti. « A tous deux, répondit Jacques; que celui qui
voudra m'en demander raison le premier se nomme. —
Moi, Philippe de Munck, demain à l'heure que vous voudrez, dit l'un d'eux. — Non pas, reprit Jacques, ce soir,
s'il vous plaît; car vous êtes deux, et il faut que j'aie le
temps de rendre raison à monsieur demain, avant que la
police me contrarie. — C'est juste, répondit M. de Munck;
ce soir, à six heures et au sabre. — Au sabre, soit, » dit
Jacques. Vous voyez que c'est une affaire qui ne peut
s'arranger en aucune façon. Deux heures après, j'ai reçu
un message de lui pour me prier de lui servir encore de
témoin; mais précisément j'ai pris la goutte dans la rosée d'hier à l'affaire de Lorrain, et peut-être ai-je éprouvé
aussi un peu d'émotion en voyant tomber ce pauvre
diable. Ce n'est pas une grande perte; mais il y avait
longtemps que cela grisonnait auprès de nous, et nous
ne sommes plus à l'âge où un camarade tombait comme
une noix d'un noyer. Ce Jacques est étonnant, et cela
prouve bien qu'un homme ne change qu'en dehors:
l'arbre ne fait que renouveler son écorce, et Jacques est
aujourd'hui le même que nous avons connu il y a vingt
ans. On ne dira plus : « Voyez ce que deviennent ces
vieux militaires, et comme leurs femmes les font marcher! en voilà un qui se battait pour un coup de crayon,
et qui se laisse déshonorer sans rien dire. » Ma foi! je
l'ai dit moi-même, et sa situation m'occupait tellement,
qu'avant-hier, une heure avant d'apprendre qu'il était
ici, je rêvais de lui, et je m'éveillai en criant, à ce que
m'a dit ma femme : « Jacques, Jacques! qu'es-tu devenu! » Mais un homme de cœur se retrouve toujours.
Espérons qu'en sortant de là il ira tuer l'amant de sa

femme; faites-lui sentir qu'il le doit, que sans cela tout
ce qu'il fait maintenant ne sert à rien. Allez vite. Le préfet est un brave garçon qui laisse aller les duels sans
faire de tracasserie; pourtant trois affaires en trois jours,
c'est plus que ne comporte l'ordonnance, et il pourrait
bien arriver que Jacques fût arrêté après la seconde. Il
faut qu'il se dépêche. Écrivez-moi par un exprès, ce
soir, quand il aura fini avec M. de Munck. J'enrage de
n'être pas là; j'aimerais mieux perdre un bras que de
voir Jacques manquer à l'appel.

LXXXVI.

DU CAPITAINE JEAN A M. BOREL.

Tours.

Jacques en a fini avec tous ses adversaires sans recevoir une égratignure; il a du bonheur au jeu, comme
tous ceux qui n'en ont pas en ménage. M. Munck a une
estafilade au travers de la figure, qui lui sépare le nez
en deux, ce qui doit singulièrement le vexer. Cela ne
rendra l'honneur à aucun mari, mais pourra bien en consoler quelques-uns et en préserver quelques autres. C'est
un joli garçon de moins. La beauté pleurera et lui cherchera un successeur; l'autre jeune homme ne s'est pas
soucié de demander son reste à Jacques. C'était un pou-
let de dix-neuf ans, un fils unique, un enfant de famille,
que sais-je? Les témoins ont montré tant de désir d'arranger l'affaire, que nous avons consenti à dire que nous
étions fâchés d'avoir donné un démenti, s'il était vrai
qu'on n'eût pas eu l'intention de nous impatienter. On a
assuré qu'on n'avait pas eu cette intention. Cela pourra
bien faire tort à l'enfant; mais je conçois que, ses témoins ayant rendu un peu la main, la partie était trop

27

inégale entre lui et Jacques. Nous avons eu assez de peine à faire entendre raison à celui-ci ; il a une bile de tous les diables, et ce n'est qu'après mûre délibération qu'il s'est un peu adouci. Savez-vous que le camarade va bien ? C'est ce qui s'appelle ne pas mettre les pouces, et qu'il ait tort ou raison de sabrer par ici plutôt que de sabrer par là-bas, c'est plaisir et honneur de voir un ancien camarade faire de pareilles preuves avec la nouvelle armée. Au reste, le camarade n'est pas de bonne humeur ; et pour ceux qui le connaissent un peu, il est facile de voir qu'il a soif du sang de bien d'autres. Je ne sais pas ce qu'il compte faire ; je lui ai dit, en recevant ses remerciements pour lui avoir servi de témoin : « Je voudrais t'en servir dans une quatrième occasion, et je ferais volontiers le voyage avec toi pour ça. A présent tu as la main remise, est-ce que tu ne vas pas t'en prendre à qui de droit ? » Il m'a répondu, moitié figue, moitié raisin : « Si on te le demande, tu diras que tu n'en sais rien. — Ah çà, est-ce que tu en veux aussi aux anciens ? » lui ai-je dit. Là-dessus, il m'a embrassé, en me chargeant de te faire ses adieux et ses amitiés. Il doit être parti maintenant, car le préfet lui a fait dire en dessous main qu'il allait être forcé de le faire arrêter, s'il ne tirait ses guêtres bien vite. Je l'ai laissé fermant sa malle, et je suis revenu à mon *perchoir*, où je vous attends à déjeuner aussitôt que la goutte vous le permettra. En attendant, j'irai fumer une pipe et jaser de tout cela avec vous. Il y a beaucoup à dire pour et contre Jacques ; c'est un drôle de corps, mais il fait feu des quatre pieds.

LXXXVII.

DE JACQUES A SYLVIA.

Aoste.

Tu dois avoir reçu un billet que je t'ai envoyé de Clermont, par lequel je t'annonçais que j'étais sorti sans égratignure de mes trois duels, et que mon corps se portait aussi bien que mon âme se porte mal : ce sont les plus mauvaises nouvelles qu'un homme puisse donner de lui-même. Un corps qui s'obstine à vivre, et qui nourrit avec vigueur les peines de l'âme, est un triste présent du ciel. Ce que je ne t'ai pas dit, c'est que j'allais passer à deux pas de toi sans te voir ; j'ai refait cette route de Lyon pour la vingtième fois, et pour la première j'ai passé auprès de ma vallée chérie sans y entrer. Il était six heures du matin quand je me suis trouvé sur le haut de la côte Saint-Jean, et les postillons, qui me connaissent bien, avaient déjà tourné le chemin pour descendre, quand je leur ai dit de continuer vers le Midi. Penché à la portière, j'ai longtemps contemplé ce beau site que je ne reverrai peut-être plus, et tous ces sentiers que nous avons tant de fois parcourus ensemble ; mais j'ai longtemps hésité à regarder ma maison. Enfin, au moment où le bois Marion allait me la cacher, j'ai fait arrêter, et je suis monté au-dessus de la route pour la regarder à mon aise et m'abreuver de ma douleur. Le soleil levant étincelait dans tes vitres : étais-tu donc déjà levée ? Les volets de Fernande étaient fermés : elle dormait peut-être dans les bras de son amant. Cette maison, ces jardins et cette vallée m'inspirèrent une espèce de haine. Je viens de tuer un homme et d'en défigurer un autre sans aucun motif raisonnable que de satisfaire ma vanité blessée, et j'ai dû regarder tranquillement le toit qui abrite mon désespoir et ma honte!

Oui, ma honte! Je sais bien que c'est un des mots de convention adoptés par une société stupide, et qui, devant la raison, ne présentent aucun sens : l'honneur d'un homme ne peut pas être attaché au flanc d'une femme, et il n'est au pouvoir de personne de compromettre ou d'entacher le mien; mais je n'en suis pas moins obligé d'être en guerre avec tout le monde, parce que je suis dans une position ridicule, et que pour m'en laver je me couvre en vain de sang. Il n'y en a qu'un, je le sais bien, qui peut enlever ce sourire cruel que je trouve sur la figure de tous mes amis. O Fernande! j'aime pourtant mieux faire rire de moi que de faire couler tes larmes; j'aime mieux les railleries de l'univers entier que ta haine et ta douleur! Il n'est pas besoin d'être un héros pour cela; car je suis devenu une espèce de brute vindicative et cruelle, et j'ai encore assez de bon sens et de justice pour comprendre ce que la logique de mon affection me démontre.

J'ai eu de singulières discussions avec Borel; quelques autres vieux amis de l'armée ont essayé de m'entamer adroitement, et de me faire parler, soit par intérêt, soit par curiosité; j'ai fait à ceux-là des réponses évasives et même brutales : j'avais horreur de leur amitié comme de tout le reste. Je n'ai pourtant pas pu me dispenser de parler avec Borel, parce qu'au fond de ses systèmes imbéciles il y a un certain bon sens naturel qui entend parfois raison, et, dans le blâme qu'il me prodigue, un véritable dévouement. Il était si mal disposé contre Fernande, que j'éprouvais surtout le besoin de la justifier. Nous avons passé deux jours ensemble à Tours, lui à me faire des remontrances, moi à chercher, tout en l'écoutant d'une oreille, l'occasion de me battre avec Lorrain. Nous avons

échangé bien des raisonnements inutiles, lui voulant me
prouver que je ne pouvais plus aimer ma femme, et moi
tâchant de lui faire comprendre qu'il m'était impossible
de ne pas l'aimer encore. Il a terminé ses harangues en
me demandant à quoi servirait ma conduite, et si j'espérais servir de modèle et de type aux maris généreux : à
quoi j'ai répondu, en riant, que je n'avais même pas la
prétention de faire suivre mon exemple par les amants.
Sa lourde sollicitude ne m'a, du reste, épargné aucun des
coups d'épingle qu'une âme brisée peut recevoir à la suite
d'un désastre. De tous les hommes que j'ai connus, ami,
ennemi ou indifférent, il n'en est pas un qui n'ait donné
un coup de main pour me pousser dans la tombe.

J'ai eu bien de la peine à calmer mon sang irrité; je
me serais jeté devant la bouche d'un canon avec la certitude que je devais servir de boulet pour tuer les autres.
Cette espèce de croyance à la fatalité aurait fait de moi
un héros ou un tigre, suivant la différence d'un cheveu
dans le poids des circonstances qui me portaient. J'ai été
au moment de tuer un enfant de dix-neuf ans pour un
mot; et puis je lui avais fait grâce, quand m'est venu
un billet mystérieux qu'une femme m'écrivait pour me
supplier d'épargner sa vie et de renoncer à ma fureur.
C'était un billet sublime d'expression et de sentiment. Je
crus d'abord qu'il était d'une mère, et j'allais y céder
avec attendrissement, lorsqu'en le relisant je m'aperçus
qu'il était d'une maîtresse. Elle me suppliait de lui laisser
le bonheur. Le bonheur ! ce mot-là me rendit furieux.
Hélas ! ma pauvre Sylvia, j'avais perdu la tête; j'aurais
voulu tuer tous ceux qui étaient moins malheureux que
moi; je m'obstinais à faire battre ce jeune homme; il
me semblait obéir à l'impulsion d'une main impitoyable
et accomplir quelque rêve terrible. Le capitaine Jean, un
de mes témoins, me parlait depuis longtemps sans que

ses discours présentassent aucun sens à mon esprit ; enfin, il réussit à me faire entendre un seul mot : « Ah çà,
Jacques, tu veux donc massacrer aujourd'hui ? » Ce mot
de *massacrer* tomba sur ma poitrine brûlante comme
une goutte d'eau froide ; il me sembla que je m'éveillais
d'un rêve. Je fis tout ce qu'il désirait, sans même écouter
dans quels termes on arrangeait la partie de mon honneur ; il ne m'importait plus de faire effet par ma bravoure. Il m'avait semblé d'abord que j'avais envie de me
disculper du reproche d'être lâche, et qu'à ce sentiment
d'orgueil blessé j'aurais sacrifié la vie de mon père ; mais
ce n'était qu'un prétexte dont se servait mon désespoir
pour me pousser : j'avais un accès de rage tout simplement ; et quand il fut apaisé, je retombai dans l'apathie,
comme un fou furieux, dans l'accablement qui suit une
de ses crises, se laisse tomber sur la paille et regarde
autour de lui d'un air stupide. On fit approcher de moi
mon adversaire, pour que, suivant l'usage, nous eussions
à échanger une poignée de main ; mais entre chaque minute il s'écoulait de tels siècles dans ma tête, que j'obéis
machinalement et avec surprise. Je ne me souvenais pas
de l'avoir jamais vu ; j'étais déjà à cent ans de ce qui venait de se passer en moi ; j'étais entré dans le néant de
l'âme, qui est désormais mon refuge en cette vie.

Me voilà donc calmé ! que Dieu me pardonne à quel
prix ! Mais il sait bien que cela n'a pas dépendu de moi,
et que mon être a été transformé à l'insu de ma volonté.
Ah ! cette colère, elle était affreuse ! mais elle me faisait
du bien comme les convulsions et les rugissements à un
épileptique. Je suis maintenant plus pesant qu'une montagne, plus froid qu'un glacier ; je contemple ma vie avec
un affreux sang-froid ; je me fais l'effet de ces martyrs
des temps fabuleux du christianisme qui, après le sup-
plice, se relevaient par miracle, ramassaient tranquille-

ment leur tête ou leur cœur pantelant sur l'arène, et se mettaient à marcher, emportant leur âme séparée de leur corps, aux yeux des hommes épouvantés.

Un autre que moi n'aurait pas pu certainement supporter mon destin : il n'y a que moi sur la terre qui aie la force d'accomplir une pareille vie sans mourir de lassitude ou sans me tuer dans un accès de délire. J'ai pourtant traversé tout cela, et me voici encore! Ce qu'il y avait de jeune, de généreux et de sensible en moi n'est plus; mais mon corps est debout, et ma triste raison contemple sans nuage la ruine de toutes ses illusions. Maudite soit cette organisation régulière et solide que ne peuvent briser les événements! Don funeste! Avais-je commis quelque crime avant de naître, pour avoir la malédiction du premier homme, l'exil dans le désert, et l'injonction de vivre?

Je suis passé ce matin près d'une maison de campagne que la beauté de la nature fit construire au pied des montagnes et que la rigueur des climats a fait abandonner. Je me suis arrêté pour entrer dans le clos, attiré par l'air de tristesse et de destruction qui régnait en ce lieu ; j'y suis resté deux heures, abîmé dans la pensée de mon désespoir et de mon isolement. Et toi aussi, vieux Jacques, tu fus un marbre solide et pur, et tu sortis de la main de Dieu fier et sans tache, comme une statue neuve sort de l'atelier et se dresse sur son piédestal dans une attitude orgueilleuse; mais te voilà comme une de ces allégories usées et rongées par le temps, qui se tiennent encore debout dans les jardins abandonnés. Tu décores très-bien le désert : pourquoi sembles-tu t'ennuyer de la solitude? Tu trouves le temps long et l'hiver bien rude ; il te tarde de tomber en poussière, et de ne plus lever vers le ciel ce front jadis superbe que le vent insulte aujourd'hui, et où l'air humide amasse une mousse noire comme un voile de deuil. Tant d'orages ont terni ton éclat que ceux qui passent ne savent plus si tu es d'albâtre ou d'argile sous ton crêpe funèbre. Reste, reste dans ton néant, et ne compte plus les jours : tu dureras peut-être longtemps encore, pierre misérable ! Tu te glorifiais d'être une matière inattaquable : à présent tu envies le sort du roseau desséché qui se brise les jours d'orage. Mais la gelée fend les marbres ; le froid te détruira : espère en lui !

LXXXVIII.

D'OCTAVE A HERBERT.

Malgré la colère des uns, les remords des autres, et l'incertitude de mon esprit au milieu de tout cela, je ne peux pas m'empêcher d'être heureux, mon cher Herbert, car mon cœur est rempli d'amour et mon sort est fixé. Une affection indissoluble m'attache à Fernande, n'en doutez pas : je ne suis pas inconstant. On peut me rebuter ; la femme que j'aime, quand elle s'obstine à me repousser, peut finir par me dégoûter d'elle ; mais ce n'est pas une autre femme qui peut m'en distraire avant qu'elle l'ait elle-même ordonné. Malgré la différence effrayante de nos caractères, j'ai longtemps aimé Sylvia, et j'ai lutté contre ses dédains longtemps après qu'elle ne m'aimait plus. Fernande est une tout autre femme. C'est celle-là qui est née pour moi, et dont les défauts mêmes semblent combinés pour resserrer nos liens et rendre notre intimité nécessaire. Je ne sais pas si je suis aussi criminel que Sylvia veut me le faire croire, mais il m'est impossible de ne pas me sentir amoureux et transporté de joie. L'amour est égoïste ; il s'assied aveugle et joyeux sur les ruines du monde, et se pâme de plaisir sur des ossements comme sur des fleurs. J'ai fait le sacrifice du chagrin

d'autrui comme j'ai fait celui de ma propre vie. Je ne
connais plus les lois du tien et du mien. Fernande s'est
confiée à moi, j'ai juré de l'aimer, de vivre et de mourir
pour elle ; je ne sais que cela, et tout le reste m'est étranger. Jacques peut venir à toute heure du jour ou de la
nuit me demander mon sang et le boire à son aise sans
que je le lui dispute. Pour l'acquit de ma conscience, je
livre ma poitrine nue ; qu'est-ce qu'un homme peut faire
de plus ? Et de quoi Jacques peut-il se plaindre ? Je ne
porte pas de cuirasse et ne dors pas sous les verrous.
Sylvia, croyant me faire tomber à genoux devant son
idole, me lit quelques fragments de ses lettres. Il commence à faire de la poésie sur sa douleur ; il est à moitié
guéri. Il s'est battu bravement, et il a bien fait. J'en aurais fait autant à sa place, et, si j'en avais eu le droit, je
l'aurais prévenu. Il a bien recommandé de cacher ces
événements à sa femme ; il peut être tranquille, je m'en
charge. Je n'ai pas envie qu'elle retombe malade, et je
veille sur elle comme sur un bien qui m'appartient désormais. J'ai trouvé hier à la poste une lettre de Clémence pour elle. Comme je connais fort bien l'écriture,
j'ai ouvert sans façon la missive, et j'y ai trouvé tous les
charitables avertissements auxquels je m'attendais ; de
plus, la nouvelle additionnelle, le mensonge gratuit d'une
bonne blessure que, selon la renommée et selon elle,
Jacques aurait reçue dans la poitrine. J'ai déchiré la lettre,
et j'ai pris des mesures pour que toutes les dépêches
adressées à Fernande passent par mes mains en arrivant.
Celles de Jacques seront respectées religieusement ; mais
gare aux autres ! Il m'en coûte assez pour la voir heureuse et endormie sur mon cœur. Je ne me soucie pas
qu'une prude envieuse ou une mère infâme viennent la
réveiller pour le plaisir de nous faire du mal à tous deux.
Elle est encore délicate ; l'absence de Jacques, qui lui

écrit rarement, et la mauvaise santé de son fils, sont
pour elle des sujets suffisants d'inquiétude et de chagrin. Ma sollicitude entretient encore le calme et l'espoir
dans son cœur. Rien ne me coûtera, rien ne me répu-
gnera pour la préserver le plus longtemps possible des
coups qui la menacent. Je suis égoïste, je le sais; mais
je le suis sans honte et sans peur. L'égoïsme qui se dissimule et rougit de lui-même est une petitesse et une
lâcheté; celui qui travaille hardiment au grand jour est
un soldat courageux qui lutte contre ses ennemis et
s'enrichit des dépouilles du vaincu. Celui-là peut conquérir son bonheur ou défendre celui d'autrui. Qui donc
a jamais songé à accuser de vol et de cruauté celui qui
triomphe et qui fait bon usage de la victoire?

LXXXIX.

DE JACQUES A SYLVIA.

Aoste.

Il faut avoir vécu ma vie pour savoir quelle chose
horrible est devenu pour moi l'isolement. J'ai aimé passionnément la solitude, qui est une chose bien différente.
Alors j'étais jeune. J'avais l'avenir ou le présent. Je suis
venu plusieurs fois dans les montagnes avec le cœur plein
de passions. J'ai peuplé leurs retraites sauvages de mes
sentiments ou de mes rêves. J'y ai savouré mon bonheur
ou caché ma souffrance; j'y ai vécu enfin. Je passais. Je
quittais une affection pour la retrouver, ou plutôt je l'ap-
portais là dans le secret de mon âme pour l'interroger et
pour m'en repaître. J'y ai répandu des larmes chaudes
d'espérance; j'y ai pressé sur mon cœur des fantômes
adorés et des spectres de feu. Il est bien vrai que j'y suis
venu aussi maudire et détester ce que j'avais aimé en

d'autres temps; mais j'aimais quelque autre chose ou
j'attendais un autre amour. Mon sein était riche, et je
pouvais mettre une idole de diamant à la place de l'idole
d'or qui était tombée. A présent, j'y viens avec un cœur
vide et désolé, et, à la manière dont je souffre, je vois
bien que je ne guérirai plus. Ce qu'il y a de terrible, ce
n'est pas tant le manque d'espoir que le manque de désir.
Ma douleur est morne comme ces pics de glace que le
soleil n'entame jamais. Je sais que je ne vis plus et je n'ai
plus envie de vivre. Ces rochers et ces froides cavernes
me font horreur, et je m'y enfonce comme un fou qui se
noie pour fuir l'incendie. Si je regarde au loin, la peur
me prend; la seule vue de l'horizon me fait frissonner,
parce que je crois y voir planer tous mes souvenirs et tous
mes maux, et je m'imagine qu'ils me poursuivent avec
des ailes rapides. Où irai-je pour leur échapper? Ce sera
partout de même. Je suis venu jusqu'ici avec l'intention
de voyager ou au moins de parcourir toute cette contrée
romantique. Je sentais comme un reste d'activité, comme
une inquiétude de ne pas être bien mort. Et puis je me
suis laissé tomber sur ce rocher du Saint-Bernard, et je
ne songe plus à quitter la cabane où je me suis arrêté
croyant n'y passer qu'une heure. M'y voilà depuis près
d'un mois, chaque jour plus inerte, plus indifférent, plus
paralytique. Je ne sens même plus l'atmosphère, et j'ai
souvent chaud là où il doit faire froid, tandis qu'en d'autres
moments un rayon de soleil qui brûle l'herbe à mes pieds
ne rend pas la circulation à mon sang glacé. Il y a des
jours où je marche précipitamment sur le bord des abîmes
sans soupçonner le danger, sans ressentir la lassitude;
je suis alors comme une roue qui a perdu son balancier,
et qui tourne follement jusqu'à ce que sa chaîne trop
tendue fasse rompre la machine. Dans ces jours-là, je
traverse comme par miracle des passages où jamais le

pied d'un homme ne s'est hasardé, et quand je m'en aperçois ensuite, je ne peux plus comprendre comment cela
s'est fait. J'espère quelquefois que je suis devenu fou.
Mais à cette exaltation terrible succèdent des jours de
mort. Cette force maladive tombe tout à coup et fait place
à une fatigue épouvantable. La pensée joue un rôle bien
effacé dans tout cela. Quelquefois je cherche, la nuit, à
me rappeler ce qui a occupé mon cerveau dans la journée, et il m'est impossible de le retrouver. Ma mémoire
ne me présente plus que l'image des objets matériels qui
m'ont entouré. Je vois des montagnes, des ravins, des
ponts étroits suspendus sur des abîmes de fumée blanche,
et tout cela se succède et s'enchaîne pendant des heures
entières jusqu'à m'obséder. Alors je me lève dans l'obscurité et je touche les murs de ma chambre en faisant
des efforts incroyables pour sortir de ce rêve sans sommeil. Quelquefois je me recouche sans avoir pu chasser
ces images qui me harcèlent, et j'attends le jour avec impatience pour m'élancer comme malgré moi dans la campagne. Alors tout s'efface, je marche au hasard, et il me
semble être enveloppé de vapeurs qui me cachent la
réalité. D'autres fois il m'arrive de m'apercevoir que je
pense ; je vois dans mon imagination des tableaux affreux :
mon fils mourant, ma femme dans les bras d'un autre ;
mais je regarde tout cela avec un sang-froid imbécile,
jusqu'à ce qu'il me vienne une sorte de réveil qui me
montre à moi-même. Je me vois dans ce tableau ; cette
femme est la mienne ; cet enfant est à moi. Je suis Jacques, l'amant oublié, l'époux outragé, le père sans espoir
et sans postérité ; et je m'assieds, car mes jambes ne
peuvent plus me porter, et une idée me fatigue plus
en un instant qu'une journée d'agitation et de marche
forcée.

Il y a deux ans, j'étais dans un état déplorable d'ennui

et de souffrance. Mais que ne donnerais-je pas pour retourner en arrière ! Je craignais de ne plus pouvoir aimer. Depuis longtemps je n'avais pas rencontré une femme digne d'amour. Je m'impatientais et je m'effrayais de ce long sommeil de mon cœur ; je me demandais si c'était la faute de son impuissance, et je sentais bien que non. Mais je voyais les années s'envoler comme des rêves, et je me disais qu'il n'y avait plus pour moi de temps à perdre si je voulais être heureux encore une fois. Je pensais que posséder une femme par le mariage, c'était assurer, autant que possible, la durée de ce bonheur ; je ne me flattais pas de le conserver toute ma vie ; mais j'espérais qu'il me conduirait jusqu'à cette dernière période de la jeunesse où la philosophie devient facile à mesure que les passions s'éteignent. Il n'en est point ainsi. Je ne suis pas encore assez vieux pour me détacher de tout et pour me consoler d'avoir tout perdu. Mon espérance est morte encore verte, et de mort violente ; mais je ne suis plus assez jeune pour croire qu'elle puisse renaître. Cet effort est le dernier que mes forces morales m'ont permis. Je m'étais créé une famille, une maison, une patrie ; j'avais rassemblé, sur un coin de terre, les deux seuls êtres qui me fussent chers, elle et toi. Dieu m'avait béni en me donnant des enfants. Cela eût pu durer cinq à six ans ! Notre vallée était si belle ! je prenais tant de soin pour rendre ma femme heureuse, et elle semblait m'aimer si passionnément ! Mais un homme est venu et a tout détruit ; son souffle a empoisonné le lait qui nourrissait mes enfants. Oui ! j'en suis sûr, c'est son premier baiser sur les lèvres de Fernande qui les a tués, comme c'est son premier regard sur elle qui a tué son amour pour moi.

Je suis peut-être injuste et fou de m'en prendre à lui ; peut-être en eût-elle aimé un autre si celui-là ne fût pas

28

venu ; peut-être ne m'a-t-elle jamais aimé. Elle sentait le
besoin d'abandonner son cœur, et elle me l'a confié sans
discernement ; elle a pris pour une passion durable ce
qui n'était qu'un caprice d'enfant ou un sentiment d'a-
mitié filiale qui se trompait faute de savoir ce que c'est
que l'amour. Avec moi, elle souffrait sans cesse, elle était
mécontente de tout ; je ne réussissais jamais à produire
l'effet que je voulais sur son esprit, et elle attribuait à
mes moindres actions des motifs tout opposés à la réalité ;
ou nous ne nous comprenions pas, ou nous nous comprenions trop. Durant notre voyage en Touraine , alors
qu'elle essayait un sacrifice au-dessus de ses forces, et
que le dérangement de son être démentait sa volonté, il
lui est arrivé de me dire plusieurs fois, dans un accès de
colère nerveuse insurmontable, qu'elle avait toujours
senti que nous n'étions pas faits l'un pour l'autre. Elle
m'a accusé de l'avoir senti aussi, et de l'avoir épousée
malgré cela ; elle m'a rappelé mille circonstances légères
qu'elle me présentait comme des preuves. Il est vrai
qu'elle rétractait le lendemain ces paroles, qu'elle disait
échappées à son délire ; et je feignais de les avoir oubliées ;
mais elles s'étaient enfoncées dans mon cœur comme des
poignards, et depuis j'en ai mis souvent le souvenir sur
mes plaies pour les cautériser.

Hélas ! faut-il renoncer ainsi au passé ? elle aurait dû
au moins me le laisser ; je me serais nourri d'une douleur moins amère. Mais à présent il faut que tout soit détruit et gâté, même le souvenir du bonheur perdu ! Si
elle m'a aimé, elle m'a aimé moins longtemps et moins
fortement que lui ; car elle s'est éprise de lui dès le premier jour, il ne faut plus en douter. Elle s'est trompée
elle-même pendant six ou huit mois ; son âge est si riche
en illusions ! elle croyait m'aimer encore ; mais moi je
voyais bien où elle en était, Elle s'est trouvée surprise

tout à coup par un amour nouveau avant de savoir que l'autre était anéanti.

Ma douleur se calmera, je n'en doute pas ; je la laisse s'exhaler, je ne cherche point à la combattre, je ne rougis pas de crier comme une femme quand mes accès me prennent. Je sais que j'en viendrai à être tranquille et résigné ; je ne suis pas impatient de ce moment-là, il sera plus affreux encore que le présent. J'aurai accepté ma sentence ; je verrai mon malheur distinctement, et je le sentirai par tous les pores ; je n'aurai plus rien de jeune dans le cœur, le regret lui-même s'éteindra. L'orgueil humain ne veut pas lutter contre une espérance perdue, contre un amour qui se retire ; il prend son parti, et, en quelques jours, l'homme devient un vieillard. J'aime encore Fernande, parce qu'un amour comme le mien ne peut pas finir sans convulsions et sans une rude agonie ; mais je sens que bientôt je ne pourrai plus l'aimer, et mon sort sera pire.

Si Dieu faisait un miracle en ma faveur, s'il me conservait mon fils, je vivrais, non avec une joie, mais avec un devoir, et je m'occuperais à le remplir. Mais ce pauvre enfant ne fait qu'essayer une existence languissante et prolonger mes tristes jours sans faire rétracter l'arrêt qui a mesuré impitoyablement les siens. Il faut que je l'attende, ce pauvre insecte qui se traîne lentement vers la mort, et sans lequel je ne veux point partir. Je me souviens que je te disais une fois : « Que peut-il arriver de pire à un honnête homme ? D'être forcé de mourir, voilà tout. » Aujourd'hui, je vois qu'il y a quelque chose de pis : c'est d'être forcé de vivre.

XC.

DE SYLVIA A JACQUES.

Jacques ! reviens, Fernande a besoin de toi ; elle est
malade de nouveau parce qu'elle vient d'éprouver une
grande douleur. Rien ne peut la calmer. Elle t'appelle
avec angoisse, elle dit que tous les maux qui lui arrivent
viennent de ton abandon ; que tu étais sa providence, et
que tu l'as quittée. Elle s'effraie de ta longue absence, et
dit qu'il faut que tu sois informé de tout pour avoir pris
ainsi en horreur ta famille et ta maison. Elle craint que
tu ne la haïsses, et la douleur que cette idée lui cause
résiste à toutes nos consolations ; elle veut mourir, parce
que, dit-elle, il n'est pas un instant de repos et d'espoir
sur la terre pour quiconque a possédé ton affection et l'a
perdue. Prends courage, Jacques, et viens souffrir ici !
Tu es encore nécessaire ; que cette idée te donne de la
force ! Il y a autour de toi des êtres qui ont besoin de toi.
Et puis ta vie n'est pas finie. N'y a-t-il donc rien autre
chose que l'amour ? L'amitié que Fernande a pour toi est
plus forte que l'amour que lui inspire Octave. Tous ses soins
et tout son dévouement, qui s'est vraiment soutenu au
delà de mon espérance, échouent auprès d'elle quand il
s'agit de toi. Peut-il en être autrement ? Peut-elle vénérer un autre homme comme toi ? Reviens vivre parmi
nous. Me comptes-tu pour rien dans ta vie ? ne t'ai-je
pas bien aimé ? t'ai-je jamais fait du mal ? ne sais-tu pas
que tu es ma première et presque ma seule affection ?
Surmonte l'horreur que t'inspire Octave, ce sera l'affaire
d'un jour. J'ai souffert aussi pour m'habituer à le voir à
ta place : mais laisse-la-lui et prends-en une meilleure ;
sois l'ami et le père, le consolateur et l'appui de la famille. N'es-tu pas au-dessus d'une vaine et grossière ja-

lousie? Reprends le cœur de ta femme, laisse le reste à
ce jeune homme! L'imagination et les sens de Fernande
ont peut-être besoin d'un amour moins élevé que celui
que tu veux lui inspirer. Tu t'es résigné à ce sacrifice,
résigne-toi à en être le témoin, et que la générosité fasse
taire l'amour-propre. Est-ce quelques caresses de plus ou
de moins qui entretiennent ou détruisent une affection
aussi sainte que la vôtre? Cette jalousie d'enfant n'est pas
digne de ta grande âme, et tu as au front bien des cheveux blancs qui te donnent le droit d'être le père de ta
femme sans avilir la dignité de ton rôle de mari. Tu ne
peux pas douter de la délicatesse avec laquelle Fernande
évitera tout ce qui pourrait te blesser. Octave lui-même
te deviendra supportable; c'est un assez noble caractère,
et depuis ces trois mois, si difficiles pour nous tous, j'ai
découvert en lui des vertus sur lesquelles je ne comptais
pas. Il tomberait à tes pieds si tu t'expliquais à lui, s'il
te comprenait et s'il savait ce que tu es. Reviens donc
essuyer les larmes de Fernande, car toi seul pourras
rendre un peu de courage et de calme à son cœur. Elle
est encore frappée d'un de ces malheurs pour lesquels
l'amour n'a point de consolation; toi seul aurais le droit
de lui en offrir, parce que tu es de moitié dans son infortune. Tu comprends ce qui est arrivé? Je t'attends!

XCI.

DE JACQUES A SYLVIA.

Genève.

J'irai; mais je veux que tu l'avertisses de mon arrivée
quelques jours d'avance : je ne veux surprendre personne.
Il me serait horrible de trouver sur le visage de Fernande
une expression d'embarras ou d'effroi. Dis-lui qu'elle se

contraigne, s'il le faut, pour ne me laisser rien apercevoir de ce qui se passe ; fais-lui croire toujours que je suis sans soupçon, et persuade-lui de m'entretenir soigneusement dans cette confiance. Non, je ne me sens pas assez fort pour être témoin de leurs amours ; je ne suis pas un philosophe stoïcien, et une âme de feu brûle encore mon front sous mes cheveux blancs. Ce que tu fais maintenant est bien cruel, Sylvia ; j'étais presque enseveli, et tu me rappelles au monde des vivants pour souffrir quelques jours de plus, et m'assurer de nouveau de la nécessité de le quitter pour jamais. Soit, Fernande souffre ; elle a besoin de moi, dis-tu : j'en doute ; mais je sens que je ne mourrais pas tranquille si j'avais négligé d'adoucir une de ses peines. C'est la dernière qui l'atteindra, elle n'aura plus rien à perdre : privée de ses enfants et délivrée de son mari, elle pourra se livrer à son amour sans partage et sans crainte. Cette intimité que tu crois encore possible entre nous est un rêve romanesque ; quand même j'oublierais mes ressentiments, pourraient-ils oublier le mal qu'ils m'ont fait ? La vue d'un homme qu'on a rendu malheureux est insupportable : c'est comme le cadavre de l'ennemi qu'on a tué.

J'arriverai deux jours après cette lettre. Je vais donc revoir cette maison funeste ! Je comprends ce qui est arrivé : mon fils est mort.

XCII.

D'OCTAVE A FERNANDE.

Lyon.

Je me suis soumis à ton ordre, et je pense encore que j'ai dû le faire ; mais je n'irai pas plus loin : dix lieues suffisent bien pour mettre le silence et la paix entre lui

et moi. De quoi donc as-tu peur pour moi? Crois-tu donc
que Jacques songe à tirer vengeance de mon bonheur?
Il est trop généreux ou trop sage pour cela. J'ai consenti
à m'éloigner parce que ma présence lui serait désagréable; la sienne me ferait moins souffrir qu'il ne pense. Je
ne saurais m'imputer des torts réels envers lui : il pouvait m'empêcher d'en avoir, il avait pour lui le droit et la
force. Je n'ai pas commis un vol en profitant du bien qu'il
me laissait. Est-on coupable parce qu'on lutte avec des
êtres indifférents au dommage qu'on leur fait, ou trop
magnifiques pour daigner s'en apercevoir? Si Jacques est
sublime en ceci, comme tu le crois, raison de plus pour
que je le voie avec plaisir, et pour que je lui donne la plus
franche poignée de main que j'aie donnée de ma vie. Je
ne conçois rien à ces subtilités de sentiment : idées fausses
dont tu t'entoures pour te torturer, comme si tu n'étais
pas déjà assez malheureuse, ma pauvre enfant! Pleure
les pertes cruelles dont le sort t'afflige ; je les pleure avec
toi, et rien ne me consolera jamais de la mort de ta fille,
pas même... ô ma Fernande! pas même cet événement
que tu ajoutes à la somme de tes douleurs, et que je con-
sidère comme un bienfait du ciel, comme un acte de réconciliation entre lui et moi. Laisse mon cœur bondir de
joie à cette idée ; laisse-moi faire mille rêves, mille projets
délicieux. Elle s'appellera Blanche comme celle qui est
morte, car ce sera une fille aussi; elle aura le joli regard
et les cheveux blonds de ce petit ange qui te ressemblait
tant. Tu verras qu'elle sera toute pareille; aussi belle,
aussi caressante, aussi capricieuse et plus forte ; car les
enfants de l'amour ne meurent jamais : Dieu les doue de
plus d'avenir et de vigueur que ceux du mariage, parce
qu'il sait qu'il leur faut plus de force pour résister aux
maux d'une vie où on les accueille mal; veux-tu donc
que cela soit vrai pour ton enfant? Pleureras-tu sur lui,

au lieu de l'embrasser le jour où il viendra au monde ?
Ah ! si tu le reçois avec douleur, si tu le repousses, si tu
refuses de l'aimer, parce qu'il n'aura pas Jacques pour
père, laisse-le-moi et que la Providence l'abandonne : je
m'en charge ; je le recevrai dans mon sein, je le nourrirai
moi-même avec du lait de biche et des fruits, comme les
solitaires des vieilles chroniques que nous lisions l'autre
jour ensemble. Il reposera à mes côtés, il s'endormira au
son de ma flûte ; il sera élevé par moi, il aura les talents
que tu aimes et les vertus que tu auras besoin de trouver
en lui pour être heureuse ; et quand il sera en âge de
garder son secret et le nôtre, il ira t'embrasser ; il te
dira : « Je m'appelle Octave, et je n'ai pas besoin d'un
autre nom : celui de votre mari me serait moins cher, et
ne me servirait à rien. Je vous respecte et vous estime ;
vous n'avez pas assuré mon existence sociale par un
mensonge, vous ne m'avez pas donné pour maître un
homme auquel je ne suis rien ; c'est mon père qui m'a
élevé et qui m'a appris à me passer de richesse et de protection. Je n'ai besoin que de tendresse, donnez-moi la
vôtre ; je ne vous appellerai jamais ma mère ; mais un
baiser de vous en secret sur mon front me fera connaître
toutes les joies de l'amour filial. » Dis-moi, quand il te
parlera ainsi, le repousseras-tu ? seras-tu fâchée d'avoir
cet ami de plus ? Toute la peine qu'il te causera consiste à
cacher son existence à ton mari. Pour le présent et pour
l'avenir, cela me semble une chose si aisée, que je ne
conçois pas comment tu t'en inquiètes. Souffriras-tu de
ne pouvoir avouer et produire ton enfant ? Mais songe que
Jacques a le double de ton âge, ma chère Fernande ; tu
ne peux pas te dissimuler que tu ne doives lui survivre
de beaucoup, et qu'un temps viendra, dans l'ordre de la
nature, où tu seras libre. Avant même cette époque pré-
sumable, que d'accidents, que de hasards peuvent nous

permettre d'être époux ! Crois-tu que dans dix ans,
comme aujourd'hui, comme dans vingt, je ne serai pas
toujours à tes pieds, et que mon plus grand bonheur ne
sera pas de dire à la société : Cette femme est à moi ; je
l'ai conquise par mes prières, par mon obstination, par
mes fautes, par mon amour ; et si j'ai entaché sa réputation, du moins je ne l'ai pas abandonnée comme font les
autres. Je suis resté près d'elle ; j'ai laissé ma vie couler
tout entière au gré de ce mari, qui certes savait se battre,
et qui pouvait à tout instant venir m'égorger dans les bras
de sa femme. Je suis resté là pour satisfaire au ressentiment de l'un, ou pour protéger l'autre en cas de besoin ;
j'ai consacré tous mes instants à celle qui s'était un jour
sacrifiée à moi. J'ai commencé par l'obtenir à force de
persécutions ; mais j'ai fini par la mériter à force de tendresse ; à présent, elle m'appartient légitimement. Que
les hommes ratifient cette union qu'ils ont en vain com-
battue !

Tu sais bien, Fernande, que cela est sûr, quant à moi ;
la Providence peut faire le reste, et elle le fera, n'en doute
pas. Notre destinée était de nous rencontrer, de nous
comprendre et de nous aimer. Le hasard finit par se soumettre à l'amour ; la force attractive surmonte tous les
obstacles, et l'aimant va embrasser le fer dans les entrailles de la terre, en dépit du roc qui les sépare. Pauvre
femme tremblante, jette-toi donc dans mes bras, je te
protégerai contre l'univers entier ! Pauvre mère désolée,
essuie tes larmes ; les enfants que nous aurons ensemble
ne mourront pas !

Reviens à l'espérance ; souviens-toi des beaux jours que
nous avons eus au milieu de tes plus grandes anxiétés ;
souviens-toi des miracles que fait l'amour. Quand nous
sommes dans les bras l'un de l'autre, ne sommes-nous
pas perdus dans un monde de délices, où les cris et les

plaintes de la terre n'arrivent pas? Sois sûre d'ailleurs
que tu ne fais pas à ton mari tout le mal que tu penses :
c'est un homme trop supérieur pour se laisser affecter
des insultes de la sottise ; il sait qu'elles ne peuvent l'atteindre, et il ne croit certainement pas que nous nous
fassions un jeu de l'y exposer. Il sait peut-être que nous
nous aimons, ou au moins il s'en doute ; et ne vois-tu pas
que cela ne lui cause aucune colère? C'est un homme
calme et raisonneur ; de plus, c'est un homme excellent :
s'il savait tes anxiétés, il t'en consolerait, il te rassure-
rait sur tes craintes, et je gage bien qu'il le fera quelque
jour. Encore deux ou trois ans, et il sera vieux, et l'a-
mour-propre de l'amant délaissé fera place à la générosité
de l'ami consolé. A présent, il voyage et se tient éloigné,
parce que notre position à tous est difficile, et notre con-
tenance désagréable en présence l'un de l'autre. Le temps
effacera ces répugnances plus vite peut-être que nous ne
l'espérons : l'avenir semble placé au delà de notre atteinte ; mais le temps travaille avec une rapidité dont on
s'étonne quand on voit son œuvre accomplie. Abandonne-
toi donc à l'amour : il sera toujours le maître ; ta résistance ne sert qu'à diminuer les joies qu'il te donne. Oh !
elles sont si belles et si enivrantes ! Respecte-les comme
les dons sacrés du ciel ; travaille à les préserver des injures du sort, qui est stupide et aveugle, et qu'il faut
gouverner avec force et courage, loin de l'accepter tel
qu'il est. Ne crains pas que Jacques te les reproche ; s'il
savait comme notre amour est irrésistible et notre bonheur immense, il nous permettrait d'en jouir. Réponds-
moi vite ; dis-moi si Jacques doit rester longtemps. J'ai
toute la vie, j'espère, à passer avec toi, et pourtant je ne
pourrais me soumettre sans douleur à perdre une semaine. Tu sais que si Jacques, d'accord avec toi, l'exigeait, je pourrais me soumettre à un long exil ; mais à

présent il lui semblerait peut-être que je le fuis ; s'il me demandait, dis-lui que je suis à Lyon ; surtout donne-moi de tes nouvelles, et soigne ce que j'ai de plus cher au monde.

XCIII.

DE FERNANDE A OCTAVE.

Jacques part bientôt ; mais il veut te voir auparavant. Tu as raison, Octave, c'est un homme excellent : il est impossible d'avoir plus de générosité, de douceur, de délicatesse et de raison. Je vois bien qu'il sait tout. J'étais au moment de lui tout avouer, tant je souffrais de ce que je prenais pour un excès de confiance et d'estime ; mais, dès les premiers mots, il m'a fait entendre qu'il ne voulait pas en savoir davantage, et il m'a témoigné une amitié si vraie, une indulgence si grande, que je suis pénétrée d'attendrissement et de reconnaissance. Tu avais bien jugé ses intentions, et notre position à tous, mon cher Octave. Il a fait de sérieuses réflexions sur la différence de nos âges, et il a certainement vaincu le reste d'amour qu'il avait pour moi ; car il m'a parlé absolument dans le sens de ta lettre. Il m'a dit que *certains propos* l'obligeaient à se tenir éloigné de nous, afin que le monde ne crût pas qu'il donnait les mains à notre amour. « Et que penses-tu de cet amour ? lui ai-je dit ; crois-tu que ce soit une calomnie ? » J'étais tremblante et prête à embrasser ses genoux. Il a fait semblant de ne pas s'en apercevoir, et il m'a répondu : « Je suis bien sûr que c'est une calomnie. » Mais j'ai vu qu'il savait à quoi s'en tenir, et sa tranquillité a dégagé mon cœur d'un poids énorme. Jacques est bon et affectueux ; mais il raisonne. Il n'est plus jeune : il sait que je suis excusable, et, comme tu le dis, sa générosité naturelle est secondée par la sagesse de ses

réflexions. Il m'a fait espérer qu'il reviendrait tous les
ans passer quelques semaines près de nous, et que, dans
quelques années, il ne nous quitterait plus.

Ta lettre m'aurait décidée à garder le secret sur ma
grossesse, quand même Jacques ne m'aurait pas aidée
à me taire sur tout le reste. Je me fie et je m'abandonne
à toi. Tu savais bien que jamais je n'aurais l'impudence
de profiter de la loi qui forcerait Jacques à donner son
nom et ses biens à l'enfant de nos amours, encore moins
aurais-je eu la bassesse d'aller revendiquer ses caresses
pour le tromper sur la légitimité de cet enfant ; tu m'aurais tuée plutôt que de le permettre, n'est-ce pas ? Et
tu le recueilleras, tu le cacheras, tu le soigneras, cet
enfant bien-aimé ! Nous le confierons à quelque honnête
paysanne, bien propre et bien fidèle, qui le nourrira, et
nous irons le voir tous les jours. Ah ! quel que soit mon
sort, et dans quelque circonstance qu'il vienne au monde,
sois sûr que je le chérirai autant que ceux qui ne sont
plus, et davantage peut-être, à cause de ce que j'ai souffert en les perdant ! Si quelque jour Jacques découvre
la naissance de celui-là, il ne le haïra pas, il ne le persé-
cutera pas. Qui sait jusqu'où ira sa bonté ? Il est capable
de tout ce qui est étrange et sublime... Mais combien je
suis heureuse que sa générosité aujourd'hui ne lui coûte
pas autant que je le croyais ! Je n'aurais jamais pu me
tranquilliser et t'aimer sans tourments et sans remords,
si j'avais vu qu'il fallait briser le noble cœur de Jacques.
Heureusement il n'est plus dans l'âge des passions brûlantes ; et d'ailleurs il me l'avait toujours dit, et il savait
bien ce qu'il disait alors : « Quand tu ne me permettras
plus d'être ton amant, je deviendrai ton père. » Il a tenu
parole. O mon cher Octave ! nous ne passerons jamais
une nuit ensemble sans nous agenouiller et sans prier
pour Jacques.

Et toi ! que tu es bon, et comme tu sais aimer ! Oh ! je n'ai jamais aimé que toi ! J'ai cru avoir de l'amour pour Jacques ; mais ce n'était qu'une sainte amitié, car cela ne ressemblait en rien à ce que j'éprouve pour toi. Quels transports que les tiens, et comme tu es sans cesse occupé de moi ! Quelle sollicitude ! quel dévouement ! tu n'es pas mon mari, et tu me consacres ta vie ; mes larmes et mes faiblesses ne te rebutent pas, tu ne me reproches aucun de mes défauts. Jacques non plus ! Il est bien bon aussi ; mais il n'est pas mon égal, mon camarade, mon frère et mon amant comme toi. Il n'est pas enfant comme nous, et puis il y a dans sa vie autre chose que l'amour. La solitude, les voyages, l'étude, la réflexion, il aime tout cela ; et nous, nous n'aimons que nous. Aimons-le aussi, cet ami si parfait ; viens le voir. Il désire, m'a-t-il dit, te donner une poignée de main avant de repartir. Je lui ai demandé avec un peu d'inquiétude s'il avait quelque chose à te dire. « Non, m'a-t-il répondu ; mais pourquoi s'éloigne-t-il quand j'arrive ? quelle raison a-t-il de me fuir ? » J'ai dit que tu avais été voir Herbert, qui venait de Paris, et qui passait par Lyon pour retourner en Suisse. « Écris-lui bien vite de venir, m'a-t-il dit, et si Herbert est encore à Lyon, qu'il l'amène ; nous passerons encore une bonne journée tous ensemble comme autrefois, cela te fera du bien. » Brave Jacques !

P. S. J'ai eu ce matin une étrange frayeur pour une circonstance bien misérable. J'avais laissé ta lettre ouverte sur le bureau de mon cabinet, sans fermer la porte à clef. Jacques n'a jamais songé de sa vie à jeter les yeux sur mes papiers. Il est, à cet égard, d'une discrétion si religieuse, que je n'ai pas pris l'habitude de la prudence. Je fis cette réflexion, je ne sais comment, en me promenant dans le parc avec Sylvia. Je me demandai tout à coup où pouvait être Jacques, et la pensée qu'il devait être dans mon cabinet me troubla tellement, que je quittai le parc et courus vers la maison. Je montai sans rencontrer Jacques, et j'entrai dans mon appartement. Il n'y avait personne, et rien n'était dérangé sur mon bureau. Rassurée, mais encore tremblante, je m'assis et pris cette lettre pour la plier et la serrer. Je trouvai sur les dernières lignes une goutte d'eau toute fraîche. Je m'imaginai que c'était une larme, je faillis m'évanouir d'émotion et de terreur. Cependant je repris courage en voyant d'autres gouttes d'eau sur les papiers voisins, tombés d'un bouquet de roses tout humides de pluie que j'avais mis dans un vase à côté de ces papiers. Mais alors, vois ma puérilité et l'état de faiblesse imbécile où le chagrin et l'inquiétude ont réduit ma pauvre tête! je m'imaginai que la goutte d'eau de la lettre était chaude, et que les autres étaient froides. Je te vois d'ici rire de cette folie; le fait est qu'elle s'empara si bien de moi que je poussai un cri. J'entendis la voix de Jacques qui m'appelait du salon, pour me demander ce que j'avais, et il monta précipitamment, d'un air effrayé, croyant que j'avais une attaque de nerfs. Je t'avoue que peu s'en fallait. Pourtant la physionomie de Jacques me rassura, et il acheva de me rendre la vie en me disant qu'il voulait que tu vinsses le voir, et toutes les autres choses que je t'ai déjà racontées. Je vis bien que la frayeur que je venais d'éprouver était l'ouvrage d'une imagination malade. Ne suis-je pas tombée dans un état bien ridicule? Reviens! un baiser de toi me fera plus de bien que tout le reste; et quand je verrai ta main dans celle de Jacques, je serai tout à fait tranquille.

XCIV.

DE JACQUES A SYLVIA.

Genève.

Ma chère bien-aimée, j'ai fait le voyage jusqu'ici avec Herbert. Tu t'es imaginé que je le quitterais à Lyon; pas du tout. Sa société ne m'a fait nullement souffrir; nous avons constamment parlé de toi. Tu dois t'être aperçue qu'il est amoureux de toi. Je l'ai examiné et questionné de manière à le bien connaître. C'est un digne garçon, simple, loyal, obligeant, sincère. Il a une jolie fortune, une habitation agréable dans le pays que tu aimes, et ses occupations le préservent de l'esprit de tracasserie qui est particulier aux hommes rangés. Il m'a prié de te pré-senter sa demande en mariage, et je te conseille de l'accepter; non pas à présent, je comprends que tu n'es pas disposée à t'occuper de cela, mais plus tard. Tu ne seras jamais heureuse par l'amour, Sylvia. Tu pourras chercher longtemps un être digne de toi, et, si tu le trouves, tu auras le même sort que moi, il sera trop tard; tu seras trop vieille de cœur pour te faire aimer long-temps. Il y a un désaccord trop complet d'ailleurs entre notre manière de sentir et celle de tous les autres hommes, pour que nous puissions jamais trouver notre semblable en ce monde. Il n'y a pourtant qu'une chose dans la vie, c'est l'amour. Mais l'amour, dans le cœur des femmes surtout, peut être de deux sortes, l'amour d'un homme et l'amour maternel. J'aurais vécu pour mes enfants, tout infortuné que je suis. Ils sont morts! C'est un accident qui me tue. Mais tu pourras élever les tiens, et, à l'abri de tous les maux qui m'accablent, être heureuse par eux. A la manière dont tu chérissais et dont tu soignais

les miens, il était facile de voir que tu serais une mère
sublime. Deviens-le donc, épouse Herbert. Il suffira que
tu aies pour lui de l'estime et de l'amitié. Il en est digne.
C'est une de ces belles natures calmes qui ne connaissent
ni le transport des passions, ni leurs funestes souffrances. Il ne te demandera pas plus d'affection que tu
ne seras disposée à lui en accorder, et, quand tu le con-
naîtras, tu ne lui en accorderas pas moins qu'il n'en
mérite. Vous aurez une vie tranquille et patriarcale. Tu
es une véritable Ruth, active, courageuse et dévouée
comme la femme forte des beaux temps bibliques ; tu
feras de tes rêves irréalisés et de tes vains désirs un saint
holocauste, et tu répartiras sur tes fils l'amour que tu
n'as pu donner à un homme. Ne m'ôte pas cette espérance, et laisse-moi l'emporter dans la tombe. Elle m'est
venue l'autre jour, comme nous dînions au rendez-vous
de chasse. Je m'étais levé un instant ; je revins, et je
contemplai ces deux couples assis sur l'herbe, Octave et
Fernande, Herbert et toi ; Herbert suivait tes moindres
mouvements avec sollicitude ; il épiait tous tes regards
pour trouver l'occasion de te rendre un petit service et
de t'entendre lui dire : *Merci, Herbert.* Les deux autres
amants étaient radieux de bonheur, et je leur rends justice avec joie, ils me comblèrent tout le jour d'amitiés et
de caresses délicates. Un calme divin est descendu un
instant dans mon cœur en voyant que vous étiez tous
heureux ou du moins que vous pouviez l'être. Oh ! quelle
étrange et solennelle journée ! c'étaient là des adieux
éternels entre vous et moi ! Qui l'eût dit ? Il y avait des
instants où je l'oubliais moi-même, et où je me reportais
à notre ancien bonheur, au point de croire que tout ce
qui s'est passé depuis était un rêve. Le temps était si
beau, l'herbe si verte, les oiseaux chantaient si bien,
Fernande était si jolie avec ces pâles roses qui renaissent

d'elles-mêmes sur son visage après quelques jours de
souffrance! Je dormis un quart d'heure sur le gazon
avant le dîner, et, quand je m'éveillai, elle était près de
moi et chassait les insectes de mon front avec son bouquet de fleurs sauvages; Octave chantait un duo avec
Herbert; tu préparais les fruits pour le dessert, et mes
chiens dormaient à mes pieds. C'était un tableau de
bonheur rustique si frais et si paisible, que je le contemplai quelque temps sans me rappeler la nécessité de
mourir. Mais quand cette idée revint au milieu de tout
cela...!

Je suis très-calme, mais je souffre encore beaucoup;
je te l'ai déjà dit cent fois, tu t'obstines à faire de moi
un héros et tu m'invites à vivre comme si j'en avais la
force. Souviens-toi donc que j'aimais encore il y a peu
de jours, et que je serais furieux si je n'étais anéanti.
D'ailleurs tu n'as pas lu ces deux lettres d'Octave et de
Fernande! Je les ai lues, et c'est mon arrêt de mort. J'ai
vu combien, malgré leur estime et leur amitié pour moi,
ma vie leur est à charge. Amants ingénus! ils désirent
naïvement que je meure, et se le disent sans s'en apercevoir. Ils ont des raisons bien légitimes pour cela, des
raisons que je respecte, mais qui ont mis de la glace dans
mon sang. Fernande n'est plus ma femme, c'est celle
d'Octave, c'est un être qui ne fait plus partie de moi, et
que je ne pourrais plus presser dans mes bras quand
même elle viendrait s'y jeter sincèrement. Elle est vraiment ma fille à présent, et toute autre pensée ressem-
blerait pour moi à celle d'un inceste. Ne me dis donc
plus qu'elle peut revenir à moi, et que je peux oublier
tout; elle est la mère des enfants d'Octave. Je ne la hais
ni ne la méprise pour cela; mais cela rend nécessaire
notre éternelle séparation.

C'est la main de Dieu qui a mis cette lettre sous mes

yeux. J'allais peut-être me perdre et m'avilir ; j'allais accepter le rôle faux et impossible que tu avais rêvé pour moi. Ébranlé par ton éloquence romanesque, touché des pleurs de Fernande et de ses humbles prières, j'allais lui promettre de passer le reste de mes jours entre elle et son amant. J'étais à chaque instant près de lui dire : « Je sais tout, et je pardonne à tous deux ; sois ma fille et qu'Octave soit mon fils ; laissez-moi vieillir entre vous deux, et que la présence d'un ami malheureux, accueilli et consolé par vous, appelle sur vos amours la bénédiction du ciel. » Ce rayon d'espérance, cette illusion de quelques heures, qui est venue briller sur mon dernier jour avant de m'abandonner à l'éternelle nuit, n'est-ce pas un raffinement de souffrance ? Entrevoir un coin du ciel quand on est condamné à descendre vivant dans la tombe ! N'importe, je suis bien aise d'avoir fait toutes les réflexions et tous les efforts possibles pour me rattacher à la vie ; je mourrai sans regret. Le destin m'a fait entrer dans la chambre où était écrite cette sentence. J'allais y chercher de l'encre et du papier pour écrire à Octave de revenir ; en me penchant sur la table, je vis son écriture, et mes yeux rencontrèrent cette phrase terrible qui s'attachait à ma prunelle comme du feu : *Les enfants que nous aurons ensemble ne mourront pas.* Je voulus savoir mon sort ; je sentis que les considérations ordinaires de la délicatesse devaient se taire devant l'oracle du destin ; et d'ailleurs, incapable comme je le suis de nuire à Fernande, je pouvais, sans scrupule, violer ses secrets. Sans cela, je me trompais de route, et j'entrais dans une nouvelle série de maux qui m'auraient également conduit où je vais, mais moins courageux et moins pur que je ne le suis aujourd'hui. Oui ! j'ai bien fait de lire ; tu as vu ma conduite aussitôt après cela. Mon parti a été pris bien vite, et j'ai eu dès ce moment la sérénité du désespoir dans l'âme et sur le visage.

Il a raison, leurs enfants ne mourront pas ; la nature bénit et caresse celui qui est aimé, le froid de la mort s'étend sur celui qui ne l'est plus. Tout l'abandonne, et les plantes mêmes se dessèchent sous la main du maudit ; la vie s'éloigne de lui, et le cercueil s'ouvre pour le recevoir, lui et les premiers-nés de son amour ; l'air qu'il respire est empoisonné, et les hommes le fuient : Ce malheureux, disent-ils, ne mourra donc jamais !

Cette lettre m'a dicté mon devoir, j'ai vu ce qu'il fallait dire à Fernande pour la consoler et la guérir ; il le sait, lui, il la connaît mieux que moi maintenant. J'ai réalisé tout ce qu'il lui promettait de ma part ; je me suis conformé au caractère qu'il me suppose, et j'ai vu qu'en effet tout ce qu'elle désirait, c'était d'être délivrée de mon amour. Dès que je lui ai dit qu'il était éteint, je l'ai vue renaître, et ses yeux semblaient me dire : « Je puis donc aimer Octave à mon aise ! »

Qu'elle l'aime donc ! Un homme moins malheureux que moi eût peut-être trouvé l'occasion de se sacrifier pour l'objet de son amour et d'en être récompensé à sa dernière heure par les bénédictions des heureux qu'il eût faits ; mais mon sort est tel qu'il faut que je me cache pour mourir. Mon suicide aurait l'air d'un reproche ; il empoisonnerait l'avenir que je leur laisse ; il le rendrait peut-être impossible ; car, après tout, Fernande est un ange de bonté, et son cœur, sensible aux moindres atteintes, pourrait se briser sous le poids d'un remords semblable. D'ailleurs le monde la maudirait, et, après m'avoir poursuivi de ses féroces railleries pendant ma vie, il poursuivrait ma veuve de ses aveugles malédictions après ma mort. Je sais comment les choses se passent ; un coup de pistolet dans la tête fait tout à coup un héros ou un saint de celui qu'on méprisait ou qu'on détestait la veille. J'ai horreur de cette ridicule apothéose ; je dédaigne trop les hommes au milieu desquels j'ai vécu pour les appeler à mon agonie comme à un spectacle ; nul ne saura pourquoi je meurs ; je ne veux pas qu'on accuse ceux qui me survivent, et je ne veux pas qu'on fasse grâce à ma mémoire.

J'ai voulu voir Octave avant de partir, et m'assurer par mes yeux que je pouvais lui léguer sans inquiétude ce que j'ai eu de plus cher au monde. C'est un homme d'un étrange égoïsme, mais il sait faire une vertu de ce vice, et sa hardiesse me plaît. J'espère qu'il la rendra heureuse. Il m'a embrassé avec effusion quand je suis parti, et elle aussi. Ils étaient bien contents !

XCV.

DE SYLVIA A JACQUES.

A présent je ne me flatte plus, et ton désespoir est passé dans mon âme ; mais le tien est auguste et résigné, et le mien est sombre et amer. C'en est donc fait, ton parti est pris ! O Dieu ! ô Dieu ! un homme comme Jacques va se tuer, et vous ne ferez pas un miracle pour l'en empêcher ! Vous allez laisser tomber cette vie sainte et sublime dans le gouffre de l'éternité, comme un grain de sable dans l'Océan ; elle s'en ira pêle-mêle avec celles des méchants et des lâches, et la création tout entière ne se révoltera pas contre vous pour refuser son sacrifice ! Ton malheur fera de moi un athée à mon dernier soupir, ô Jacques !

Tu me parles d'avenir, de bonheur, de mariage, de maternité ! Mais tu ne sais donc pas... non, tu ne connais pas mon amitié, si tu t'imagines que je puisse te survivre. Quand ce ne serait que par indignation, je hais la

vie désormais, je la hais encore plus que tu ne fais ; car
tu acceptes ton sort, et moi je me révolte contre le ciel
et contre les hommes qui l'ont fait ce qu'il est. Je hais
Octave, et je ne puis regarder ma sœur en face ; je la
fuis, tant j'ai peur de la haïr aussi. Voilà comme elle t'a
compris, la femme que tu aimais ! et voilà l'homme
qu'elle t'a préféré ! Oui, ils sont faits l'un pour l'autre,
ils ont raison ; qu'ils s'aiment et qu'ils dorment sur ton
cercueil : ce sera leur couche nuptiale.

Mais pourquoi faut-il que tu meures ! Du moment
qu'ils le désirent, n'es-tu pas affranchi de tout devoir
envers eux ? Parce qu'ils ont une pensée criminelle, tu
t'offres à Dieu comme une victime d'expiation pour leur
forfait ! Que deviendra donc dans le cœur des hommes
l'amour de la justice et la foi à la Providence, si les premiers d'entre eux se condamnent et s'immolent ainsi pour
laver les fautes des derniers ? Ne peux-tu abandonner
pour jamais cette maudite Europe où tous tes maux ont
pris racine, et chercher quelque terre vierge de tes
larmes, où tu pourras recommencer une vie nouvelle ?
Est-il bien vrai que tu n'as plus rien dans le cœur, pas
même de l'amitié pour moi, qui te suivrais au bout du
monde ? Ah ! cette amitié qui remplissait toute mon âme,
et qui étouffait à chaque instant l'amour que j'aurais pu
concevoir pour d'autres hommes, ne t'a jamais suffi ; tu
venais te reposer et te consoler près de moi, mais tu
retournais bien vite à cette vie de passions orageuses
qui a fini par te briser. A présent que tes passions sont
mortes, ne peux-tu vivre doucement, et vieillir avec ta
sœur sous quelque beau ciel, dans une des solitudes en-
chantées du Nouveau-Monde ? Viens, partons, oublions
ce que nous avons souffert : toi, pour aimer trop, et moi,
pour ne pouvoir pas aimer assez. Nous adopterons, si tu
veux, quelque orphelin ; nous nous imaginerons que c'est

notre enfant, et nous l'élèverons dans nos principes.
Nous en élèverons deux de sexe différent, et nous les
marierons un jour ensemble à la face de Dieu, sans autre
temple que le désert, sans autre prêtre que l'amour;
nous aurons formé leurs âmes à la vérité et à la justice,
et il y aura peut-être alors, grâce à nous, un couple heureux et pur sur la face de la terre.

Ah! laisse-moi faire de ces rêves, et fais-en avec moi.
Il doit y avoir autre chose dans la vie que l'amour. Tu
dis que non. Comment se fait-il qu'un homme comme
toi, doué de tous les talents, sage de toutes les sciences,
riche de toutes les idées, de tous les souvenirs, n'ait
jamais voulu vivre que par le cœur? Ne peux-tu te réfugier dans la vie de l'intelligence? que n'es-tu poëte,
savant, politique ou philosophe! Ce sont des existences
que l'âge rend chaque jour plus belles et plus complètes.
Pourquoi faut-il que tu meures à quarante ans d'un désespoir de jeune homme? O Jacques! c'est que ton âme
est trop brûlante; elle ne veut pas vieillir, elle aime
mieux se briser que de s'éteindre. Trop modeste pour
entreprendre d'éclairer les hommes par la science, trop
orgueilleux pour pouvoir briller par le talent aux yeux
d'êtres si peu capables de te comprendre, trop juste et
trop pur pour vouloir régner sur eux par l'intrigue ou
par l'ambition, tu ne savais que faire de la richesse de
ton organisation. Dieu aurait dû créer un ange exprès
pour toi, et vous envoyer vivre tous deux seuls dans un
autre monde; il aurait dû au moins te faire naître dans
le temps où la foi et l'amour divin servaient à éclairer et
à régénérer les nations. Il t'eût fallu une tâche immense,
héroïque, humble et enthousiaste à la fois; une vie toute
de larmes saintes et de souffrances philanthropiques;
une destinée comme celle du Christ.

Mais quand un homme comme toi naît dans un siècle

où il n'y a rien à faire pour lui; quand, avec son âme
d'apôtre et sa force de martyr, il faut qu'il marche mu-
tilé et souffrant parmi ces hommes sans cœur et sans
but, qui végètent pour remplir une page insignifiante de
l'histoire, il étouffe, il meurt dans cet air corrompu, dans
cette foule stupide qui le presse et le froisse sans le voir.
Détesté par les méchants, raillé par les sots, craint des
envieux, abandonné des faibles, il faut qu'il cède et qu'il
retourne à Dieu, fatigué d'avoir travaillé en vain, triste
de n'avoir rien accompli. Le monde reste vil et odieux :
c'est ce qu'on appelle le triomphe de la raison humaine.

Tu m'as fait jurer de rester auprès de ta femme jusqu'à
ce qu'elle fût consolée de ta mort, tu m'as arraché
ce serment, ne peux-tu le rétracter? Sera-t-il en mon
pouvoir de le tenir quand je saurai que le jour est venu,
et que tu touches à ta dernière heure? Crois-tu, Jacques,
que je n'abandonnerai pas tout pour aller partager avec
toi le poison ou les balles! Tu me fais sourire avec la
demande d'Herbert! Souviens-toi que tu m'as juré, de
ton côté, de ne pas exécuter ta résolution sans me prévenir, et sans me laisser le temps d'aller t'embrasser une
dernière fois.

XCVI.

DE JACQUES A SYLVIA.

Des montagnes du Tyrol.

Calme ta douleur, ma sœur chérie; elle réveille la
mienne, et ne change rien à ma résolution. Quand la vie
d'un homme est nuisible à quelques-uns, à charge à lui-
même, inutile à tous, le suicide est un acte légitime et
qu'il peut accomplir, sinon sans regret d'avoir manqué
sa vie, du moins sans remords d'y mettre un terme. Tu

me fais bien plus vertueux et bien plus grand que je ne
suis ; mais il y a quelque chose de profondément vrai
dans ce que tu dis de la tristesse qu'éprouve une âme
pleine de bonnes intentions inutiles et de dévouements
perdus, quand elle est forcée d'abandonner sa tâche sans
l'avoir remplie. Ma conscience ne me reproche rien, et je
sens qu'il m'est permis de me coucher dans ma fosse et
et de m'y délasser d'avoir vécu. J'ai traversé, il y a
quelques jours, un champ de bataille où je me suis trouvé,
pour la première fois, au milieu du sang, du feu et de la
poussière, il y a une quinzaine d'années ; j'étais jeune
alors, et une belle carrière s'ouvrait devant moi, si j'avais
su en profiter. C'était un temps de gloire et d'enivrement
pour mes compagnons. Je me souviens que je passais la
nuit de la veillée sur un de ces toits de chaume à fleur
de terre qui servent de grange et de bergerie au pied
des montagnes. J'étais à mi-côte de la colline ; j'avais
sous les yeux une arène magnifique : le camp français à
mes pieds, les feux de l'ennemi au loin, et Napoléon,
général, au milieu de tout cela. Je fis bien des réflexions
sur cette destinée qui s'offrait à moi, et sur cet homme
de génie qui commandait à tant de destinées. Je me
trouvai froid au milieu de ces travaux sanglants et de
cette gloire funeste ; seul peut-être dans l'armée je ne
regrettai pas de ne pas être Napoléon. J'acceptai les hor-
reurs de la guerre avec la force d'âme que donne la raison à celui qui ne peut pas reculer ; mais en galopant le
lendemain sur ces crânes que brisait le pied de mon cheval, sur ces cadavres qui gémissaient encore, je me sentis pénétré d'une haine si profonde pour les hommes qui
appelaient cela la gloire, et d'une aversion si insurmontable pour ces scènes hideuses, qu'une pâleur éternelle
s'étendit sur mon visage, et que mon extérieur prit cette
glaciale réserve qu'il n'a jamais perdue depuis. Dès ce

jour, mon caractère rentra en lui-même : je fis une espèce
de scission avec mes pareils, je me battis avec un désespoir et une répugnance qu'ils appelaient du sang-froid,
et sur lesquels je ne m'expliquai jamais avec eux ; car
ces brutes n'eussent pas compris qu'il pût se trouver
parmi eux un homme qui n'aimât pas la vue et l'odeur
du sang. Je les voyais se prosterner autour de l'ambitieux qui ouvrait tant d'artères et se nourrissait de tant
de larmes ; et quand je le voyais, lui, marcher sur ces
morts au milieu des nuées de vautours qu'il engraissait
de chair humaine, j'avais envie de l'assassiner, afin d'être
maudit et massacré par ses adorateurs.

Non, le génie sans la bonté, sans l'amour, sans le dévouement, ne m'a jamais ni séduit ni tenté. J'irai vivre
aux pieds d'une femme, me disais-je, et j'aimerai un de
ces êtres faibles et sensibles qui s'évanouissent devant
une goutte de sang. J'ai cherché la faiblesse et je l'ai
trouvée ; mais la faiblesse tue la force, parce que la faiblesse veut jouir et vivre, et parce que la force sait renoncer et mourir.

Ne maudis pas ces deux amants qui vont profiter de
ma mort. Ils ne sont pas coupables, ils s'aiment. Il n'y a
pas de crime là où il y a de l'amour sincère. Ils ont de
l'égoïsme, et ils n'en valent peut-être que mieux. Ceux
qui n'en ont pas sont inutiles à eux-mêmes et aux autres.
Pour quiconque veut n'être pas déplacé dans la société,
il faut avoir l'amour de la vie et la volonté d'être heureux
en dépit de tout. Ce qu'on appelle la vertu dans cette so-
ciété-là, c'est l'art de se satisfaire sans heurter ouverte-
tement les autres et sans attirer sur soi des inimitiés
fâcheuses. Eh bien ! pourquoi haïr l'humanité parce
qu'elle est ainsi ? C'est Dieu qui lui a donné cet instinct
pour qu'elle travaillât elle-même à sa conservation. Dans
le grand moule où il forge tous les types des organisations

humaines, il en a mêlé quelques-uns plus austères et
plus réfléchis que les autres. Il a créé ceux-là de telle
façon, qu'ils ne peuvent vivre pour eux-mêmes, et qu'ils
sont incessamment tourmentés du besoin d'agir pour
faire prospérer la masse commune. Ce sont des roues
plus fortes qu'il engrène aux mille rouages de la grande
machine. Mais il est des temps où la machine est si fatiguée et si usée, que rien ne peut plus la faire marcher,
et que Dieu, ennuyé d'elle, la frappe du pied et la fra-
casse pour la renouveler. Dans ces temps-là, il y a bien
des hommes inutiles, et qui peuvent prendre leur parti
d'aimer et de vivre s'ils peuvent, de mourir s'ils ne sont
pas aimés et s'ils s'ennuient.

Tu me reproches de ne t'avoir pas assez aimée. Au
moment de la mort, on peut tout se dire. Je dois te faire
remarquer (c'est la première et la dernière fois) que nous
étions dans une position délicate à l'égard l'un de l'autre.
Tu es de tous les êtres que j'ai connus celui vers lequel
m'entraînait la plus ardente sympathie. Mais tu es jeune
et belle, et je n'ai jamais su si tu étais ma sœur. Cette
idée ne t'est jamais venue, tu m'as accepté pour ton
frère, et lors même que ta mère, qui ne le sait pas elle-
même, t'a dit que je ne l'étais pas, notre destinée à tous
deux était faite depuis longtemps, et nous ne pouvions
plus nous aimer autrement que par le passé. Si nous
avions su plus tôt, et d'une manière plus sûre, que nous
pouvions être un homme et une femme l'un pour l'autre,
notre vie à tous deux eût été bien différente; mais l'incertitude eût rendu la seule idée de ce bonheur odieuse
à tous deux. Je fis donc le sacrifice absolu et éternel de
ce rêve, la première fois que je soupçonnai la possibilité
de l'accueillir, et j'éteignis dans mon cœur une partie de
mon amitié, de peur de donner le change à ma conscience.
Que se fût-il passé entre nous si nous n'étions un peu

plus forts qu'Octave et Fernande? quand il ne dépendait
que d'une parole incertaine ou méchante de madame de
Theursan pour nous plonger dans des anxiétés horribles! Pardonne-moi donc cette excessive prudence que
tu n'as jamais comprise ni aperçue, parce que ton âme,
plus calme que la mienne, ne te la commandait pas.
Grâce à elle, je meurs pur, et mon cœur n'a pas été
souillé d'une seule pensée que Dieu ait dû haïr et
châtier.

Maintenant songe, ô mon amie! que tu ne peux me
suivre dans la tombe. Quelque dégoûtée de la vie que tu
sois, quelque isolée que tu doives te trouver par ma mort,
tu ne peux la partager sans souiller ta mémoire et la
mienne de l'accusation qu'on a portée contre nous durant
notre vie. Le monde ne manquerait pas de dire que tu
étais ma maîtresse, et que c'est un désespoir d'amour
qui nous a fait chercher le suicide dans les bras l'un de
l'autre. Tu sais comme Octave est soupçonneux, comme
Fernande est faible; eux-mêmes le croiraient. Ah! lais-
sons-leur au moins mon souvenir sans tache, et qu'ils me
respectent quand je ne serai plus, quand ce respect ne
leur coûtera plus rien.

Mais ne m'accuse pas de t'avoir méconnue, ô ma Sylvia, ma sœur devant Dieu! Je te l'ai dit cent fois, il n'y
a que toi au monde qui ne m'aies jamais fait que du bien.
Toi seule me comprenais, toi seule pensais comme moi.
Il semblait qu'une même âme nous animât, et que la
plus noble partie te fût échue en partage. Comme tu
m'as préféré à tes amants, je t'aurais préférée à mes
maîtresses, si je n'avais craint, en m'abandonnant à cette
affection si vive, d'aller plus loin que je ne voulais. Toi,
tu t'y livrais tranquillement, belle âme éternellement
calme et solide! C'est que tu étais le diamant et moi la
pierre qui le protége; mes désirs et mes transports ont

toujours placé entre nous, comme une sauvegarde, une amante qui recevait mes caresses, mais qui n'empêchait pas ma vénération de remonter toujours vers toi. Vois comme je me fie à ta parole et quelle estime est la mienne : j'ose te révéler toutes les faiblesses, toutes les souffrances de mon cœur ! Depuis que je te connais, je t'ai eue pour confidente et pour consolatrice, et avant toi je ne m'étais jamais livré à personne. Sois mon dernier espoir dans le monde que je quitte ; du fond du cercueil, mon âme viendra encore s'informer avec sollicitude du bonheur de ceux que j'y laisse. Veille sur ta sœur, je te la confie ; si tu veux que je meure en paix, laisse-moi emporter l'assurance que tu ne l'abandonneras jamais, toi qui es pleine de raison, et dont l'amitié vaut mieux que l'amour des autres.

XCVII.

DE JACQUES A SYLVIA.

Des glaciers de Runs.

Cette matinée est si belle, le ciel si pur et la nature entière si sereine, que je veux en profiter pour finir en paix ma triste existence. Je viens d'écrire à Fernande de manière à lui ôter à jamais l'idée que je finis par le suicide. Je lui parle de prochain retour, d'espérance et de calme ; j'entre même dans quelques détails domestiques, et je lui fais part de plusieurs projets d'amélioration pour notre maison, afin qu'elle me croie bien éloigné du désespoir, et attribue ma mort à un accident. Toi seule es dépositaire de ce secret d'où dépend tout son bonheur futur ; brûle toutes mes lettres, ou mets-les tellement en sûreté, qu'elles soient anéanties avec toi en cas de mort. Sois prudente et forte dans ta douleur ; songe qu'il ne

faut pas que je sois mort en vain. Je sors de mon auberge
et n'y rentrerai pas. Peut-être ne me tuerai-je que demain ou dans plusieurs jours ; mais enfin je ne reparaî-
trai plus. Mon âme est résignée, mais souffrante encore ;
et je meurs triste, triste comme celui qui n'a pour refuge
qu'une faible espérance du ciel. Je monterai sur la cime
des glaciers, et je prierai du fond de mon cœur ; peut-
être la foi et l'enthousiasme descendront-ils en moi à cette
heure solennelle où, me détachant des hommes et de la
vie, je m'élancerai dans l'abîme en levant les mains vers
le ciel et en criant avec ferveur : « O justice ! justice de
Dieu ! »

Depuis cette dernière lettre adressée à Fernande, dont
parle ici Jacques, et qui arriva à Saint-Léon en même
temps que ce billet à Sylvia, on n'entendit plus parler de
lui ; et les montagnards chez qui il avait logé firent savoir aux autorités du canton qu'un étranger avait disparu,
laissant chez eux son porte-manteau. Les recherches
n'amenèrent aucune découverte sur son sort ; et, l'examen
de ses papiers ne présentant aucun indice de projet de
suicide, sa disparition fut attribuée à une mort fortuite.
On l'avait vu prendre le sentier des glaciers, et s'enfoncer
très-avant dans les neiges ; on présuma qu'il était tombé
dans une de ces fissures qui se rencontrent parmi les
blocs de glace, et qui ont parfois plusieurs centaines de
pieds de profondeur.   *Note de l'Editeur.*

FIN DE JACQUES.

www.ingramcontent.com/pod-product-compliance
Lightning Source LLC
Chambersburg PA
CBHW060929030726
47503CB00003B/527